Die Ausgabe und Übertragung von Kryptowertpapieren nach dem eWpG

Zivilrechtliche Schriften
Beiträge zum Wirtschafts-, Bank- und Arbeitsrecht

Herausgegeben von Arnd Arnold, Timo Fest,
Jan Lieder und Hartmut Oetker

Begründet von Peter Kreutz und Dieter Reuter

Band 91

Sophia Braun

Die Ausgabe und Übertragung von Kryptowertpapieren nach dem eWpG

Auswirkungen der Sachfiktion auf die Emission, Übertragung und den gutgläubigen Erwerb von Kryptowertpapieren im Lichte der Distributed-Ledger-Technologie

PETER LANG
Berlin · Bruxelles · Chennai · Lausanne · New York · Oxford

Bibliografische Information der Deutschen Nationalbibliothek
Die Deutsche Nationalbibliothek verzeichnet diese Publikation in der Deutschen Nationalbibliografie; detaillierte bibliografische Daten sind im Internet über http://dnb.d-nb.de abrufbar.

Zugl.: Freiburg, Univ., Diss., 2024

DE-25
ISSN 0941-147X
ISBN 978-3-631-93721-1 (Print)
ISBN 978-3-631-94457-8 (ePDF)
ISBN 978-3-631-94458-5 (ePUB)
DOI 10.3726/b23264

Verlegt durch Peter Lang GmbH, Berlin (Deutschland)

info@peterlang.com

www.peterlang.com

Kontakt zur Verordnung über die allgemeine Produktsicherheit (GPSR): gpsr@peterlang.com

Für meinen Vater
Dr. Alfons Braun

Inhaltsverzeichnis

Abkürzungsverzeichnis

a.A.	andere Ansicht
Abs.	Absatz
a.E.	am Ende
AGB	Allgemeine Geschäftsbedingungen
ART	Asset Referenced Token
Aufl.	Auflage
ausf.	ausführlich
BaFin	Bundesanstalt für Finanzdienstleistungsaufsicht
BAIT	Bankaufsichtliche Anforderungen an die IT
BGBl.	Bundesgesetzblatt
BMF	Bundesministerium für Finanzen
BMWi	Bundesministerium für Wirtschaft und Klimaschutz
BR	Bundesregierung
BSI	Bundesamt für Sicherheit in der Informationstechnik
d.h.	das heißt
DAO	Decentralised Autonomous Organization
ders.	derselbe
dies.	dieselbe
DLT	Distributed-Ledger-Technologie
EBA	European Banking Authority
EIB	Europäische Investitionsbank
EMT	E-Money Token
ESMA	European Securities and Markets Authority
FIFO	first in, first out

FSB	Financial Stability Board
GZ	Geschäftszeichen
i.V.m.	in Verbindung mit
ICO	Initial Coin Offering
IPFS	Interplanetary File System
IT	Information Technology
KMU	kleine und mittlere Unternehmen
LEI	Legal Entity Identifier
m.w.N.	mit weiteren Nachweisen
n.F.	neue Fassung
Rn.	Randnummer
S.	Seite
UNIDROIT	International Institute for the Unification of Private Law
vgl.	vergleiche
z.B.	zum Beispiel
ZuFinG	Entwurf eines Zukunftsfinanzierungsgesetzes

Einleitung

Am 10.06.2021 ist das Gesetz über elektronische Wertpapiere, normiert in Art. 1 des Gesetzes zur Einführung elektronischer Wertpapiere vom 03.06.2021[1], in Kraft getreten. Es ist das erste Gesetz über elektronische Wertpapiere und nur der Anfang einer langfristigen Strategie zur Regelung elektronischer Wertpapiere in Deutschland. Das geht zum einen aus dem Blockchain-Strategiepapier der Bundesregierung[2] hervor und zum anderen aus der Systematik des Gesetzes in Art. 1 des Gesetzes zur Einführung elektronischer Wertpapiere. Das eWpG scheint ein weiterer Meilenstein im Entmaterialisierungsprozess des deutschen Wertpapiers zu sein, den Georg Opitz, damaliger Chefsyndikus der Deutschen Bank und geistiger Vater[3] des Depotgesetzes, bereits 1942 beschrieb.[4]

Am 31.10.2008 wurde im Internet unter dem Pseudonym „Satoshi Nakamoto" das *Bitcoin White Paper* veröffentlicht[5]. Seitdem erlebten Kryptowährungen wie Bitcoin und Ethereum einen steten Aufschwung; es kamen zahlreiche Kryptowährungen hinzu. Inzwischen ist die Distributed-Ledger-Technologie als Basis der Blockchain in aller Munde und tritt in den unterschiedlichsten Varianten am Markt auf. Im Frühjahr 2023 hat Siemens

1 Gesetz über elektronische Wertpapiere (eWpG), BGBl. I S. 1423.

2 Blockchain-Strategie der Bundesregierung, BT-Drucks. 19/13433.

3 *Lehmann, Matthias*, BRK 2020, S. 431; *Segna*, Bucheffekten, 2018, S. 6.

4 „Flucht aus der Materie" nennt er die Entwicklung: *Opitz*, Die Vervollkommnung des Effektenverkehrs, in: Opitz, Fünfzig Depotrechtliche Abhandlungen, S. 512 f.

5 *Nakamoto*, Bitcoin, A Peer to Peer Electronic Cash System, S. 2, https://bitcoin.org/bitcoin.pdf.

Anleihen im Wert von 60 Millionen Euro ganz ohne Mittelsmann und mittels Blockchain ausgegeben.[6] Zuvor hatte im Frühjahr 2021 bereits die Europäische Investitionsbank (EIB) eine 100-Millionen-Euro-Anleihe auf der Ethereum-Blockchain ausgegeben.[7] Die Europäische Kommission hat dieses Jahr eine *European Blockchain Regulatory Sandbox for Distributed Ledger Technologies* ins Leben gerufen. Diese Einrichtung soll unter anderem Unternehmen eine sichere Testumgebung für ihre innovativen Produkte und Serviceleistungen in Bezug auf Blockchain-Lösungen bieten und bis 2026 jeweils 20 innovative Projekte pro Jahr begleiten, die sich auch mit Anwendungsfällen des öffentlichen Sektors für eine Infrastruktur der europäischen Blockchain-Dienstleistungen befassen.[8]

Neben dem Handel mit Kryptowährungen dient die Ausgabe von Kryptotoken als Investitionsmittel im *Venture-Capital*-Bereich durch *Initial Coin Offerings* (ICOs) und es werden inzwischen Eigentumsanteile z.B. an Kunst[9] tokenisiert. Damit ist die Distributed-Ledger-Technologie (DLT)[10] inzwischen relevant in Bereichen des Gesellschaftsrechts, insbesondere *Venture Capital*, des Schuldrechts, des Sachenrechts sowie des Banken- und Kapitalmarktrechts.

Ganz konkret sah der Gesetzgeber zur Einführung des eWpG das Bedürfnis der Praxis, elektronische oder mittels Distributed-Ledger-Technologie begebene Wertpapiere zur Unternehmensfinanzierung zu nutzen.[11] In einem nächsten Schritt wurde die elektronische Aktie eingeführt, indem sie durch das Zukunftsfinanzierungsgesetz (ZuFinG)[12] in das eWpG aufgenommen wurde. Damit gehen auch Änderungen an einer Vielzahl von Gesetzen einher,

---

6 Siemens, Pressemitteilung vom 14.02.2023, https://press.siemens.com/global/de/pressemitteilung/siemens-begibt-erstes-elektronisches-wertpapier-auf-der-blockchain.

7 European Investment Bank, Pressemitteilung der EIB vom 28.04.2021, https://www.eib.org/de/press/all/2021–141-european-investment-bank-eib-issues-its-first-ever-digital-bond-on-a-public-blockchain.

8 EU-Kommission, Pressemitteilung vom 14.02.2023, https://digital-strategy.ec.europa.eu/en/news/launch-european-blockchain-regulatory-sandbox; zum Programm selbst: https://ec.europa.eu/digital-building-blocks/wikis/display/EBSI/Sandbox+Project.

9 Siehe Kapitel 1: V. – 3 Fungible und non-fungible Token.

10 Blockchain-Strategie der Bundesregierung, BT-Drucks. 19/13433, S. 3.

11 Begr. RegE, BT-Drucks. 19/26925, S. 1.

12 Gesetz zur Finanzierung von zukunftssichernden Investitionen (Zukunftsfinanzierungsgesetz – ZuFinG) vom 11.12.2023, BGBl. 2023 I Nr. 354, https://www.recht.bund.de/bgbl/1/2023/354/VO.html.

unter anderem am Aktiengesetz (AktG) und eWpG. „Unser Land benötigt Investitionen in nahezu beispiellosem Umfang“[13], stellten die Ministerien der Finanzen und der Justiz gleich zu Beginn ihrer Entwurfsbegründung fest. Ziel des ZuFinG ist es, genau wie des eWpG, die „Leistungsfähigkeit des deutschen Kapitalmarkts zu stärken und die Attraktivität des deutschen Finanzstandortes als bedeutenden Teil eines starken Finanzplatzes (in) Europa zu erhöhen“.[14] Besonders Start-ups, Wachstumsunternehmen sowie kleine und mittlere Unternehmen (KMU) „als Treiber von Innovation“ stehen dabei im Fokus eines erleichterten Kapitalmarktzugangs und vereinfachter Eigenkapitalaufnahme.[15]

Im Folgenden wird untersucht, inwieweit sich das Gesetz über elektronische Wertpapiere in das bestehende deutsche Wertpapierrecht und Sachenrecht einfügt und ob es sich in der Praxis umsetzen lässt, also tatsächlich als Finanzierungsmittel für Unternehmen taugt. Dabei hat diese Arbeit nicht die e-Aktie zum Gegenstand. Das Aktienrecht stellt ein eigenständiges Rechtsgebiet dar, das über rund hundert Jahre gewachsen ist.[16] Dazu hat die e-Aktie einen eigenen sachlichen Anwendungsbereich als Namensaktie in § 1 Nr. 2 eWpG und als im Zentralregister eingetragene Inhaberaktie in § 1 Nr. 3 eWpG erhalten. Eine Erläuterung der e-Aktie nach dem eWpG würde eine dezidierte Auseinandersetzung mit dem Aktienrecht und den Auswirkungen auf das AktG fordern und damit den Rahmen dieser Untersuchung sprengen. Die Untersuchung beschäftigt sich stattdessen mit Kryptowertpapieren in Einzeleintragung in Form von Inhaberschuldverschreibungen.[17] Die Digitalisierung bereits bestehender Wertpapiere in eine elektronische Form wird außen vor gelassen, um den Fokus klar auf neue elektronisch emittierte Wertpapiere, genauer Kryptowertpapiere, zu legen und damit der neuen Technologie genügend Rechnung zu tragen. Da Kryptowertpapiere

---

13 Begr. RegE – ZuFinG, S. 1.

14 Begr. RegE – ZuFinG, S. 1.

15 Begr. RegE – ZuFinG, S. 1.

16 Deutsches Reichsgesetzblatt Teil I, 1867–1945, https://www.koeblergerhard.de/Fontes/Aktiengesetz1937.pdf, S. 107 ff.; vgl. zur Einordnung des Wertpapierrechts: Kapitel 2: Einordnung des eWpG im Sachenrecht - I. Das Kryptowertpapier als Inhaberschuldverschreibung.

17 Zum sachlichen Anwendungsbereich des eWpG siehe: Kapitel 2: I. Das Kryptowertpapier als Inhaberschuldverschreibung.

nach § 4 Abs. 3 eWpG in ein Kryptowertpapierregister nach § 16 ff. eWpG einzutragen sind, spielt auch nur dieses für die Erörterung eine Rolle. Das Zentralregisterwertpapier nach §§ 12 eWpG ist dagegen nicht Bestandteil dieser Untersuchung.[18]

Zentrale Frage dieser Arbeit ist, wie Kryptowertpapiere in Einzeleintragung nach dem eWpG emittiert und übertragen werden können und welche Rolle dabei das Kryptowertpapierregister spielt. Diese Arbeit soll das Kryptowertpapier im deutschen Sachenrecht einordnen und dabei die technischen Voraussetzungen für eine praktische Umsetzung des eWpG erläutern. Dazu müssen die unterschiedlichen existierenden Finanzinstrumente, analog und digital, definiert und in ihrer genauen Funktionsweise beschrieben werden, um klare Abgrenzungen vornehmen zu können. Nach einer kurzen Darstellung der technischen Grundlagen in Kapitel 1 folgt daher ein Definitionsversuch des Kryptowertpapiers in Kapitel 2. Im Rahmen dessen wird auch eine Abgrenzung zu (Krypto-)Wertpapieren in Sammeleintragung vorgenommen.

Ziel des eWpG ist es, „durch das Schaffen rechtssicherer regulatorischer Rahmenbedingungen und Aufsichtsstrukturen die Integrität, die Transparenz und die Funktionsfähigkeit der Finanzmärkte“[19] zu schützen und zu verbessern. Es wurden spezielle Vorschriften zum Erwerb und zur Übertragung von elektronischen Wertpapieren geschaffen, um den Anlegern denselben Eigentumsschutz wie bei Wertpapierurkunden zu gewährleisten.[20] Insbesondere die Vorschriften zum Gutglaubensschutz spielen dabei eine wichtige Rolle. Diese gilt es daher besonders zu analysieren und im Kontext anderer zivilrechtlicher Gutglaubensvorschriften zu vergleichen.

Folglich wird untersucht, welche Auswirkungen die gesetzliche Regelung auf die Emission und die Übertragung von Kryptotoken in der (juristischen und ökonomischen) Praxis hat und ob eine weitergehende gesetzliche Regelung des elektronischen Wertpapiermarktes sinnvoll und notwendig ist. Für die Ausgabe von Kryptotoken ist die Führung eines „dezentralen“ Kryptowertpapierregisters in § 4 Abs. 1 Nr. 2, Abs. 2, § 16 eWpG vorgesehen. Es ist derzeit fraglich, ob ein solches Register dezentral umsetzbar ist und ob diese Regelung mit der dezentralen Natur der Blockchain-Technologie vereinbar ist.

---

18 Zur Abgrenzung der Registerarten siehe Kapitel 3: Das Kryptowertpapierregister.

19 Begr. RegE, BT-Drucks. 19/26925, S. 1, 38 ff.

20 Begr. RegE, BT-Drucks. 19/26925, S. 1, 38 ff.

All diese Fragen sollen vor dem Hintergrund des Telos des eWpG beantwortet werden, den die Bundesregierung als Förderung des Wirtschaftsstandortes Deutschland für Finanzmärkte und technische Innovationen festgelegt hat.[21] Zudem werden Rechtssicherheit, Transparenz, Anlegerschutz sowie Investitionsschutz eine Rolle spielen.

[21] Begr. RegE, BT-Drucks. 19/26925, S. 1, 29.

Hauptteil

Distributed-Ledger-Technologie

I. Einführung

Das Kryptowertpapier ist ein von der Legislative neu geschaffener Begriff, der zunächst einer Definition bedarf, um in der Praxis nach dem Gesetz über elektronische Wertpapiere angewendet werden zu können. Ein Kryptowertpapier ist nach § 4 Abs. 3 eWpG ein elektronisches Wertpapier, das in ein Kryptowertpapierregister eingetragen ist. Diese Legaldefinition ist noch nicht ausreichend, um die Eigenschaften und Funktionen des Kryptowertpapiers vollständig erfassen zu können. Es müssen stattdessen weitere Definitionen hinzugezogen werden. Nach der Erläuterung der technischen Grundlagen des Kryptowertpapierregisters erfolgt anschließend ein Definitionsversuch in Kapitel 2.

Das Kryptowertpapierregister nach § 16 Abs. 1 eWpG wurde bewusst technikoffen definiert, um technische Innovationen zu ermöglichen.[22] Danach muss ein Kryptowertpapierregister auf einem fälschungssicheren Aufzeichnungssystem geführt werden, in dem Daten in der Zeitfolge protokolliert und gegen unbefugte Löschung sowie nachträgliche Veränderung geschützt gespeichert werden.

Nach dem aktuellen Stand der Technik kommen dafür vor allem Aufzeichnungssysteme auf Grundlage der Distributed-Ledger-Technologie in Betracht.[23] Ihre technischen Grundlagen werden in den folgenden Abschnitten erläutert. Auf die konkrete Durchführung und Form des

22 Begr. RegE, BT-Drucks. 19/26925, S. 59 f., 30.
23 Begr. RegE, BT-Drucks. 19/26925, S. 59.

Kryptowertpapierregisters, das im dritten Abschnitt des eWpG geregelt ist, soll in Kapitel 3 ein Augenmerk gelegt werden.

II. Distributed-Ledger-Technologie als Basis

Die Distributed-Ledger-Technologie gilt als potenzielle neue Basistechnologie der Digitalisierung.[24] Auf ihr baut die Blockchain-Technologie auf. Die Bundesregierung versteht unter Distributed-Ledger-Technologie:

„allgemein dezentral geführte informationstechnische Systeme, wie Register oder Kontobücher, bei denen Werte (beispielsweise Währungen und Informationen) direkt zwischen den Teilnehmern ausgetauscht werden können. Die Verifizierung erfolgt zumeist durch systemweit festgelegte dezentrale Prozesse (Konsensprotokolle) und nicht durch eine zentrale Instanz. Die Systeme ermöglichen allen Teilnehmern Zugriff auf den Status und auf eine überprüfbare Historie der vorgenommenen Transaktionen, versehen mit einem Zeitstempel. Ein Teilnehmer muss dabei nicht aktiver Teil des Systems (Knoten) sein. Die Besonderheit der Blockchain-Technologie ist, dass die Transaktionen zu Blöcken zusammengefasst und diese miteinander verknüpft werden."[25]

Distributed Ledger könnte man aus dem Englischen mit „verteilte Hauptbücher" übersetzen.[26] Die Distributed-Ledger-Technologie bezeichnet damit das technische Rahmenwerk um den Einsatz verteilter Hauptbücher im Transaktionsregister. Die Blockchain ist dabei nur eine mögliche Anwendungsform der Distributed-Ledger-Technologie. Diese wiederum bildet das technische Rahmenwerk für eine Kryptowährung wie Bitcoin.[27] Kryptowährungen wie Bitcoin und Ethereum sind also nur zwei von einer Vielzahl möglicher Anwendungsfälle der Blockchain-Technologie.[28] Häufig werden die Begriffe

---

24 So das BMF in seinem Monatsbericht Juni 2019, S. 8, https://www.bundesfinanzministerium.de/Content/DE/Downloads/Monatsberichte/2019/06.pdf?__blob=publicationFile&v=4; *Kleinert/Mayer*, EuZW 2019, S. 857, 858.

25 Blockchain-Strategie der Bundesregierung, BT-Drucks. 19/13433, S. 3.

26 Hierzu und zum Folgenden: BaFin, Glossar, https://www.bafin.de/DE/Aufsicht/FinTech/InnovativeFinanztechnologien/DLT_Blockchain/Glossar/glossar_node.html.

27 Bundesministerium der Finanzen (BMF) in seinem Monatsbericht Juni 2019, S. 9, https://www.bundesfinanzministerium.de/Content/DE/Downloads/Monatsberichte/2019/06.pdf?__blob=publicationFile&v=4.

28 *Müller-Eising*, Blockchain im Registerrecht, 2023, S. 11.

„Blockchain", „Distributed-Ledger-Technologie" und „Blockchain-Technologie" etwas unpräzise synonym verwendet,[29] obwohl technische Unterschiede bestehen können.

III. Blockchain

Einfach zusammengefasst handelt es sich bei der Blockchain-Technologie um ein Transaktionsregister mittels kryptographischen Verfahrens, in dem dezentral und fälschungssicher Transaktionsdaten chronologisch in Blöcken aufgezeichnet und gespeichert werden.[30] Hierbei werden die Blöcke nicht chronologisch nach der zeitlichen Abfolge der Transaktionssignatur gespeichert, sondern chronologisch nach ihrer Validierung.[31] Auch Blockchains können in ihrem Code technisch unterschiedlich ausgestaltet sein. Insofern existiert nicht „die eine" Blockchain, auch wenn in der Literatur häufig und missverständlich dieser Eindruck entsteht.[32] Man spricht insofern von unterschiedlichen Designs der Blockchain, wobei Bitcoin und Ethereum sicherlich zu den bekanntesten Designs zählen.[33] Zunächst werden die Merkmale dargestellt, die allen Blockchain-Designs bisher gemein sind.

1. Transaktionsregister

Das Transaktionsregister der Blockchain besteht darin, dass sich eine vollständige oder zumindest ein Ausschnitt der Datenbank[34] aller Transaktionen auf allen Servern der an den Transaktionen beteiligten Nutzer befindet.[35]

---

[29] Vgl. *Müller-Eising*, Blockchain im Registerrecht, 2023, S. 10; *LeMahieu*, Nano: A Feeless Distributed Cryptocurrency Network, https://www.exodus.com/assets/docs/nano-whitepaper.pdf.

[30] *Lieder* in: Segna/Möslein/Omlor/von Buttlar, eWpG § 16 Rn. 9; vgl. weiter *Böhme/Pesch*, DuD 2017, S. 473 ff.; *Denga* JZ 2021, S. 227 ff.; *Finck*, German Law Journal 19 (2018), S. 665, 667 ff.; *Kaulartz*, CR 2016, S. 474 ff.; *Scherer*, Blockchain im Wertpapierbereich, 2020, S. 92 ff.; *Sickinger/Thelen*, AG 2020, S. 862 Rn. 2; *Sillaber/Waltl*, DuD 2017, S. 497 ff.

[31] Genauer unter 5. Time Stamp.

[32] So auch *Saive*, CR 2018, S. 186.

[33] *Kannengiesser/Lins/Dehling/Sunyaev*, What Does Not Fit Can be Made to Fit! Trade-Offs in Distributed Ledger Technology Designs, SSRN Electronic Journal 2019, S. 2; *Müller-Eising*, Blockchain im Registerrecht, 2023, S. 10.

[34] Zu den verschiedenen Datenbanken siehe 2. Netzwerkknoten.

[35] *Lieder* in: Segna/Möslein/Omlor/von Buttlar, eWpG § 16 Rn. 9.

Die dezentrale Datenhaltung schützt die Daten vor Zugriff und Veränderung an nur einer Stelle und erhöht damit die Sicherheit der Daten auf der Blockchain. Die Transaktionsdaten werden chronologisch in Blöcken im Netzwerk gespeichert.

Dabei ist die Terminologie „Transaktion" im deutsch-juristischen Sprachgebrauch missverständlich, da eine Transaktion meistens die Übertragung von Vermögen oder Rechtspositionen bedeutet. Bezogen auf die Distributed-Ledger-Technologie liegt eine Transaktion nicht erst dann vor, wenn Vermögen oder Rechte übertragen werden.[36] Der englische Begriff *transaction* bedeutet in diesem Zusammenhang jede Veränderung der gespeicherten Daten durch Fortschreibung in einem neuen Block. Der Begriff der Transaktion im Kontext der Distributed-Ledger-Technologie geht damit wesentlich weiter und umfasst jede Veränderung der gespeicherten Daten. In der Literatur wurde bereits behauptet, eine Transaktion entstünde durch die Veränderung der Berechtigung über einen Datenbankeintrag.[37] Richtig ist, dass der Datenbankeintrag bei einer Transaktion nicht physisch verschoben wird, sondern nur dem Zielnutzer, also einem anderen „Konto" bzw. *Wallet* gutgeschrieben wird. Damit ändert sich also zunächst einmal nur die technische Zuordnung der Rechtsposition (rechtlich neutraler Realakt)[38]. Der neue Inhaber erlangt üblicherweise auch die technische Verfügungsgewalt über die Rechtsposition. Diese Veränderung ist allerdings rein technisch zu verstehen. Im technischen Sprachgebrauch wird der Begriff der Berechtigung nicht im juristischen Sinne verwendet, sondern bezieht sich auf denjenigen, der mittels *Private Key* autorisiert ist, also die tatsächliche Besitzverschaffungsmacht hat, die Rechtsposition zu übertragen. Dieser Begriff ist nicht unbedingt identisch mit dem juristischen Verständnis der Berechtigung. Den Besitz, die Berechtigung und die Verfügungsgewalt gilt es allerdings juristisch separat zu untersuchen.

---

[36] Etwas missverständlich nach *Kleinert/Mayer*, EuZW 2019, S. 857, 858; *Müller-Eising*, Blockchain im Registerrecht, 2023, S. 15, nicht alle Server besitzen die vollständige Datenbank mit allen Transaktionen.

[37] *Kaulartz/Matzke*, NJW 2018, S. 3278.

[38] *Kaulartz/Matzke*, NJW 2018, S. 3278, 3280; *Engelhardt/Klein*, MMR 2014, S. 355, 357; a.A. *Zickgraf*, AG 2018, S. 293, 301.

Die Blöcke werden durch kryptographische Methoden mittels eines Hashwertes[39] miteinander verbunden und bilden so eine chronologische, unveränderliche Kette der Transaktionsdaten – die Blockchain. Ein *Hash* ist eine zufällig generierte Buchstaben-Zahlenfolge, die als einmaliger digitaler „Fingerabdruck" fungiert.[40] Dabei handelt es sich um eine Einwegverschlüsselung, die bei Eingabe eines bestimmten Wertes oder eines bestimmten Inhalts beliebiger Größe immer denselben Hashwert mit einer fixen Anzahl[41] an Zeichen wiedergibt. Beispielsweise könnte man mit einer 32-Bit(Zeichen)-Verschlüsselung diese gesamte wissenschaftliche Arbeit verschlüsseln und bekäme dennoch immer denselben, diesem Inhalt einzigartig zugeordneten, Hashwert mit 32 Zeichen heraus. So wird die Blockchain unkorrumpierbar, denn veränderte man nur ein Zeichen in einem Block der Blockchain, würde sich auch der *Hash* über alle Hashwerte sämtlicher Blöcke hinweg verändern. In jedem Block befindet sich im oberen Bereich ein Informationsbereich, der *block header.*[42] Darin befindet sich sowohl der *Hash*, den die bestätigten Transaktionen aus dem aktuellen Block ergeben haben, als auch der *Hash* aus dem vorigen Block.[43]

Die Blockchain ist deshalb unveränderlich, weil jeder validierte Block auf dem nächsten aufbaut.[44] Das bedeutet, um einen Block auf der Blockchain zu verändern, müsste das gesamte Netzwerk (oder zumindest die Mehrheit, je nach Ausgestaltung der Blockchain)[45] auch alle folgenden Blöcke erneut generieren und validieren. Dazu müsste für jeden einzelnen Block z.B. im *proof of work*-System der *Hash* durch erneutes *mining* neu generiert werden, also durch Lösen der kryptographischen Aufgaben, und zwar durch das gesamte Netzwerk. Würde nur ein Netzwerkknoten durch neue *Hashs* die Blöcke verändern, wäre die Manipulation im Abgleich mit der wahren Blockchain

---

39 *Kaulartz*, CR 2016, S. 474, 475 f.; *Scherer*, Blockchain im Wertpapierbereich, 2020, S. 95 f.

40 *Schrey/Thalhofer*, NJW 2017, S. 1431, 1432; *Nakamoto*, Bitcoin, A Peer to Peer Electronic Cash System, S. 2, https://bitcoin.org/bitcoin.pdf.

41 *Kaulartz in:* Möslein/Omlor, FinTech-Hdb., 2. Aufl. 2021, § 5 Rn. 30.

42 *Nakamoto*, Bitcoin, A Peer to Peer Electronic Cash System, S. 2, https://bitcoin.org/bitcoin.pdf.

43 *Schrey/Thalhofer*, NJW 2017, S. 1432.

44 *Schrey/Thalhofer*, NJW 2017, S. 1432; *Nakamoto*, Bitcoin, A Peer to Peer Electronic Cash System, S. 2, https://bitcoin.org/bitcoin.pdf.

45 Siehe 4. Validierungsprozess.

auf allen anderen Servern sofort ersichtlich. Eine solche Einflussnahme wäre zumindest bei einer etablierten Blockchain mit einer ausreichenden Menge an Blocks faktisch unmöglich.[46] Durch die dezentrale Ausgestaltung kann das Netzwerk Transaktionen unmittelbar durchführen, ohne dazwischengeschaltete zentrale Institutionen wie z.B. Banken, Börsen oder Behörden (*Peer-to-Peer*-Transaktion).[47]

2. Netzwerkknoten

Anhand des Bitcoins kann das Netzwerk der Blockchain anschaulich erläutert werden. Freilich ist die Bitcoin-Blockchain nur ein Beispiel für die Umsetzung der Distributed-Ledger-Technologie in Form einer Blockchain und es sind vielfältige technische Ausgestaltungen einer Blockchain möglich.[48] Das Bitcoin-System bietet Bitcoin als Kryptowährung zum Erwerb und Handel an. Einzige Voraussetzung für die Teilnahme ist die Nutzung des Bitcoin-Clients oder eines Online-Dienstleisters, der diesen *Coin* anbietet und damit diese Funktion bereitstellt.[49] Die Computer des Netzwerkes bilden als einzelne Knoten (englisch: *Nodes*) das Blockchain-Netzwerk. Sie sind alle mit dem Blockchain-Netzwerk verbunden, um mit einer entsprechenden Software (dem Client) Transaktionen des Netzwerkes prüfen und übermitteln zu können.[50] Die *Nodes* halten den Bestand an Datenblöcken der Blockchain, entweder im Ganzen (*Full Nodes*) oder einen Ausschnitt der letzten Blöcke (*Light Nodes*), der bei Verbindung zum Netzwerk automatisch heruntergeladen und ständig aktualisiert wird.[51] Die bisher gängigen Blockchains bieten *Light Nodes* als Alternative zu *Full Nodes* an, um das System noch stärker zu

---

[46] Vgl. auch *Schrey/Thalhofer*, NJW 2017, S. 1432; *Nakamoto*, Bitcoin, A Peer to Peer Electronic Cash System, S. 2, https://bitcoin.org/bitcoin.pdf.

[47] *Nakamoto*, Bitcoin, A Peer to Peer Electronic Cash System, S. 2, https://bitcoin.org/bitcoin.pdf; *Lieder* in: Segna/Möslein/Omlor/von Buttlar, eWpG, § 16 Rn. 11; *Schrey/Thalhofer*, NJW 2017, S. 1431.

[48] Vgl. *Müller-Eising*, Blockchain im Registerrecht, 2023, S. 10; *LeMahieu*, Nano: A Feeless Distributed Cryptocurrency Network, https://content.nano.org/whitepaper/Nano_White- paper_en.pdf.

[49] *Schrey/Thalhofer*, NJW 2017, S. 1431.

[50] BaFin, Glossar, https://www.bafin.de/DE/Aufsicht/FinTech/InnovativeFinanztechnologien/DLT_Blockchain/Glossar/glossar_node.html; *Schrey/Thalhofer*, NJW 2017, S. 1431.

[51] Hierzu und zum Folgenden (ausf. zu den verschiedenen Arten der *Nodes*): https://www.blocktrainer.de/bitcoin-nodes-unterschiede/.

dezentralisieren und normale Verbraucher mit weniger Hardwaremitteln zu beteiligen. Sogenannte *Miner* sind *Nodes*, die kryptographische Aufgaben oder Rätsel lösen, um neue Bitcoins zu erhalten.[52] Diese Arbeitsweise nennt sich *proof of work*. Validiert ein *Miner* eine Transaktion, wird diese in den neuen Block der Blockchain aufgenommen und der *Miner* erhält neue Bitcoins und alle Gebühren der Transaktion. Die Auswahl des *Miners*, der die Transaktion validieren soll, geschieht dabei spieltheoretisch zufällig.[53] Das *Mining* generiert den *Hash* für den jeweiligen Block.[54] Nun ist die Bitcoin-Blockchain in ihrer technischen Ausgestaltung auf das Schürfen, also die Ausgabe von Bitcoins, ausgelegt. Die zugrundeliegende Distributed-Ledger-Technologie kann aber auf vielerlei Arten genutzt werden kann, um dezentral ein Register über alle möglichen Vermögenswerte und Eigentumspositionen zu führen. Die einzelnen Möglichkeiten werden im Laufe dieser Arbeit noch genauer beleuchtet.

3. Zugang

Als Sicherheitsverfahren werden mit *Public Keys* (öffentlichen Schlüsseln) und *Private Keys* (privaten Schlüsseln) aktuelle asymmetrische Verschlüsselungstechnologien auf der Blockchain genutzt, um die Daten vor einem unbefugten Zugriff zu schützen.[55] Der öffentliche Schlüssel, in Form einer langen, zufällig generierten Zahlenreihe, stellt die Nutzeradresse auf der Blockchain dar und eröffnet den Zugang zum Netzwerk.[56] Transaktionen auf der Blockchain werden vom Netzwerk als zu diesem Nutzer gehörig gespeichert.[57] Der private Schlüssel gewährt, ähnlich einem Passwort, Zugang zu den transferierten Werteeinheiten des Inhabers und ermöglicht die Signatur von Transaktionen durch den Inhaber.[58] Mit dem öffentlichen Schlüssel kann

---

52 *Nakamoto*, Bitcoin, A Peer to Peer Electronic Cash System, S. 2, https://bitcoin.org/bitcoin.pdf.

53 *Schrey/Thalhofer*, NJW 2017, S. 1431, 1432.

54 Siehe 1. Transaktionsregister.

55 *Schrey/Thalhofer*, NJW 2017, S. 1431, 1432.

56 *Scherer*, Blockchain im Wertpapierbereich, 2020, S. 94 f.; *Lieder* in: Segna/Möslein/Omlor/von Buttlar, eWpG, § 16 Rn. 10.

57 *Nakamoto*, Bitcoin, A Peer to Peer Electronic Cash System, S. 2, https://bitcoin.org/bitcoin.pdf; *Scherer*, Blockchain im Wertpapierbereich, 2020, S. 94 f.

58 *Scherer*, Blockchain im Wertpapierbereich, 2020, S. 94 f.; *Lieder* in: Segna/Möslein/Omlor/von Buttlar, eWpG, § 16 Rn. 10; *Schrey/Thalhofer*, NJW 2017, S. 1431, 1432.

wiederum überprüft werden, ob die Signatur tatsächlich mit dem Inhaber des privaten Schlüssels übereinstimmt.[59]

In diesem Zusammenhang ist die konkrete Ausgestaltung des Netzwerkes relevant. Eine Blockchain kann als *private* oder *public* ausgestaltet sein, jeweils erlaubnisfrei oder erlaubnispflichtig.[60] Bei einer *private* Blockchain ist der Zugang auf bestimmte Nutzer beschränkt, während bei einer *public* Blockchain grundsätzlich jeder einen *Public Key* und damit Zugang erhalten kann. Davon unabhängig ist die Frage, welche Rechte die jeweiligen Nutzer innehaben. Jede Form der Blockchain kann unterschiedliche Rechte an Nutzer gewähren und somit entweder erlaubnisfrei (*permissionless*) oder erlaubnispflichtig (*permissioned*) sein. In einem erlaubnisfreien Netzwerk können alle seine Teilnehmer Transaktionen validieren.[61] Dagegen nehmen bei einer erlaubnispflichtigen Blockchain nur Netzwerkknoten mit Berechtigung am Validierungsprozess teil.[62]

In einer *public* Blockchain können alle Nutzer grundsätzlich über *Nodes* (Netzwerkknoten) das Netzwerk betreiben. Sie ist damit erlaubnisfrei zugänglich und die Teilnahme mit dem *Public Key* möglich.[63] Zu den bekanntesten *public* Blockchains gehören die Kryptowährungsanbieter Bitcoin und Ethereum. Dagegen ist die Teilnehmerzahl einer *private* Blockchain beschränkt und es kann eine zentrale Institution oder Person dahinterstehen. Die Blockchain ist erlaubnispflichtig, denn nur zugelassene Teilnehmer können sie einsehen. Angeschlossenen *Nodes* können einzelne oder unterschiedliche Rechte erteilt werden. Die beschränkte und teils zentralisierte Ausgestaltung der erlaubnispflichtigen *private* Blockchain erhöht die Gefahr der Manipulation. Zudem stellt sie letztlich ein gegenläufiges Modell zu der ursprünglichen Idee[64] der

---

[59] *Scherer*, Blockchain im Wertpapierbereich, 2020, S. 94 f.; *Schrey/Thalhofer*, NJW 2017, S. 1431, 1432.

[60] Dazu und zum Folgenden: *Hildner/Danzmann*, CF 2017, S. 385, 386; *Saive*, CR 2018, S. 186, 187; *Scherer*, Blockchain im Wertpapierbereich, 2020, S. 99 ff.

[61] *Hildner/Danzmann*, CF 2017, S. 385, 386; *Saive*, CR 2018, S. 186, 187; *Scherer*, Blockchain im Wertpapierbereich, 2020, S. 99 ff.; *Lieder* in: Segna/Möslein/Omlor/von Buttlar, eWpG, § 16 Rn. 13.

[62] Zur Untergliederung auch *Kaulartz* in: Möslein/Omlor, FinTech-Hdb., 2. Aufl. 2021, § 5 Rn. 40.

[63] *Scherer*, Blockchain im Wertpapierbereich, 2020, S. 99 ff.

[64] *Nakamoto*, Bitcoin, A Peer to Peer Electronic Cash System, S. 2, https://bitcoin.org/bitcoin.pdf.

dezentralen, „demokratisch" gleichberechtigten und transparenten *public* Blockchain dar.

4. Validierungsprozess

Die Transaktion eines Kryptowertes muss durch die Teilnehmer des Netzwerkes in einem kryptographischen Konsensverfahren validiert werden. Dabei kommen unterschiedliche Konsensverfahren in Betracht, z.B. *proof of work*, *proof of stake* und *ripple consensus*.[65] Im Falle des Bitcoins wird der Nachweis durch *proof of work*, also das Bearbeiten einer kryptographischen Aufgabe, erstellt. Im Gegensatz dazu wird im *proof of stake*-Verfahren die Transaktion durch einen Mehrheitsanteil an der Blockchain validiert.[66] Die Ethereum-Blockchain, die unter anderem den *Coin* Ether anbietet, wurde im September 2022 aus Kosten- und Effizienzgründen von *proof of work* auf den *proof of stake* umgestellt.[67] Statt einer sehr energieaufwendigen Rechenleistung (häufig Primzahlenberechnung) verleiht und hinterlegt im *proof of stake*-Verfahren ein Anteil an Validatoren des Netzwerkes seine Ether-Einlagen zur Absicherung des Netzwerkes. Im Gegenzug für korrektes Verhalten wird der Einsatz verzinst und die Validatoren erhalten weitere Ether.[68] Bei schlechtem Verhalten wird der Einsatz reduziert (*slashed*).[69] Zu schlechtem Verhalten zählt neben der falschen Validierung auch die Unerreichbarkeit, also die fehlende Teilnahme. Gegenstand der Abstrafung (*Slashing*) ist nicht nur der Geldeinsatz selbst, sondern auch die Menge an Transaktionen, die dem *Miner* zugeteilt werden. Mit dieser Methode fallen viel geringere Rechenleistungen an. Der damit verbundene geringere Energieverbrauch ist mit

---

65 BaFin, Blockchain-Technologie, S. 3; zu unterschiedlichen Konsensmechanismen ausf. *Scherer*, Blockchain im Wertpapierbereich, 2020, S. 96 ff.; zu einer frühen Version des *ripple consensus*: *Schwartz/Youngs/Britto*, The Ripple Protocol Consensus Algorithm, https://ripple.com/files/ripple_consensus_whitepaper.pdf.

66 *Scherer*, Blockchain im Wertpapierbereich, 2020, S. 94 f.

67 Dazu und zum Folgenden: *Imöhl/Frohn*, WiWo vom 15.09.2022, S. 1, https://www.wiwo.de/finanzen/geldanlage/ethereum-merge-2022-merge-ist-vorbei-was-man-zur-ethereum-reform-wissen-muss/28600900.html.

68 *Imöhl/Frohn*, WiWo vom 15.09.2022, S. 1, https://www.wiwo.de/finanzen/geldanlage/ethereum-merge-2022-merge-ist-vorbei-was-man-zur-ethereum-reform-wissen-muss/28600900.html.

69 Dazu und zum Folgenden: *Olatunji*, Make use of Beitrag vom 24.02.2023, https://www.makeuseof.com/what-is-crypto-slashing/.

einer Reduktion von über 99 % wesentlich klimafreundlicher.[70] Zudem sinken die Transaktionskosten für die Nutzer.[71] Der im Validierungsprozess kreierte unveränderliche Nachweis über die auf der Blockchain dokumentierte Transaktion garantiert, dass diese richtig und mathematisch nach dem programmierten Algorithmus korrekt ist.[72]

Allerdings können die Schlüssel nur die Authentizität der in den Blöcken gespeicherten Informationen gewährleisten.[73] So garantiert die Technologie nur die Korrektheit der Transaktion auf der Blockchain, also die korrekte Datenverarbeitung.[74] Grundsätzlich erstreckt sich diese Garantie nicht auf den Inhalt der Datenverarbeitung. Ob eine Transaktion tatsächlich stattgefunden hat oder nach zivilrechtlichen Maßstäben wirksam ist, kann allein die Distributed-Ledger-Technologie noch nicht garantieren. Sie kann lediglich die korrekte Verarbeitung der Daten garantieren, die von den Nutzern bereitgestellt beziehungsweise eingespeist wurden.[75] Bisher ist unklar, wer für den Inhalt der Daten oder die Gültigkeit der Transaktionen verantwortlich ist und wie sicher sich die Distributed-Ledger-Technologie in der Praxis bewährt.

5. Time Stamp

Ein Problem, das im Zusammenhang mit der Validierung auftreten kann, ist die Gefahr des *Double Spendings*.[76] Dabei könnte der Besitzer der *Keys* die gleiche Transaktion mehrmals durchführen, obwohl er einen Kryptowert eigentlich nur einmal sollte versenden können. Bereits im *White Paper*[77] zur Bitcoin-Blockchain wird darauf eingegangen und eine Lösung angeboten. Dazu muss zunächst einmal der Prozess der Bitcoin-Blockchain erläutert

---

70 https://ethereum.org/en/energy-consumption/.

71 *Imöhl/Frohn*, WiWo vom 15.09.2022, S. 1, https://www.wiwo.de/finanzen/geldanlage/ethereum-merge-2022-merge-ist-vorbei-was-man-zur-ethereum-reform-wissen-muss/28600900.html.

72 *Lieder* in: Segna/Möslein/Omlor/von Buttlar, eWpG, § 16 Rn. 10.

73 So auch schon *Schrey/Thalhofer*, NJW 2017, S. 1432.

74 *Lieder* in: Segna/Möslein/Omlor/von Buttlar, eWpG, § 16 Rn. 12.

75 *Lieder* in: Segna/Möslein/Omlor/von Buttlar, eWpG, § 16 Rn. 12.

76 Technisch wurde dieses Problem bereits gelöst, zumindest für Ethereum, https://hacken.io/discover/double-spending/#:~:text=An%20attacker%20stole%20over%20%241.6,also%20happen%20to%20regular%20users.

77 *Nakamoto*, Bitcoin, A Peer to Peer Electronic Cash System, S. 2, https://bitcoin.org/bitcoin.pdf.

werden. Laut *Bitcoin White Paper* ist ein elektronischer *Coin* die Kette elektronischer Signaturen.[78] Jeder Eigentümer eines *Coins* überträgt diesen auf den nächsten, indem er den *Hash* der vorangegangenen Transaktion und den *Public Key* des zukünftigen Eigentümers mittels digitaler Signatur (*Private Key*) bestätigt.[79] Der Erwerber kann die Signaturen wiederum validieren, um die Eigentumskette zu bestätigen.[80] Er kann allerdings nicht garantieren, dass keiner der Eigentümer eine Transaktion mehrfach parallel ausgeführt hat. Um nun nicht auf eine zentrale Stelle zurückgreifen zu müssen, die eine solche mehrfache Ausführung der Transaktion überprüft und damit wie eine dazwischengeschaltete Bank fungiert, wurde der *Hash* des Blocks mit einem Zeitstempel versehen, wobei jeder Zeitstempel wiederum alle vorigen Zeitstempel in seinem *Hash* enthält.[81] Die Zeitstempel formen damit eine Kette, welche die chronologische Darstellung der Transaktionshistorie ermöglicht. Damit können nun alle dezentralen Rechner (*Nodes*) die Transaktionshistorie inklusive Zeitstempel abgleichen. Zunächst werden alle noch durchzuführenden (also alle von Eigentümern signierten und „abgesendeten“) Transaktionen in einem Pool gesammelt, um von *Minern* geprüft und validiert zu werden.[82] Alle Netzwerkknoten gleichen die anstehenden Transaktionen mit ihrer Transaktionshistorie ab und prüfen, ob diese im Widerspruch stehen. Bestätigen genügend *Nodes* die Transaktion, wird sie durchgeführt. Wird eine Transaktion nicht bestätigt, wird sie nicht ausgeführt und fällt zurück in den Pool.[83] Alle Validatoren besitzen einen sogenannten *mempool*, der die Blöcke zur Validierung unterschiedlich sortiert, je nach Art und Ausgestaltung der Blockchain (z.B. nach FIFO – *first in, first out* oder Auktionsverfahren).[84] Das führt dazu, dass Transaktionen nicht in chronologischer Reihenfolge nach dem Zeitpunkt ihrer Signatur in Blöcken gespeichert werden, sondern

---

78 Ders.

79 Ders.

80 *Nakamoto*, Bitcoin, A Peer to Peer Electronic Cash System, S. 2, https://bitcoin.org/bitcoin.pdf.

81 *Nakamoto*, Bitcoin, A Peer to Peer Electronic Cash System, S. 2, https://bitcoin.org/bitcoin.pdf.

82 *Schrey/Thalhofer*, NJW 2017, S. 1432.

83 *Schrey/Thalhofer*, NJW 2017, S. 1432.

84 Ausf. zu *mempools* und ihrer Funktionsweise: https://rpcfast.com/mempool-data-stream#:~:text=What%20Is%20Ethereum%20Mempool%3F,gas%20price%2C%20and%20gas%20limit.; https://www.geeksforgeeks.org/what-is-ethereum-mempool/.

nach ihrer Validierung. Die chronologische Auflistung erfolgt also erst mit der Abspeicherung und nicht mit Eingangsstempel der Transaktion. Die Bezeichnung der Blockchain als chronologisches Transaktionsregister kann daher irreführend sein.

IV. Smart Contracts

Im Zusammenhang mit der Blockchain-Technologie ist auch eine Auseinandersetzung mit *Smart Contracts* unumgänglich. *Smart Contracts* werden nicht gesetzlich definiert. Technisch ist ein *Smart Contract* ein Programmcode, der den Eintritt vorher bestimmter Bedingungen automatisch prüfen und daraufhin eine programmierte Rechtsfolge umsetzen kann. *Smart Contracts* können die Blockchain ergänzen und werden gewissermaßen als Zusatz codiert „auf die Blockchain gesetzt“ bzw. in die Blockchain eingepflegt (*deploy*)[85]. Mit *Smart Contracts* können vertragliche Voraussetzungen und Abläufe als Protokoll festgehalten werden.[86] *Smart Contracts* sind selbstausführende Programme. Dadurch ist es möglich, Verträge unmittelbar mit reduzierten Transaktionskosten und ohne Mittelsmann durchzusetzen. Die Vertragssicherheit wird erhöht, da *Smart Contracts* automatisch zuvor codierte Bedingungen überprüfen und daraufhin eine Transaktion ausführen oder rückabwickeln.[87] Die BaFin bringt das anschauliche Beispiel des per *Smart Contract* geleasten Autos, bei dem der Motor nur dann gestartet werden könnte, wenn die Leasingraten bezahlt sind. Zur Überprüfung dieser Bedingungen wäre nur eine Abfrage der Blockchain notwendig. Mittels *Smart Contracts* können also alle möglichen Vertragsbedingungen sowie Verfügungsbeschränkungen etc. vorab abstrakt, aber umfassend codiert werden. Durch diese Unmittelbarkeit des Vertragszustandekommens reduziert sich die Abwicklungsgeschwindigkeit und es erhöht sich die Vertragssicherheit.[88] Mangels Intermediären wird auch die Gefahr von Fehlern und Manipulationen eingeschränkt.

---

85 *Kaulartz/Matzke*, NJW 2018, S. 3278, 3279.

86 Vgl. hierzu und zum Folgenden: *Finck* in: Fries/Paal, Smart Contracts, 2019, S. 2 ff., 8 ff.; BaFin, Blockchain-Technologie, S. 3.

87 BaFin, Blockchain-Technologie, S. 3.

88 So auch die Einschätzung der BaFin: BaFin, Blockchain-Technologie, S. 3; vgl. auch *Finck* in: Fries/Paal, Smart Contracts, 2019, S. 8 f.

Ein *Smart Contract* beinhaltet jedoch nicht zwingend einen Vertrag im zivilrechtlichen Sinne,[89] sondern ermöglicht eine erheblich größere Anzahl an Anwendungsmöglichkeiten. Insofern ist der englische Begriff im Deutschen missverständlich. Denn nach dem deutschen Zivilrecht kommt ein Vertrag durch Angebot und Annahme gemäß §§ 145, 147 BGB zustande. Der *Smart Contract* ist allerdings eine Software, die sowohl alle vorgegebenen, rechtlich relevanten Bedingungen als auch alle tatsächlichen Aktivitäten prüft und dokumentiert.[90] In einem zweiten Schritt kann der *Smart Contract* die Rechtsfolge sogar tatsächlich umsetzen (z.B. das geleaste Auto entriegeln) und geht damit wesentlich weiter als die schuldrechtliche Abrede des zivilrechtlichen Vertrages. Teilweise wird der *Smart Contract* mit der Funktionsweise eines Warenautomaten verglichen, bei dem sich der Vertragsschluss aus den äußeren Umständen (dem Bereitstellen und Bedienen des Automaten) ergibt und der Automat selbst nur noch mechanisch die Ware übergibt.[91] *Smart Contracts* bieten daher eine Vielzahl von Einsatzmöglichkeiten. Die Software kann nicht nur zivilrechtliche Verträge dokumentieren, sondern auch Rechtsfolgen umsetzen oder sogar Besitz- oder Eigentumspositionen verschaffen.[92]

Die Risiken der *Smart Contracts* liegen vor allem in der Programmierung der Bedingungen sowie in der fehlenden Kontrollinstanz. Im Rahmen des Crowdfundingprojekts „The DAO" 2016 wurde das Protokoll der DAO gehackt, wobei etwa 50 Millionen US-Dollar in Ether, der Währung der Ethereum-Blockchain, entzogen wurden.[93] Der Hacker nutzte dabei mehrere Sicherheitslücken im Code, um sich wiederholt kleinere Summen auszuzahlen. Diese Risiken gilt es technisch zu minimieren, um den gesetzlichen Standard des eWpG zu erfüllen.

---

89 *Schrey/Thalhofer*, NJW 2017, S. 1431.

90 Vgl. *Schrey/Thalhofer*, NJW 2017, S. 1431; siehe dazu Kapitel 5: Die Verfügung über das Kryptowertpapier.

91 *Kaulartz/Heckmann*, CR 2016, S. 618, 621; *Schrey/Thalhofer*, NJW 2017, S. 1431.

92 Vgl. *Kaulartz*, NJW 2018, S. 3278, 3280 f.

93 SZ vom 21.06.2016, https://www.sueddeutsche.de/digital/the-dao-53-millionen-dollar-raub-spaltet-verfechter-von-kryptowaehrung-1.3044097–2.

V. Kryptotoken

Der Begriff *Token* oder „Kryptotoken“ hat zwar keinen Eingang in das Gesetz über elektronische Wertpapiere gefunden, eine Auseinandersetzung mit diesen Begriffen ist allerdings unumgänglich, möchte man das Gesetz unter den aktuellen technischen Erscheinungen auf dem Finanzmarkt einordnen. Mit Entwicklung der Blockchain war zunächst häufig von *Coins*, also z.B. Bitcoin oder Ether, die Rede, die als Kryptowährung eine Alternative zu sogenannten staatlich regulierten Fiatwährungen[94] ermöglichen sollten.[95] Mit der Weiterentwicklung der Blockchain-Technologie erkannte man ihr Potenzial, originäre digitale Werte als Gegenleistung für Investitionen oder Dienstleistungen zu schaffen.[96]

1. Definition

Während das englische Wort *Coin* schlicht „Münze“ bedeutet, hat das Wort *Token* mehrere Bedeutungen. Bei einem *Token* kann es sich nach der ursprünglichen Bedeutung des Wortes um eine Wertmarke, eine Marke, ein Zeichen, ein Symbol oder sogar Andenken handeln.[97] Versucht man diesen Begriff mittels juristischer Wortlautauslegungsmethode einzuordnen, handelt es sich im Kern um die Verkörperung eines Wertes. In der Literatur werden *Token* teilweise als Überbegriff für „Wertrechte“ auf Grundlage der Blockchain-Technologie verwendet[98] und teilweise als Eintrag in einem Register oder einer Datenbank definiert, der die Verfügungsberechtigung über den Inhalt des Datenbankeintrags darstellt.[99] Letzte dürfte zu weit gehen, da der

---

[94] BaFin, Marktbefragung zu Derivaten mit Krypto-Assets als Basiswert, S. 12, file:///Users/sophia/Downloads/dl_kon_11_19_Marktbefragung_zu_Derivaten_mit_Kryptoassets_als_Basiswert%20(2).pdf.

[95] *Sandner/Welpe/Tumasjan*, der Blockchain-Faktor, 2019, S. 8 f.; *Read/Gräslund*, Wirtschaftsdienst 2018, S. 1, https://www.wirtschaftsdienst.eu/inhalt/jahr/2018/heft/7/beitrag/eu-regulierung-von-bitcoin-und-anderen-virtuellen-waehrungen-erste-schritte.html.

[96] *Sandner/Welpe/Tumasjan* in: der Blockchain-Faktor, 2019, S. 8 f.

[97] Oxford English Dictionary, https://www.oxfordlearnersdictionaries.com/definition/english/token_1?q=token.

[98] *Kleinert/Mayer*, EuZW 2019, S. 857.

[99] *Kaulartz/Matzke*, NJW 2018, S. 3278; *Müller-Eising*, Blockchain im Registerrecht, 2023, S. 9.

Token per se nur den Inhalt eines Rechts digital verkörpert, bezüglich der Verfügungsberechtigung allerdings mehrere Faktoren eine Rolle spielen.[100]

Kryptotoken werden von der BaFin definiert als „digitalisierte, auf einer Blockchain dezentral gespeicherte Abbildung von Vermögenswerten".[101] Ihnen wird eine bestimmte Funktion oder ein bestimmter Wert mit unterschiedlichen Eigenschaften, Funktionalitäten und Rechten vom betreffenden Verkehrskreis zugesprochen.[102] Die Werthaltigkeit des Kryptotokens kann sich dabei auch aus seiner Eigenschaft selbst ergeben.[103] Entmaterialisierte Wertpapiere werden auch „Wertrechte" genannt.[104] Die Zuordnung von Rechten zu einem *Token* wird auch als „Tokenisierung" (*tokenization*)[105] bezeichnet.

2. Tokenarten

Im Folgenden sollen die wichtigsten Tokenarten unterschieden werden. *Payment Token*[106] oder auch *Bare Bone Token* genannt dürften die geläufigste Kategorie bilden. Sie umfassen virtuelle Währungen wie Bitcoin, wobei der Anbieter beabsichtigt, sie als mögliches alternatives Zahlungsmittel anzubieten. Ihr Wert ergibt sich schlicht aus Angebot und Nachfrage.[107] Grundsätzlich stellen Zahlungstoken keine Wertpapiere im Sinne des eWpG, des WpPG oder Vermögensanlagen nach dem VermAnlG dar, sie können aber Finanzinstrumente im Sinne des KWG sein.[108] Gewähren die Kryptotoken Zugriff auf bestimmte Produkte oder Dienstleistungen, ähnlich einem Gutschein oder einer Eintrittskarte, so spricht man von *Utility Token* oder *App Token*, auch

---

[100] Stichwort *Keys*, siehe Kapitel 5: II. 4. Weisung des Berechtigten.

[101] BaFin, Zweites Merkblatt zur Ausgabe von Krypto-Token, S. 1, https://www.bafin.de/SharedDocs/Downloads/DE/Merkblatt/WA/dl_wa_merkblatt_ICOs.html.

[102] BaFin, Zweites Merkblatt zur Ausgabe von Krypto-Token, S. 1, https://www.bafin.de/SharedDocs/Downloads/DE/Merkblatt/WA/dl_wa_merkblatt_ICOs.html.

[103] Dies.

[104] *Dubovitskaya*, ZIP 2020, S. 2551, 2553; zur Wertrechtslehre *Habersack* in: MüKo BGB, 9. Aufl. 2024, vor § 793 Rn. 37–40.

[105] *Kaulartz/Matzke*, NJW 2018, S. 3278, 3278.

[106] BaFin, Zweites Merkblatt zur Ausgabe von Krypto-Token, S. 6, https://www.bafin.de/SharedDocs/Downloads/DE/Merkblatt/WA/dl_wa_merkblatt_ICOs.html.

[107] *Kaulartz/Matzke*, NJW 2018, S. 3278, 3279 f.

[108] BaFin, Zweites Merkblatt zur Ausgabe von Krypto-Token, S. 6, https://www.bafin.de/SharedDocs/Downloads/DE/Merkblatt/WA/dl_wa_merkblatt_ICOs.html.

„Nutzungstoken".[109] Laut bisheriger Einschätzung der BaFin stellen *Utility Token* weder Wertpapiere im Sinne des eWpG, des WpPG noch Vermögensanlagen nach dem VermAnlG dar und nur selten Finanzinstrumente im Sinne des KWG.[110] Handelt es sich dagegen um *Equity Token*, auch *Investment Token* oder *Asset Token* genannt, stehen den Inhabern solcher *Token* regelmäßig mitgliedschaftliche Rechte oder schuldrechtliche Ansprüche vermögenswerten Inhalts zu, vergleichbar mit denen eines Aktien- oder Schuldtitelinhabers.[111] Wertpapier(ähnliche) *Token* fallen grundsätzlich als Wertpapiere unter die ProspektVO, das WpPG und das WpHG sowie als Finanzinstrumente unter das KWG.[112] Daneben können auch Mischformen der Tokenarten bestehen („hybride Token"). Zur Einordnung der *Token* ist daher stets nach den jeweiligen technischen Ausgestaltungen und Funktionen der Schwerpunkt des *Tokens* entscheidend, wobei die BaFin die Einordnung nach den konkreten Umständen des Einzelfalls vornimmt.[113] Allein die typisierende Bezeichnung des *Tokens* ist dabei, konsequenterweise, nicht maßgeblich, auch wenn sie einen Anhaltspunkt für die Einordung liefern kann.[114] Dieses Prinzip bezeichnet man als *substance over form*.[115]

3. Fungible und non-fungible Token

Neben dem Rechtsinhalt des *Tokens* kann zur rechtlichen Einordnung relevant sein, ob er *fungible* oder *non-fungible* ist. Als Beispiel für einen fungiblen *Token* eignet sich Bitcoin. Er ist zwar grundsätzlich durch seine technischen

---

[109] BaFin, Zweites Merkblatt zur Ausgabe von Krypto-Token, S. 5, https://www.bafin.de/SharedDocs/Downloads/DE/Merkblatt/WA/dl_wa_merkblatt_ICOs.html; *Kaulartz/Matzke*, NJW 2018, S. 3278, 3279 f.

[110] Dies.

[111] BaFin, Zweites Merkblatt zur Ausgabe von Krypto-Token, S. 6, https://www.bafin.de/SharedDocs/Downloads/DE/Merkblatt/WA/dl_wa_merkblatt_ICOs.html; *Kaulartz/Matzke*, NJW 2018, S. 3278, 3279 f.

[112] BaFin, Zweites Merkblatt zur Ausgabe von Krypto-Token, S. 6, https://www.bafin.de/SharedDocs/Downloads/DE/Merkblatt/WA/dl_wa_merkblatt_ICOs.html; zu weiteren Tokenarten: *Kaulartz/Matzke*, NJW 2018, S. 3278, 3280.

[113] BaFin, Zweites Merkblatt zur Ausgabe von Krypto-Token, S. 6, https://www.bafin.de/SharedDocs/Downloads/DE/Merkblatt/WA/dl_wa_merkblatt_ICOs.html.

[114] *Kleinert/Mayer*, EuZW 2019, S. 857, 859; BaFin, Zweites Merkblatt zur Ausgabe von Krypto-Token, S. 6, https://www.bafin.de/SharedDocs/Downloads/DE/Merkblatt/WA/dl_wa_merkblatt_ICOs.html.

[115] BaFin, Zweites Merkblatt zur Ausgabe von Krypto-Token, S. 6, https://www.bafin.de/SharedDocs/Downloads/DE/Merkblatt/WA/dl_wa_merkblatt_ICOs.html.

Daten individualisierbar.[116] Der Wert des *Coins* liegt allerdings ausschließlich in der Funktion als Währung und damit in seiner Einsetzbarkeit als Zahlungsmittel. Dem Inhaber oder Nutzer kommt es gerade nicht auf die individualisierte Zuordnung eines bestimmten *Coins* an.[117] Dagegen ergibt sich der Wert des nicht-fungiblen *Tokens* (NFT) gerade aus seiner einzigartigen Individualisierung. NFT lassen sich auch nicht in kleinere Einheiten teilen, ihr Wert besteht nur im Ganzen. Sie werden zumeist nach dem ERC-721-Standard oder ERC-1155-Standard auf der Ethereum-Blockchain geschaffen (*minted*), wobei der *Smart Contract* jedem NFT eine eindeutige *Token* ID, den Inhaber (pseudonymisiert) und den Hashwert einer im Internet gespeicherten Metadaten-Datei zuordnet.[118] Die verkörperte Datei kann z.B. auf einer speziellen Minting-Plattform wie OpenSea gespeichert werden, die zugleich als Handelsplattform fungiert.[119] Eine alternative Möglichkeit bietet das Interplanetary File System (IPFS), das Dateien dezentral in einem *Peer-to-Peer*-Netzwerk speichert und so den *Token* nahezu untrennbar mit der Datei verknüpft.[120]

4. Krypto-Assets

Nicht klar definiert ist, ob *Token*, im Speziellen *Security Token* als Unterkategorie, unter sogenannte „Krypto-Assets" fallen.[121] Eine Legaldefinition der Krypto-Assets gibt es bislang nicht. Das *Financial Stability Board* (FSB) definiert sie als Vermögenswerte, die vor allem von der Kryptographie und Distributed-Ledger-Technologie als Teil des ihnen zugesprochenen oder innewohnenden Wertes abhängen. Nach der Definition der Europäischen Marktaufsichtsbehörde (ESMA) werden unter dem Begriff sowohl digitale *Token*, die über *Initial Coin Offerings* (ICOs) ausgegeben werden, als auch Kryptowährungen gefasst.[122] Die BaFin hat für ihre spezifische Marktbefragung

---

116 *Guntermann*, RDi 2022, S. 200, 201.
117 *Heine/Stang*, MMR 2021, S. 755, 756.
118 *Guntermann*, RDi 2022, S. 200, 201.
119 *Guntermann*, RDi 2022, S. 200, 201; vgl. https://opensea.io/learn/what-is-minting-nft.
120 *Guntermann*, RDi 2022, S. 200, 201.
121 Dazu und zum Folgenden: BaFin, Marktbefragung zu Derivaten mit Krypto-Assets als Basiswert, 2019, S. 2, file:///Users/sophia/Downloads/dl_kon_11_19_Marktbefragung_zu_Derivaten_mit_Kryptoassets_als_Basiswert.pdf.
122 ESMA, Initial Coin Offerings and Crypto-Assets, 09.01.2019, https://www.esma.europa.eu/sites/default/files/library/esma50–157–1391_crypto_advice.pdf.

Krypto-Assets als alle Anlagen in digitaler Form definiert, die keine Finanzinstrumente nach § 2 Abs. 4 WpHG sind, kein gesetzliches Zahlungsmittel darstellen, keine Rechte verbriefen und nicht von einer verantwortlichen (zentralen) Institution wie beispielsweise einer Zentralbank überwacht bzw. ausgegeben werden.[123] Auch nach dieser Definition sind Krypto-Assets üblicherweise durch Verschlüsselungstechnologien gesichert und dezentral nach der Distributed-Ledger-Technologie organisiert.[124] Nicht unter die Definition der BaFin für diese Marktbefragung fallen damit *Security Token* als „Beteiligungstoken", die wertpapierähnliche Eigenschaften beinhalten.[125] Dagegen definiert sie Kryptowährungen (*Payment Token*) wie z.B. Bitcoin, Ether, Litecoin oder Ripple als Krypto-Assets. Allerdings entsprang die Definition der BaFin einer Marktanalyse von 2019, welche die Verbreitung von Derivaten auf Basis von Krypto-Assets untersuchte. Damit besitzt diese enger gefasste Definition keine Allgemeingültigkeit. Um Kryptowertpapiere als *Token* unter all den Begrifflichkeiten zur Distributed-Ledger-Technologie einordnen zu können, bieten sich zunächst einmal die weiteren Definitionen des FSB und der ESMA an. Danach würden auch Kryptowertpapiere als *Security Token* grundsätzlich Krypto-Assets darstellen. Eine Legaldefinition für Krypto-Assets als Überbegriff für alle digitalen Vermögenswerte, die auf Grundlage der Distributed-Ledger-Technologie entstehen, würde sich anbieten und wäre im Hinblick auf Rechtssicherheit und einen europäischen Standard für Finanzprodukte wünschenswert.

---

123 Vgl. Europäische Zentralbank, Occasional Paper Series No 223 / May 2019, S. 7, https://www.ecb.europa.eu/pub/pdf/scpops/ecb.op223~3ce14e986c.en.pdf; BaFin, Marktbefragung zu Derivaten mit Krypto-Assets als Basiswert, 2019, S. 2, file:///Users/sophia/Downloads/dl_kon_11_19_Marktbefragung_zu_Derivaten_mit_Kryptoassets_als_Basiswert.pdf; beide.

124 BaFin, Marktbefragung zu Derivaten mit Krypto-Assets als Basiswert, 2019, S. 2, file:///Users/sophia/Downloads/dl_kon_11_19_Marktbefragung_zu_Derivaten_mit_Kryptoassets_als_Basiswert.pdf.

125 BaFin, Marktbefragung zu Derivaten mit Krypto-Assets als Basiswert, 2019, S. 2, file:///Users/sophia/Downloads/dl_kon_11_19_Marktbefragung_zu_Derivaten_mit_Kryptoassets_als_Basiswert.pdf.

5. Anwendung des Tokens

Die Tokenisierung ist eine der wichtigsten Errungenschaften der Blockchain-Technologie und ermöglicht letztlich das „Internet der Werte".[126] Daher darf wohl die Technologie zu Recht als disruptiv[127] bezeichnet werden. Kryptotoken werden z.B. im Rahmen von *Initial Coin Offering* (ICO), *Initial Token Offering* (ITO) oder *Security Token Offering* (STO) verwendet.[128] In diesen Prozessen geben Unternehmen zur Finanzierung ihrer Geschäftsidee *Token* im Gegenzug gegen finanzielle Mittel von Anlegern aus. Diese Ausgabe geschieht also nicht an der Börse, sondern durch die Nutzung von *Smart Contracts* mit einer speziellen Blockchain, z.B. Ethereum.[129] Im Rahmen des ICOs werden häufig *White Paper* veröffentlicht, welche die technische Ausgestaltung, die Eigenschaften und Rechtsinhalte der *Token* sowie den Geschäftszweck des ICOs beschreiben.[130]

VI. Definition der Blockchain

Anhand dieses aktuellen technischen Standes soll die praktische Umsetzung des Gesetzes über elektronische Wertpapiere untersucht werden. Mangels Legaldefinition von Distributed-Ledger-Technologie und Blockchain-Technologie müssen die Begriffe zunächst definiert werden, um einen wissenschaftlichen Diskurs führen zu können. Dabei ist eine möglichst präzise und dennoch weite Definition vorzugswürdig, um bei der Auseinandersetzung mit dem gesetzgeberischen Willen und der möglichen praktischen Umsetzung möglichst alle technischen Möglichkeiten zu berücksichtigen. Zur Definition der Distributed-Ledger-Technologie wird auf die Definition der Bundesregierung Bezug genommen[131], da diese zutreffend die Merkmale und Funktionsweise der Technologie beschreibt.

---

[126] *Kaulartz* in: Möslein/Omlor, FinTech-HdB, 2. Aufl. 2021, § 5 Rn. 1.

[127] Schrey/Thalhofer, NJW 2017, S. 1431.

[128] BaFin, Zweites Merkblatt zur Ausgabe von Krypto-Token, S. 1, https://www.bafin.de/SharedDocs/Downloads/DE/Merkblatt/WA/dl_wa_merkblatt_ICOs.html.

[129] *Guntermann*, RDi 2022, S. 200, 201.

[130] BaFin, Zweites Merkblatt zur Ausgabe von Krypto-Token, S. 1, https://www.bafin.de/SharedDocs/Downloads/DE/Merkblatt/WA/dl_wa_merkblatt_ICOs.html.

[131] Siehe Kapitel 1: II. Distributed-Ledger-Technologie als Basis.

Die Blockchain-Technologie muss eigenständig definiert werden. Eine Einschränkung der Blockchain auf ein Transaktionsregister wird ihren technologischen Möglichkeiten nicht gerecht. Die Blockchain verarbeitet und speichert Daten in Blöcken. Diese Daten können aber nicht nur Transaktionen z.B. eines *Coins* oder von anderen *Token* beinhalten, sondern auch Besitz- oder Eigentumspositionen (nichtfungible *Token*) sowie die Belastung, Beschränkung oder Veränderung eines Rechts darstellen.

Die Blockchain wird für diese wissenschaftliche Arbeit definiert als:

Informationstechnisches System in einem dezentralen Peer-to-Peer-Netzwerk (distributed ledger), in dem Datensätze mittels eines Konsensmechanismus in Blöcken fortlaufend gespeichert und durch kryptographische Hashfunktionen zu einer Kette miteinander verbunden werden (chain of blocks), wobei die Fortschreibung der Datenblöcke durch digitale Adressen verifiziert wird und der Zugang sowie die Teilnahme und Teilhabe an dem System beliebigen Regeln unterworfen werden können.

Einordnung des eWpG im Sachenrecht

Ausgangspunkt zur Einordnung des Kryptowertpapiers ist § 1 eWpG, denn danach ist das Gesetz auf Schuldverschreibungen auf den Inhaber anzuwenden. Unter das neue Gesetz fallen also nur solche Kryptowertpapiere, deren Inhalt Inhaberschuldverschreibungen darstellen. Darüber hinaus hat der Gesetzgeber in das eWpG eine Sachfiktion des elektronischen Wertpapiers in § 2 Abs. 3 eWpG aufgenommen. Daher ist eine Einordnung des Kryptowertpapiers mit seinen gesetzlichen Anforderungen im deutschen Sachenrecht erforderlich.

I. Das Kryptowertpapier als Inhaberschuldverschreibung

Der Gesetzgeber hatte das Gesetz über elektronische Wertpapiere bis zur Einführung der e-Aktie durch das ZuFinG zunächst auf Inhaberschuldverschreibungen beschränkt, weil er das Bedürfnis nach eigenkapitalähnlichen Investitionen für am höchsten hielt, bei denen mehr die Teilhabe am Wertzuwachs des Unternehmens als ein fester Zins angestrebt wird.[132] In der bisherigen deutschen Tokenemission sollen Inhaber zumeist kein Mitspracherecht erhalten, sodass es sich eher um Genussschein-Emissionen handelt. Nach § 1 Nr. 1 eWpG ist das Gesetz auf Schuldverschreibungen auf den Inhaber, also auf Kryptowertpapiere mit dem Inhalt des § 793 BGB, anwendbar.

[132] Begr. RegE, BT-Drucks. 19/26925, S. 38.

Die Regelungen über Inhaberschuldverschreibungen nach §§ 793 ff. BGB bilden einen Schwerpunkt des Wertpapierrechts.[133] Eine systematische und abschließende Regelung zum Wertpapierrecht findet sich im deutschen Recht bislang nicht.[134] Stattdessen sind einzelne Wertpapierarten geregelt, z.B. im Recht der Anweisung nach §§ 783 ff. BGB, in den Vorschriften über Hypotheken- und Grundschuldbriefe gemäß §§ 1116 f., 1140, 1152, 1154 f., 1160 ff., 1192, 1195 BGB sowie im Recht der kaufmännischen Orderpapiere nach §§ 363 ff. HGB.[135]

Inhaberschuldverschreibungen sind gemäß § 793 BGB Anleihen, also Industrieobligationen, öffentliche Anleihen und Bankschuldverschreibungen, wie z.B. Pfandbriefe und Kommunalobligationen.[136] Voraussetzung ist, dass die Anleihe auf den Inhaber lautet und in einer Einzel- oder Globalurkunde verbrieft ist.[137] Auch Dividendenscheine, Grundschuldbriefe, Rentenschuldbriefe, Anteilsscheine an Investmentfonds (§ 95 Abs. 1 KAGB) oder ähnlichem Sondervermögen sowie Options- und Zinsscheine können demnach eine Inhaberschuldverschreibung darstellen. Dazu kommen Pfandbriefe als (gedeckte Schuldverschreibungen) und Investmentanteilsscheine.[138]

Da dem Kryptowertpapier keine eigene Rechtsform zugesprochen wird, umfasst der Begriff der Schuldverschreibung in anderen Gesetzen (z.B. dem Pfandbriefgesetz) auch elektronisch begebene Schuldverschreibungen.[139] Der Gesetzgeber hat bewusst darauf verzichtet, mit dem Kryptowertpapier ein Wertpapier sui generis zu schaffen, und öffnet damit das Tor zur automatischen Erweiterung der entsprechenden Begriffe in anderen Gesetzen.

---

133 *Habersack* in: MüKo BGB, 9. Aufl. 2024, vor § 793, Rn. 1.

134 *Casper* in: Baumbach/Hefermehl/Casper, WPR, 24. Aufl. 2020 Rn. 1 f.; *Habersack* in: MüKo BGB, 9. Aufl. 2024, vor § 793, Rn. 1; *Hildebrandt*, Wertpapierrecht, 1957, S. 118.

135 *Habersack* in: MüKo BGB, 9. Aufl. 2024, vor § 793, Rn. 1.

136 *Habersack* in: MüKo BGB, 9. Aufl. 2024, § 793, Rn. 10.

137 Dazu und zum Folgenden: *Habersack* in: MüKo BGB, 9. Aufl. 2024, § 793, Rn. 10.

138 *Lehmann*, NJW 2021, S. 2319; in § 95 Abs. 1 KAGB n.F. sind elektronische Versionen von Investmentanteilsscheinen ausdrücklich vorgesehen.

139 Begr. RegE, BT-Drucks. 19/26925, S. 39.

II. Das Kryptowertpapier als elektronisches Wertpapier

Nach dem eWpG in der derzeitigen Fassung[140] sind mit Wertpapieren nur Inhaberschuldverschreibungen erfasst, allerdings können diese auch Wertpapiere z.B. nach dem WpPG, WpHG oder der ProspektVO (Verordnung (EU) 2017/1129) darstellen.[141] Das Wertpapier ist im deutschen Recht nicht einheitlich, systematisch abschließend geregelt, sodass es keine einheitlich Definition des Wertpapiers gibt.[142] Laut *Habersack* dienen die juristischen Eigenschaften des Papiers als Grundlage für ihre Definition, nicht dagegen ihre wirtschaftliche Bedeutung.[143] Verschiedene Wertpapierarten besitzen unterschiedliche wirtschaftliche Eigenschaften und werden in den verschiedenen Gesetzen je nach Normzweck unterschiedlich definiert, vgl. § 1 Abs. 1 DepotG, § 2 Abs. 1 WpHG. Das Wertpapier wird im bürgerlichen Recht im Sinne eines weiten Wertpapierbegriffs definiert als eine „Urkunde über ein Privatrecht, dessen Verwerthung durch die Innehabung der Urkunde privatrechtlich bedingt ist".[144]

Das elektronische Wertpapier wiederum kann entsprechend § 2 Abs. 1 und Abs. 2 eWpG als ein Wertpapier definiert werden, das elektronisch, also durch Eintragung in ein elektronisches Wertpapierregister (nach § 4 Abs. 1 eWpG) anstatt der Ausstellung einer Wertpapierurkunde, begeben wird.

1. Die Urkunde

Lange Zeit ergab sich die Handelbarkeit der Wertpapiere aus der Publizitätsfunktion des Besitzes an Papierurkunden.[145] Heute wird diese Publizitätsfunktion bereits durch elektronische Buchungen auf den Depotkonten

---

140 03.06.2021, BGBl. S. 1423, ergänzt durch das Gesetz zur Finanzierung von zukunftssichernden Investitionen (Zukunftsfinanzierungsgesetz – ZuFinG) vom 11.12.2023, BGBl. 2023 I Nr. 354, https://www.recht.bund.de/bgbl/1/2023/354/VO.html.

141 Siehe Kapitel 6: II. Aufsichts- und Genehmigungspflichten.

142 *Habersack* in: MüKo BGB, 9. Aufl. 2024, vor § 793 Rn. 4, 7.

143 *Habersack* in: MüKo BGB, 9. Aufl. 2024, vor § 793 Rn. 7.

144 *Pahlow, Louis*, „Wertpapierrecht" in: Jaeger/Eckert/Ludwig/Steiner/Wesche/Metzler, Enzyklopädie der Neuzeit Online, https://referenceworks.brillonline.com/entries/enzyklopaedie-der-neuzeit/wertpapierrecht-COM_380925#a4758000_000_04.

145 *Casper* in: Möslein/Omlor, FinTech-HdB, 2. Aufl. 2021, § 28, Rn. 1.

ersetzt und die im heutigen Effektengiroverkehr üblichen Globalurkunden werden nicht mehr physisch bewegt.[146] Bereits 1942 schrieb Georg Opitz, dass

> im Girosammelverkehr die Wertpapierurkunde überlebt hat. Vor Jahrhunderten einmal hat man angefangen, Rechte zu verbriefen. [...] Aber dieser Versinnbildlichung und Verkörperlichung bedürfen wir nicht mehr. [...] Zeigt es sich, daß der Effektengiroverkehr, von der technischen Seite betrachtet, auch ohne das Drucken von Wertpapierurkunden auskommt, so braucht man nicht aus juristischen Gründen an der althergebrachten Verbriefung festzuhalten.[147]

Ein Wertpapier ohne Papierurkunde war bisher vor allem aufsichtsrechtlich[148], zivilrechtlich jedoch nur für Schuldbuchforderungen des Bundes vorgesehen.[149] Die Verbriefung von Sammelschuldbuchforderungen des Bundes geschieht durch Eintrag in das Bundesschuldbuch, § 6 Abs. 1 BSchuWG und dennoch werden sie in § 6 Abs. 2 S. 1 BSchuWG zu Wertpapieren erklärt. Mit Einführung des Gesetzes über elektronische Wertpapiere wird von der Literatur nun häufig von einem Entmaterialisierungsprozess gesprochen.[150] Nach § 2 Abs. 1 S. 1 eWpG kann ein Wertpapier „auch" als elektronisches Wertpapier begeben werden. Damit soll also nicht das urkundlich verbriefte Wertpapier grundsätzlich durch elektronische Wertpapiere substituiert werden. Vielmehr schafft der Gesetzgeber ein Wahlrecht des Emittenten, Wertpapiere nun auch in elektronischer Form zu begeben.[151] Anstatt ein Wertpapier eigener Art zu schaffen und damit den „Numerus clausus" der Wertpapiere zu erweitern, sollen lediglich die nutzbaren Formen des Wertpapiers ausgebaut werden.[152] Nach der Numerus-clausus-Theorie sind alle Wertpapierarten gesetzlich geregelt. Es können daher nur Wertpapiere bestehen, die auch gesetzlich vorgesehen sind.[153] Die Gesetzesbegründung spricht in diesem Zusammenhang

---

146 Begr. RegE, BT-Drucks. 19/26925, S. 41; *Lehmann*, Finanzinstrumente, 2009, S. 25 f.; *Habersack* in: MüKo BGB, 9. Aufl. 2024, vor § 793, Rn. 33.

147 *Opitz*, Die Vervollkommnung des Effektenverkehrs, in: Opitz, Fünfzig Depotrechtliche Abhandlungen, S. 512 f.

148 Siehe § 2 Abs. 1 WpHG: „auch wenn keine Urkunden über sie ausgestellt sind".

149 *Lehmann*, BRK 2020, S. 431; vgl. auch *Kleinert/Mayer*, EuZW 2019, S. 857, 859; siehe § 6 Abs. 1 BuSchWG; *Habersack* in: MüKo BGB, 9. Aufl. 2024, vor § 793, Rn. 35.

150 *Lehmann*, BRK 2020, S. 432.

151 So auch *Lehmann*, BRK 2020, S. 432.

152 Begr. RegE, BT-Drucks. 19/26925, S. 39; *Dubovitskaya*, ZIP 2020, S. 1551, 2552.

153 *Vogel* in: BeckOGK BGB § 793 Rn. 46 ff.

von einem funktionalen Ansatz, ohne weiter darauf einzugehen.[154] Aus dem Kontext ergibt sich, dass nach dem funktionalen Ansatz das Kryptowertpapier dieselben Funktionen wie eine verbriefte Inhaberschuldverschreibung gewährleisten soll, nur in anderer Form und ohne eine eigene Wertpapierart zu schaffen.[155] Die Funktionenlehre ist laut *Hildebrandt* das „Einmaleins" des Wertpapierrechts, denn darauf sind alle Regelungen des Wertpapiers ausgelegt.[156] Aus den Funktionen des Wertpapiers ergibt sich schließlich ihre Gruppierung in verschiedene Wertpapierarten.[157] Neben dieser Einteilung nach der verbrieften rechtlichen Bedeutung ist auch eine Einteilung nach der Bezeichnung des Berechtigten denkbar sowie nach ihrer Vollständigkeit, nach der Art des verbrieften Rechts (z.B. Forderung oder Anweisung), ihrer Rechtsentstehung[158] oder ihrer Unabhängigkeit vom Bestand des verbrieften Rechts.[159] Auf die einzelnen Abgrenzungsarten kommt es hier nicht an. Festzuhalten ist, dass der Gesetzgeber keine neue Wertpapierart schaffen wollte, sondern mit dem Kryptowertpapier lediglich die Begebungsart des zivilrechtlichen Wertpapiers erweitern wollte.

2. Die Rolle des Registers in der Definition des Kryptowertpapiers

Das Kryptowertpapierregister spielt eine zentrale Rolle in der Definition des Kryptowertpapiers. § 2 Abs. 1 S. 2 eWpG stellt klar, dass ein elektronisches Wertpapier dadurch begeben wird, dass der Emittent anstelle der Ausstellung einer Wertpapierurkunde eine Eintragung in ein elektronisches Wertpapierregister gemäß § 4 Abs. 1 eWpG bewirkt. Damit unterscheidet nur die Eintragung in eines der Register das elektronische von einem mittels Urkunde verbrieften Wertpapier.[160]

---

[154] Begr. RegE, BT-Drucks. 19/26925, S. 39.

[155] Vgl. *Segna*, Bucheffekten, 2018, S. 586, zur Depotrechtsharmonisierung. Dabei soll nach dem funktionalen Ansatz eine bestimmte Rechtsposition des Kontoinhabers gewährleistet werden bei freier konzeptioneller Ausgestaltungsfreiheit.

[156] *Hildebrandt*, Wertpapierrecht, 1957, S. 10.

[157] Näher hierzu *Hildebrandt*, Wertpapierrecht, 1957, S. 10, 114 ff., er unterscheidet hierbei zwischen Umlaufpapieren, Rektapapieren und Legitimationspapieren; zu den Wertpapierfunktionen siehe Kapitel 3: II. Eigenschaften des Kryptowertpapierregisters.

[158] Siehe zu den Entstehungstheorien Kapitel 4: I. 1. Einigung zwischen Emittenten und Inhaber (Begebungsvertrag).

[159] Näher hierzu *Hildebrandt*, Wertpapierrecht, 1957, S. 121–145.

[160] So das Telos, Begr. RegE, BT-Drucks. 19/26925, S. 40.

Elektronische Wertpapierregister werden nach § 4 Abs. 1 eWpG in zentrale Register nach § 12 (§ 4 Abs. 1 eWpG) und Kryptowertpapierregister gemäß § 16 eWpG (§ 4 Abs. 1 Nr. 2 eWpG) unterschieden. Betrachtet man die Systematik des Gesetzes, wird sichtbar, dass das Kryptowertpapier dem elektronischen Wertpapier nachfolgend in § 4 Abs. 3 eWpG definiert wird. Das Kryptowertpapier bildet damit neben dem Zentralregisterwertpapier (§ 4 Abs. 2 eWpG) eine Unterkategorie des elektronischen Wertpapiers.[161] Der Gesetzgeber geht also zunächst einmal davon aus, dass Wertpapiere nun in elektronischer Form ausgegeben und übertragen werden können, und zwar je nach Registerform entweder als Zentralregisterwertpapier oder als Kryptowertpapier. Wenn im Folgenden von elektronischen Wertpapieren die Rede ist, sind ausschließlich Kryptowertpapiere in Einzeleintragung und in Form von Inhaberschuldverschreibungen Gegenstand der Untersuchung, sofern nicht anders dargestellt.

Der Begriff des Kryptowertpapiers könnte sprachlich nahelegen, dass der elektronischen Form des Wertpapiers technisch ein kryptographisches Verfahren zugrunde liegen muss. Dies ist insoweit verwirrend, als das Gesetz mit der Definition des Kryptowertpapiers nicht die technische Grundlage des Wertpapiers selbst festlegt, sondern nur einen Bezug zum Kryptowertpapierregister herstellt. Das Kryptowertpapier ist also deshalb ein Kryptowertpapier, weil es in ein Kryptowertpapierregister eingetragen ist, nicht etwa aufgrund seiner eigenen technischen Ausgestaltung. Die das Kryptowertpapier definierende Eintragung in das Kryptowertpapierregister stellt zudem einen Realakt dar und keine rechtliche Eigenschaft. Damit steht die Definition zunächst einmal im Kontrast zur Auffassung von *Habersack*[162]. Die Definition nach § 4 Abs. 3 eWpG ordnet allerdings das Kryptowertpapier aufgrund seiner technischen Eigenschaft als eingetragen im Kryptowertpapierregister dem eWpG zu und verleiht ihm damit die rechtlichen Eigenschaften nach dem eWpG. Das bedeutet konkret nach § 2 Abs. 2 eWpG, dass es dieselben rechtlichen Eigenschaften wie ein mittels Urkunde begebenes Wertpapier erhält und dass es gemäß § 2 Abs. 3 eWpG als Sache im Sinne des § 90 BGB gilt. Durch die technische Zuordnung innerhalb des eWpG erhält das Kryptowertpapier gleichzeitig seine rechtliche Definition.

---

[161] So auch *Lehmann*, BRK 2020, S. 434.

[162] *Habersack* in: MüKo BGB, 9. Aufl. 2024, vor § 793 Rn. 7.

Dabei ist auch die technische Umsetzung des Kryptowertpapierregisters technologieoffen und nicht etwa an die Distributed-Ledger-Technologie geknüpft.[163] Dies ist darauf zurückzuführen, dass der Gesetzgeber das eWpG als ersten Versuch, sich mit einer elektronischen (unverkörperten) Form des Wertpapiers auseinanderzusetzen, technik-neutral gestalten wollte.[164] Das zunehmende Interesse und die sich rasch verbreitende Verwendung der Blockchain-Technologie waren der Hintergrund zur Einführung des eWpG und der Regelung des Kryptowertpapiers. Die Offenheit für verschiedene Formen der Technologie soll Innovation und damit den Wirtschaftsstandort Deutschland fördern.[165] Insoweit ist die gewählte Definition durch den Gesetzgeber zu begrüßen. Denn indem das Kryptowertpapier nicht über seine eigene technische Ausgestaltung definiert wird, sondern über die Eintragung in ein Kryptowertpapierregister, dessen technische Ausgestaltung wiederum neutral gestaltet ist, wird dem Kryptowertpapier größtmögliche technische Flexibilität gewährt. Damit hat das Gesetz das Potenzial, mit technischen Innovationen zu wachsen.

III. Das Kryptowertpapier als Sache

Der Begriff der Sache wird in § 90 BGB definiert, wonach Sachen nur körperliche Gegenstände sind. Daten und Computerprogramme sind keine Sachen im Sinne des § 90 BGB, da ihnen das abgrenzbare Merkmal der Körperlichkeit fehlt.[166] Allenfalls ein Datenträger kann laut überwiegender Meinung in der Literatur eine Sache darstellen.[167] Die darin verkörperte geistige Leistung bleibt dagegen ein urheberrechtlich geschütztes Immaterialgut.[168] Kryptowertpapiere bestehen in ihrer digitalen Form aus einer Datenmenge, die noch nicht einmal über einen physischen Datenträger verfügt, und sie beinhalten

---

163 Begr. RegE, BT-Drucks. 19/26925, S. 41 f.

164 Begr. RegE, BT-Drucks. 19/26925, S. 59 f.

165 Begr. RegE, BT-Drucks. 19/26925, S. 1; Blockchain-Strategie der Bundesregierung, BT-Drucks. 19/13433, S. 4, 6.

166 *Stresemann* in: MüKo BGB, 9. Aufl. 2021, § 90 Rn. 25.

167 *Stresemann* in: MüKo BGB, 9. Aufl. 2021, § 90 Rn. 25; *Fritzsche* in: BeckOK BGB, *Redeker*, NJW 1992, S. 1739.

168 *Stresemann* in: MüKo BGB, 9. Aufl. 2021, § 90 Rn. 25.

eine Forderung, nämlich die Inhaberschuldverschreibung. Die Forderung wird in Form eines *Tokens* digital „verkörpert".

Der Gesetzgeber wollte das sachenrechtliche Denken des deutschen Wertpapierrechts auch für elektronische Wertpapiere aufrechterhalten und dieses mit einer Registerlösung kombinieren.[169] Im Rahmen der Sachfiktion nach § 2 Abs. 3 eWpG ist also die Vereinbarkeit der technischen Eigenschaften des Kryptowertpapiers mit dieser Fiktion von zentraler Bedeutung. Grundsätzlich wird bei Wertpapieren zwischen ihrer Sachqualität und ihrer Funktion, Rechte zu verkörpern, unterschieden.[170] Um diese gesetzgeberische Entscheidung zu analysieren, wird im Folgenden das Kryptowertpapier auf seine Sachqualitäten und Sachfunktionen untersucht und ein Vergleich zur Forderung angestellt.

1. Bezugsobjekt

Die im eWpG unter § 2 Abs. 3 enthaltene Fiktion stellt ein Kernstück der Übertragung von Kryptowertpapieren dar. Danach gilt ein elektronisches Wertpapier als Sache im Sinne des § 90 BGB. Zum ersten Mal wird damit ein unkörperlicher Gegenstand im deutschen Zivilrecht als Sache angesehen.[171] Als Unterform des elektronischen Wertpapiers entsteht das Kryptowertpapier genau wie sonstige Wertpapiere durch Einigung zwischen dem Emittenten und dem Inhaber sowie einem Skripturakt.[172] Die Einigung stellt den Begebungsvertrag im Sinne der §§ 133, 157 BGB dar. Anstatt der Verkörperung des Rechts in einer Papierurkunde findet der Skripturakt des Kryptowertpapiers durch seine Eintragung in ein Kryptowertpapierregister nach § 4 Abs. 2, 3 eWpG statt. Der Skripturakt verkörpert die dingliche Einigung und macht diese für den Rechtsverkehr sichtbar. Dies führt zur Sicherheit im Rechtsverkehr. Diese Skriptur unterscheidet sich von der physischen Form des

---

169 Begr. RegE, BT-Drucks. 19/26925, S. 40.

170 *Stresemann* in: MüKo BGB, 9. Aufl. 2021, § 90 Rn. 22.

171 *Lehmann*, BKR 2020, S. 433; Ähnliches hatte der BGH (BGH NJW 1952, S. 1012, 1014) schon über Reichsschuldbuchforderungen festgestellt. Diese seien „im Wege der gesetzlichen Fiktion [...] zur beweglichen Sache geworden, und zwar mindestens, soweit es sich um ihre verwahrungsrechtliche Behandlung handelt". Die Verordnung enthielt aber keine § 2 Abs. 3 eWpG ähnliche Sachfiktion, sondern erweiterte lediglich den Anwendungsbereich einiger depotrechtlicher Vorschriften auf Reichsschuldbuchforderungen.

172 Begr. RegE, BT-Drucks. 19/26925, S. 39.

herkömmlichen, durch Urkunde verbrieften Wertpapiers und ändert somit das Bezugsobjekt.[173] Neben der „Verkörperung" des Rechts oder Mitgliedschaftsrechts im Kryptotoken liegt das Bezugsobjekt des Kryptowertpapiers in der Eintragung im Kryptowertpapierregister. Dieser Bezug ist unabhängig von der konkreten technischen Ausgestaltung des Kryptowertpapierregisters.

2. Sachherrschaft

Im Sachenrecht ist grundsätzlich eine Manifestation des Besitzwillens notwendig, um dem Rechtsverkehr den Besitz anzuzeigen und Rechtssicherheit zu schaffen.[174] Der Besitzwille manifestiert sich bisher in der tatsächlichen Sachherrschaft über eine bewegliche Sache, also im Besitz selbst. Bei *Token* bzw. Kryptowertpapieren ist dies nicht so eindeutig. Die Sachherrschaft über den *Token* als Objekt des Kryptowertpapiers wird nach aktuellem technischem Stand durch den *Private Key* ausgeübt. Der Besitzwille[175] manifestiert sich hierbei also durch den Besitz am *Private Key*. Der *Private Key* besteht aus einer Zahlenfolge, die vom Inhaber physisch besessen werden kann. Je nach technischer Spielart können diese Schlüssel auf der Blockchain in einem *Wallet* (*on chain*) oder abseits der Blockchain physisch auf einem Datenträger (*off chain*) besessen werden.[176]

3. Verfügungsgewalt

Neben der Sachherrschaft ist die Verfügungsgewalt notwendig, um die Handelbarkeit des Wertpapiers zu gewährleisten. Die Verfügungsgewalt weist einen engen Zusammenhang mit der Sachherrschaft über das Bezugsobjekt auf. Grundsätzlich hat derjenige, der die Sachherrschaft über einen körperlichen Gegenstand ausübt, auch die Verfügungsgewalt. Da nun hier das Kryptowertpapier als Datensatzverkörperung einer schuldrechtlichen Forderung keinen klassischen körperlichen Gegenstand bildet, hat auch die

---

173 Begr. RegE, BT-Drucks. 19/26925, S. 40.

174 Begr. RegE, BT-Drucks. 19/26925, S. 40 f.; *Schäfer* in: MüKo BGB, 9. Aufl. 2023, § 854 Rn. 37.

175 Vgl. hierzu: „Wer den privaten Schlüssel seiner DAO-Token nicht besitzt, ist kein Besitzer der DAO", *Bergmann*, Die Genese der DAO, Bitcoin-Blog 10.05.2016, https://bitcoinblog.de/2016/05/10/das-erwachen-der-dao/; *Kaulartz/Matzke*, NJW 2018, S. 3278.

176 Ausf. zu den Konten und Schlüsselvarianten bei Ethereum: https://ethereum.org/en/developers/docs/accounts/.

Verfügungsgewalt eine andere Form. Das Bezugsobjekt des Rechts ist der Eintrag des Kryptowertpapiers im Kryptowertpapierregister. Damit hat derjenige die Verfügungsgewalt über das Kryptowertpapier, der das Bezugsobjekt des Rechts verändern kann, also derjenige, der die schuldrechtliche Forderung der Inhaberschuldverschreibung einem anderen Eintrag zuordnen kann. Geht man davon aus, dass das Kryptowertpapier auf einer Art Blockchain besteht, so hat derjenige die Verfügungsgewalt, der über das Kryptowertpapier verfügen und damit seine Rechtsverhältnisse ändern kann. Das kann geschehen, indem es z.B. übertragen wird oder Rechte an dem Kryptowertpapier verändert werden. Beides würde eine Transaktion in Form eines neuen Datenblocks auf der Blockchain voraussetzen.

4. Besitz am Kryptowertpapier

Der gesetzliche Begriff des Besitzes im BGB ist funktional zu verstehen.[177] Das heißt, der Besitz wird nicht anhand gewisser Merkmale per se definiert, sondern ist als Voraussetzung des Besitzschutzes zu bestimmen. Die Definition des Besitzes ergibt sich also aus den Besitzschutzvoraussetzungen und umfasst (1) die tatsächliche Sachherrschaft (§ 854 Abs. 1 BGB); (2) die durch ein enges Weisungsverhältnis vermittelte tatsächliche Sachherrschaft (§ 855 BGB); (3) die bestehende Möglichkeit künftiger Ausübung der tatsächlichen Sachherrschaft (§§ 854 Abs. 2, 856 Abs. 2 BGB); (4) ein Rechtsverhältnis zum Inhaber der tatsächlichen Sachherrschaft (§ 868 BGB); und (5) eine personell verlagerte Rechtsposition ohne weitere Beziehung zur Sache (§ 857 BGB).[178] Diese Besitzschutzfunktionen werden im Rahmen der Distributed-Ledger-Technologie durch die Schlüssel zur Blockchain gewährleistet, indem sie den *Token* einem Besitzer zuordnen und diesem die Möglichkeit bieten, die Sachherrschaft über den *Token* auszuüben.

5. Abgrenzung zur Forderung

Eine Abgrenzung zu Forderungen ist deshalb notwendig, da Forderungen nicht nach den Vorschriften über bewegliche Sachen gemäß §§ 929 BGB übertragen, sondern allgemein gemäß § 398 BGB abgetreten werden. Diese

---

[177] *Mugdan*, Die gesammten Materialien zum Bürgerlichen Gesetzbuch für das Deutsche Reich (Reichsjustizamt), Band 3, S. 502; *Schäfer* in: MüKo BGB, 9. Aufl. 2023, § 854 Rn. 4.

[178] *Schäfer* in: MüKo BGB, 9. Aufl. 2023, § 854 Rn. 4.

Vorschrift befindet sich systematisch im 2. Buch des BGB unter den allgemeinen Regeln über Schuldverhältnisse. Das Sachenrecht wurde im 3. Buch des BGB explizit für bewegliche und unbewegliche Sachen festgeschrieben. Es enthält in Abschnitt 1 (§§ 854–872 BGB) Vorschriften über Besitzrechte, normiert in Abschnitt 3 (§§ 903–924 BGB) den Inhalt des Eigentums und regelt die Übertragung von beweglichen Sachen nach §§ 929 ff. BGB sowie von unbeweglichen Sachen nach § 873 BGB.

Relevant wird die Abgrenzung vor allem in Fällen, in denen nicht (nur) der Eigentümer bzw. Inhaber des Kryptowertpapiers die Sachherrschaft innehat, sondern das Kryptowertpapier für diesen verwahrt wird. Es ist möglich, dass nicht der Inhaber selbst über den *Private Key* verfügt, sondern ein *Wallet Provider* das Kryptowertpapier für diesen verwahrt und gewisse Verfügungsbefugnisse übertragen bekommen hat beziehungsweise zu gewissen Handlungen ermächtigt wurde. Es handelt sich dabei um sogenannte *Custodial Wallets*[179], bei denen ein Serviceanbieter als Verwahrer und Verwalter über gewisse Kryptowerte verfügen kann und dazu auch im Besitz des jeweiligen *Private Key* ist oder den *Private Key* zumindest verwaltet und lediglich die Eingabe eines Passworts oder einer TAN notwendig wird. Darüber hinaus ist zu bedenken, dass der Inhaber des *Security Tokens* keine bewegliche Sache besitzt, sondern lediglich ein in einem Kryptotoken verkörpertes Guthaben. Das wirft die Frage auf, ob ein Kryptotoken wirklich eine taugliche Sache sein kann oder nur eine Forderung gegenüber dem Emittenten oder Verwahrer des Kryptotokens.

Im Unterschied zum Bankguthaben bei einem Zahlungsvorgang nach §§ 675f Abs. 4, 675t BGB wird das Recht aus dem Kryptowertpapier bei einem *Security Token* gerade eindeutig identifizierbar, individualisiert und *non-fungible* in einem *Token* digital verkörpert. Der *Token* unterscheidet sich daher bereits in seiner tatsächlichen technischen Form vom reinen Geldguthaben auf einem Bankkonto. Beim Kryptotoken nach dem eWpG handelt es sich also nicht nur um ein geldwertes Guthaben auf einem Bankkonto, sondern um ein verkörpertes Recht, das wiederum einem gewissen Konto gutgeschrieben wird und insofern digital nicht den Ort wechselt. Das spricht dafür,

---

179 Näher zu *custodial Wallets*: https://crypto.com/university/custodial-vs-non-custodial-wallets#:~:text=As%20its%20name%20suggests%2C%20a,protecting%20the%20user's%20crypto%20assets.

das Kryptowertpapier nicht als Sache einzuordnen, sondern es lediglich wie eine Sache zu behandeln. Zudem soll dem Anleger des Kryptowertpapiers der gleiche Schutz wie einem herkömmlichen Wertpapier mit den dinglichen Rechtswirkungen des Wertpapierrechts zukommen.[180]

Die Versachlichung von Wertpapieren hat zudem den Vorteil, dass ihre Umlauffähigkeit gesteigert wird.[181] Durch die Mobilisierungsfunktion[182] der Wertpapiere sind die sachenrechtlichen Vorschriften, insbesondere die Übertragungsvorschriften nach §§ 929 ff. BGB sowie zum gutgläubigen Erwerb nach § 932 BGB, anwendbar. Die zessionsrechtlichen Vorschriften gemäß §§ 398 ff. BGB sind zwar weiterhin bezüglich der verbrieften Forderung anwendbar, sie kennen aber keinen gutgläubigen Erwerb, mit Ausnahme des streng begrenzten § 405 BGB. Diese gesteigerte Fungibilität wird besonders durch die übrigen Wertpapierfunktionen garantiert.[183]

Nachteilig ist die Urkunde als Versachlichung der Forderung in Bezug auf die Kosten und den Aufwand der Urkundenerstellung und ihrer Verwahrung. Auch das Risiko des Verlusts und die Kosten für ein Aufgebotsverfahren sind negativ anzuführen.[184] Allerdings bewirkt gerade die Distributed-Ledger-Technologie eine erhebliche Kostenreduzierung und Effizienzsteigerung der Kryptowertpapiere und das Verlustrisiko wird nahezu ausgeschlossen. Insofern ist die Distributed-Ledger-Technologie in der Lage, nahezu alle Gründe, die eventuell gegen eine Verdinglichung von Rechten sprechen, auszuräumen.

6. Eigentumsrechte

Die Sachfiktion des § 2 Abs. 3 eWpG macht das Kryptowertpapier auch den Eigentumsrechten nach § 903 BGB sowie dem Herausgabeanspruch aus § 985 BGB und den Beseitigungs- und Unterlassungsansprüchen nach § 1004 BGB zugänglich. Besitz und Eigentum sind im deutschen Privatrecht eng verknüpft. Die Anknüpfung an Besitz und Eigentum am Wertpapier ist zudem notwendig, um den gleichen Anlegerschutz zu bieten wie für verbriefte

---

[180] Begr. RegE, BT-Drucks. 19/26925, S. 40.
[181] *Casper* in: in: Möslein/Omlor, FinTech-Hdb., 2. Aufl. 2021, § 28, Rn. 1.
[182] Ders.
[183] *Casper* in: in: Möslein/Omlor, FinTech-Hdb., 2. Aufl. 2021, § 28, Rn. 2 ff.
[184] *Casper* in: in: Möslein/Omlor, FinTech-Hdb., 2. Aufl. 2021, § 28, Rn. 5.

Wertpapiere.[185] Anders als bei der verbrieften Urkunde handelt es sich beim Kryptowertpapier allerdings tatsächlich nicht um eine bewegliche Sache. Gleichzeitig wird dem Kryptowertpapier die Einordnung als Forderung nicht gerecht. Begriffe wie Besitz und Eigentum spielen in der Praxis auf den derzeit gängigen Blockchains wie Ethereum eine untergeordnete Rolle, stattdessen ist nur die Berechtigung durch den *Private Key* relevant.[186] Der *Private Key* ist auch die einzige Möglichkeit, eine Sachherrschaft über das Kryptowertpapier zu kreieren. Ein Anknüpfungspunkt für die Eigentumsvermutung wäre damit der Besitz des *Private Keys* als Ausdruck des Besitzes des Kryptowertpapiers. Für die Eigentumsvermutung des § 1006 BGB hält das eWpG in § 27 allerdings eine Spezialregelung parat.[187] Nach § 1006 Abs. 1 S. 1 BGB wird zugunsten des Besitzers einer beweglichen Sache vermutet, dass er auch Eigentümer ist. Anders als bei Schuldurkunden nach § 952 BGB gilt die Vermutung des § 1006 BGB auch für Inhaberschuldverschreibungen nach § 793 Abs. 1 S. 1 BGB, denn bei der Inhaberschuldverschreibung ist die schuldrechtliche Verpflichtung gerade an den Inhaber der Urkunde und damit den augenscheinlichen Besitzer im Sinne des § 854 BGB geknüpft.[188] Der Grund dafür ist, dass der unmittelbare Besitz für den Rechtsverkehr sichtbar ist, genauso wie die Vorlage der Urkunde. Der *Private Key* ist dagegen nicht zwingend für den Rechtsverkehr sichtbar, bis er verwendet wird. Daher liegt es dem deutschen Sachenrecht näher, im Rahmen der Sachfiktion für Kryptowertpapiere auf die Publizität der Blockchain beziehungsweise des Kryptowertpapierregisters zurückzugreifen. Anstelle des § 1006 BGB hat der Gesetzgeber daher § 27 eWpG normiert, wonach zugunsten des Inhabers eines elektronischen Wertpapiers vermutet wird, dass er für die Dauer seiner Eintragung als Inhaber Eigentümer des Wertpapiers ist. Damit wird eine Art Hybridform umgesetzt, wonach das Kryptowertpapier zwar als bewegliche Sache im Sinne des § 90 BGB gilt, maßgeblicher Anknüpfungspunkt für Eigentumsrechte jedoch die

---

185 Zum gutgläubigen Erwerb nach § 26 eWpG siehe Kapitel 5: II. 5. Gutgläubiger Erwerb nach § 26 eWpG.

186 Näher dazu: https://ethereum.org/en/developers/docs/accounts/, zum *Private Key* wörtlich: „you never really hold cryptocurrency, you hold *private keys*".

187 Siehe Kapitel 4: I. 2. a) Eintragungsprinzip.

188 Vgl. LG Frankfurt, Urteil vom 17.06.2011 – 2-21 O 574/09, BeckRS 2012, S. 25469, *Habersack* in: MüKo BGB, 9. Aufl. 2024, § 793 Rn. 29.

Eintragung im Kryptowertpapier sein soll, vergleichbar zu Immobilien mit ihrer Eintragung im Grundbuch nach § 891 BGB.

7. Stellungnahme

Aufgrund der gesteigerten Fungibilität der Wertpapiere durch ihre Sach- und Wertpapierfunktionen ist die Sachfiktion der Kryptowertpapiere gegenüber ihrer Behandlung als reine Forderungen vorzugswürdig. Das Kryptowertpapier als Forderung könnte nicht die gleichen dinglichen Rechtswirkungen entfalten, insbesondere wäre kein gutgläubiger Erwerb möglich. Daher wäre das Kryptowertpapier weniger umlauffähig als Forderung. Obwohl das Kryptowertpapier mangels körperlicher Eigenschaften keine Sache ist, ist in der praktischen Anwendung der Blockchain-Technologie der Besitz des *Private Keys* als Zuordnungsmöglichkeit von Besitz und Eigentum sowie zur Darstellung der Verfügungsgewalt ausschlaggebend. Zudem weist ein Kryptotoken durch die Datenspeicherung in einem Transaktionsblock auf der Blockchain eine gewisse Verkörperung auf, auch wenn der Token nie physisch den Ort wechselt, sondern nur verschiedenen *Wallets* zugeordnet werden kann.

Insofern war die Entscheidung des Gesetzgebers richtig, im Sinne eines Gleichlaufs zum Wertpapierrecht der urkundlich verbrieften Inhaberschuldverschreibungen die Sachfiktion zu wählen. Dies bedeutet allerdings nicht, dass nicht eine Reform des Wertpapierrechts insgesamt hin zu einem buchungsbasierten Modell der Sachfiktion vorzugswürdig wäre.[189]

8. Zwischenergebnis

Ein Gleichlauf zum Wertpapierrecht der urkundlich verbrieften Inhaberschuldverschreibungen kann nur durch eine Sachfiktion und die Anwendung der dinglichen Rechtswirkungen des Sachenrechts gewährleistet werden. Dadurch und durch die Möglichkeit eines gutgläubigen Erwerbs nach § 26 eWpG erhöhen sich Rechtssicherheit und Fungibilität der Kryptowertpapiere.

---

[189] Hierzu Kapitel 6: Umsetzung des eWpG – Konsequenzen in der Praxis.

IV. Das Kryptowertpapier als Token

Fügt man nun die oben beleuchteten Definitionen und technischen Details zusammen, kommt man zu dem Ergebnis, dass auch das Kryptowertpapier als in einem Kryptowertpapierregister einzeln eingetragene elektronische Inhaberschuldverschreibung eine digitalisierte, auf einer Blockchain – nach aktuellem technischem Stand – dezentral gespeicherte Abbildung von Vermögenswerten darstellt. Damit ist auch das Kryptowertpapier nach der offenen Definition der BaFin ein Kryptotoken.[190] Das Kryptowertpapier nach dem Gesetz über elektronische Wertpapiere kann neben Aktien nur eine Inhaberschuldverschreibung und damit einen schuldrechtlichen Anspruch vermögensrechtlichen Inhalts verkörpern. Ein Kryptowertpapier stellt daher keine Währung dar und gewährt auch keine Nutzungsrechte in Form des *Utility Tokens*. Damit kommt das Kryptowertpapier in seiner Eigenschaft und Funktion dem *Security Token* am nächsten.[191] Das Kryptowertpapier soll grundsätzlich keine mitgliedschaftlichen Rechte einräumen. Es ist als *Token* und besonders durch die Regelung der Eintragung im Kryptowertpapierregister fungibel.

Anders wurden Kryptotoken noch vor Einführung des eWpG beurteilt.[192] Schon vor Einführung des eWpG wurden in Deutschland tokenbasierte Schuldverschreibungen als „*Security Token Offerings*" (STO) ausgegeben und deren Wertpapierprospekte von der BaFin gebilligt.[193] Diese wurden aufgrund des zwingenden Urkundenerfordernisses rechtlich als Namensschuldverschreibung bzw. als tokenisierte Schuldverschreibung ausgegeben.[194] Insofern hat der Gesetzgeber mit dem neuen Gesetz nun zumindest das Kryptowertpapier als Inhaberschuldverschreibung klar geregelt und damit eine Art der *Security Token*.

---

190 Vgl. BaFin, Kryptotoken, https://www.bafin.de/DE/Aufsicht/FinTech/Geschaeftsmodelle/DLT_Blockchain_Krypto/Kryptotoken/Kryptotoken_node.html.

191 So auch *Vig*, BKR 2022, S. 442, 443.

192 *Kleinert/Mayer*, EuZW 2019, S. 857, 862.

193 *Stelmaszczyk* in: Hauschild/Kallrath/Wachter, Notar-HdB, 3. Aufl. 2022, § 37, Rn. 130.

194 Vgl. *Stelmaszczyk* in: Hauschild/Kallrath/Wachter, Notar-HdB, 3. Aufl. 2022, § 37, Rn. 130.

Das Kryptowertpapierregister

Das Kryptowertpapierregister ist in Abschnitt 3 des eWpG (§§ 16 bis 23) geregelt und wird von der Literatur zu Recht als Herzstück[195] und eigentliche Innovation[196] des eWpG bezeichnet.[197] Aufgrund der zentralen Rolle des Kryptowertpapierregisters für die Ausgabe und Übertragung von Kryptowertpapieren sollen zunächst seine wichtigsten Merkmale und Funktionen dargestellt werden.

I. Grundlagen

Die Vorschrift des § 16 eWpG regelt Anforderungen an das Kryptowertpapierregister in Abgrenzung zum zentralen Register sowie an die registerführende Stelle nach § 16 Abs. 2 eWpG. Die Integrität (d.h. Unverfälschtheit seit der Herstellung) und Authentizität (d.h. Feststellung des Urhebers) von Kryptowertpapieren sollen durch § 16 eWpG gewährleistet und die Zuständigkeit und Verantwortlichkeit der Registerführung einem bestimmten Rechtssubjekt zugeordnet werden.[198]

---

195 *Litten*, BB 2021, S. 1223.

196 *Dubovitskaya*, ZIP 2020, S. 2551, 2557; *Mittwoch*, WM 2021, S. 375, 381.

197 *Lieder* in: Segna/Möslein/Omlor/von Buttlar, eWpG, § 16 Rn. 1.

198 Begr. RegE, BT-Drucks. 19/26925, S. 44, 59, 60; *Lieder* in: Segna/Möslein/Omlor/von Buttlar, eWpG, § 16 Rn. 1.

1. Definition

Eine konkrete Definition des Kryptowertpapierregisters ist bisher nicht normiert. Das Kryptowertpapierregister muss nach § 16 Abs. 1 eWpG auf einem fälschungssicheren Aufzeichnungssystem geführt werden, in dem Daten in der Zeitfolge protokolliert und gegen unbefugte Löschung sowie nachträgliche Veränderung geschützt gespeichert werden. Ein Aufzeichnungssystem wird dazu in § 4 Abs. 11 eWpG definiert als „dezentraler Zusammenschluss, in dem die Kontrollrechte zwischen den das jeweilige System betreibenden Einheiten nach einem im Vornhinein festgelegten Muster verteilt sind". Nach der für diese Abhandlung gefassten Definition der Blockchain[199] könnte diese zwar ein solches fälschungssicheres Aufzeichnungssystem im Sinne des § 16 Abs. 1 eWpG darstellen. Allerdings stellt nicht jede Blockchain oder der dazugehörige *Smart Contract* automatisch durch Tokenisierung einer Inhaberschuldverschreibung ein Kryptowertpapierregister dar. Dazu müsste sie auch alle Anforderungen und Spezifikationen der §§ 17–22 eWpG sowie die der eWpRV[200] i.V.m. § 23 Abs. 1 eWpG erfüllen. In der Verordnung über Anforderungen an elektronische Wertpapierregister (eWpRV) vom 24.10.2022 werden die (insbesondere technischen) Anforderungen an elektronische Wertpapierregister (§ 4 Abs. 1 eWpG) sowie registerführende Stellen (§§ 12 Abs. 2, 16 Abs. 2 eWpG) konkretisiert und ergänzt. Das bedeutet, dass umgekehrt das Kryptowertpapierregister nicht zwingend getrennt von der Blockchain existieren muss. Zumindest rechtlich ist es grundsätzlich möglich beides zu vereinen. In der Begründung zum Gesetz wird ausdrücklich erwähnt, dass Aufzeichnungssysteme des Kryptowertpapierregisters grundsätzlich auch auf *private permissioned* Distributed-Ledger-Systemen ausgeführt werden können – es seien nicht zwingend *public permissionless* Distributed-Ledger-Systeme zu nutzen.[201]

2. Verhältnis zum Zentralregister

Im Vergleich zum Zentralregister nach §§ 12 ff. eWpG wurde das Kryptowertpapierregister in seinen technischen Anforderungen und Eigenschaften bewusst anders gestaltet, um der dezentralen Natur der

---

[199] Siehe Kapitel 1: VI. Definition der Blockchain.

[200] Verordnung über Anforderungen an elektronische Wertpapierregister (eWpRV), vom 24. Oktober 2022, BGBl. I S. 1882 ff.

[201] Begr. RegE, BT-Drucks. 19/26925, S. 60.

Distributed-Ledger-Technologie Rechnung zu tragen.[202] Im Gegensatz zum Zentralregister kommen auch nicht nur Wertpapiersammelbanken und Verwahrer als registerführende Stelle[203] in Betracht, sondern jeder beliebige Rechtsträger.[204] Zudem kann die Führung und Verwaltung des Kryptowertpapierregisters nicht nur dezentral, sondern auch automatisiert und algorithmenbasiert erfolgen.[205] Dazu wird also kein besonders qualifizierter Intermediär, wie ein Zentralverwahrer oder eine Depotbank, benötigt.[206] Effekten, also Aktien, Schuldverschreibungen und sonstige Kapitalmarktwerte werden heutzutage von einem Finanzintermediär, einem nationalen Zentralverwahrer (*Central Securities Depository – CSD*), gehalten[207]. Dieser Zentralverwahrer ist in Deutschland die Clearstream Banking AG in Frankfurt am Main.[208] Um trotz dieser vom Zentralregister abweichenden Regelung die Integrität und Authentizität der Kryptowertpapiere sicherzustellen, übernimmt der Emittent nach § 21 eWpG eine Garantiefunktion. Hierbei wird das Spannungsverhältnis sichtbar, in welchem der Gesetzgeber versucht hat, ein modernes Gesetz zu formulieren. Einerseits soll neuen Technologien wie der automatisierten, dezentralen Blockchain-Technologie ein geregelter Raum geschaffen werden. Andererseits soll Rechtssicherheit herrschen und das Vertrauen in die Integrität und Authentizität von Wertpapieren erhalten bleiben. Gänzlich ohne Verantwortungszurechnung kann ein solches System die Anforderungen an den Vertrauensschutz und den Schutz des Rechtsverkehrs nicht erfüllen.

Kryptowertpapiere können nicht an der Börse gehandelt werden, im Gegensatz zu Zentralregisterwertpapieren, die durch Einbuchung in das Effektengiro nach § 12 Abs. 3 eWpG gehandelt werden.[209] Daher bleibt (auch

---

[202] Begr. RegE, BT-Drucks. 19/26925, S. 59, 60.

[203] Siehe III. Registerführende Stelle §§ 16 Abs. 2, 4 Abs. 10 eWpG.

[204] *Lieder* in: Segna/Möslein/Omlor/von Buttlar, eWpG, § 16 Rn. 2.

[205] Begr. RegE, BT-Drucks. 19/26925, S. 60; *Lieder* in: Segna/Möslein/Omlor/von Buttlar, eWpG, § 16 Rn. 3.

[206] *Mittwoch*, WM 2021, S. 375, 381; *Preuße/Wöckener/Gillenkirch*, BKR 2021, S. 460, 461; *Lieder* in: Segna/Möslein/Omlor/von Buttlar, § 16 Rn. 3.

[207] *Segna*, Bucheffekten, 2018, S. 1 f.

[208] *Segna*, Bucheffekten, 2018, S. 2.

[209] Hierzu und zum Folgenden: *Lieder* in: Segna/Möslein/Omlor/von Buttlar, eWpG, § 16 Rn. 4; *Mittwoch*, WM 2021, S. 375, 382 f.; *Segna*, WM 2020, S. 2301, 2305.

für den Sekundärmarkt nach gutgläubigem Erwerb)[210] nur der OTC-Handel, was die Entstehung eines grauen Kapitalmarktes für Kryptowertpapiere fördert. OTC beschreibt als Abkürzung für *over the counter* den außerbörslichen Markt für Wertpapiere.[211] Die Blockchain-Technologie soll jedoch explizit die Eintrittshürden zum Finanzmarkt senken und den Zugang zu günstigeren Finanzierungsmöglichkeiten vereinfachen.[212] Gerade Start-ups und mittelständische Unternehmen oder Investoren sind daher auf den regulierten Markt angewiesen oder nur an diesem interessiert. Daher eignet sich die Emission von Kryptowertpapieren am besten für einen abgrenzbaren privaten Bereich.[213]

Zugleich weisen beide Registerformen erhebliche Parallelen auf. Ihre primäre Funktion liegt in der Gewährleistung von Publizität und Transparenz.[214] Diese liegen im überindividuellen Interesse der Sicherheit und Leichtigkeit des Rechts- und Handelsverkehrs.[215] Gleichzeitig liegt die Grundlage des Gutglaubensschutzes in der Publizität der Registerangaben, vgl. § 26 eWpG. Für die Vorschriften zu den Verfügungen über elektronische Wertpapiere in Einzeleintragung nach Abschnitt 4 des eWpG wurde deshalb bewusst nicht mehr zwischen den Registerarten unterschieden.

Dazu sind die eintragungspflichtigen Inhalte des Registers sachlich identisch.[216] Das zeigt sich in den obligatorischen Angaben nach §§ 13 Abs. 1 Nr. 1–7, 17 Abs. 1 Nr. 1–7 eWpG, den zusätzlichen Angaben für Einzeleintragungen nach §§ 13 Abs. 2, 17 Abs. 2 eWpG sowie in der Verknüpfung der Angaben nach §§ 13 Abs. 3, 17 Abs. 3 eWpG und für Änderungen des Registerinhalts nach §§ 14 Abs. 1–4, 18 Abs. 1–4 eWpG. Zutreffend stellt *Lieder* fest, dass die wenigen Unterschiede in den Regelungen rein sprachlicher

---

210 Siehe Kapitel 5: II. 5. Gutgläubiger Erwerb nach § 26 eWpG.

211 https://deutsche-boerse.com/dbg-de/unternehmen/wissen/boersenlexikon/boersenlexikon-article/Over-the-Counter-Markt-OTC-Markt--249874.

212 Preuße/Wöckener/Gillenkirch, BKR 2021, S. 460, 461.

213 So auch *Lieder* in: Segna/Möslein/Omlor/von Buttlar, eWpG, § 16 Rn. 4; *Preuße/Wöckener/Gillenkirch*, BKR 2021, S. 460, 461.

214 Begr. RegE, BT-Drucks. 19/26925, S. 51.

215 *Lieder* in: Segna/Möslein/Omlor/von Buttlar, eWpG, § 16 Rn. 5; vgl. auch *Lieder* in: Omlor/Möslein/Grundmann, Elektronische Wertpapiere, 2021, S. 103, 104.

216 Dazu bereits *Lieder* in: Omlor/Möslein/Grundmann, Elektronische Wertpapiere, 2021, S. 103; *Lieder* in: Segna/Möslein/Omlor/von Buttlar, eWpG, § 16 Rn. 6.

Natur sind.[217] Dabei verweisen die Gesetzesbegründungen zum Kryptowertpapierregister jeweils recht eintönig und kurz auf die Vorschriften über das Zentralregister.[218] Im Zuge dessen plädiert *Lieder* im Wege einer möglichen eWpG-Reform für eine einheitliche Regelung der grundlegenden Anforderungen an beide Register, die gegebenenfalls vor die Klammer gezogen werden oder einmalig für das Zentralregister mit entsprechendem Verweis für das Kryptowertpapierregister normiert werden könnte.[219] Seinen Vorschlag begründet er wie folgt: „Vor diesem Hintergrund entspricht es dem Gebot der regelungstechnischen Effizienz und ist Zeichen einer hochentwickelten Gesetzgebungskultur, wenn Normdubletten und gesetzliche Redundanzen weitestgehend vermieden werden".[220] Der deutsche Gesetzgeber hat bereits im Aufbau der Bücher (insbesondere im Allgemeinen Teil, Allgemeines und Besonderes Schuldrecht) des Bürgerlichen Gesetzbuches bewiesen, zu welch abstrakten und effizienten Gesetzessystemen er fähig ist. Dieser Vorschlag *Lieders* ist in der Tat sehr zu begrüßen. Eine solcher Normaufbau würde zum einen effizienteren Gleichlauf der Vorschriften schaffen und zum anderen eine einheitliche Rechtsanwendung begünstigen.[221] Dies gilt umso mehr, als laut der Gesetzesbegründung kein Raum für unterschiedliche Auslegung der nahezu gleichlautenden Vorschriften besteht und eine einheitliche Rechtsanwendung geboten ist.[222]

---

217 *Lieder* in: Segna/Möslein/Omlor/von Buttlar, eWpG, § 16 Rn. 6.

218 Vgl. Begr. RegE, BT-Drucks. 19/26925, S. 61, 62; anders war dies noch im Referentenentwurf: vgl. Begr. eWpG-RefE, S. 58–60, https://www.bmj.de/SharedDocs/Gesetzgebungsverfahren/Dokumente/RefE_Einfuehrung_elektr_Wertpapiere.html;jsessionid=AEF84E979BAA7BEA530647606C856651.1_cid297?nn=6712350, die Ausführungen zu den Besonderheiten des Kryptowertpapiers im Vergleich zum Zentralregisterwertpapier hielt man wohl in der Gesetzesbegründung der Bundesregierung für überflüssig.

219 *Lieder* in: Segna/Möslein/Omlor/von Buttlar, eWpG, § 16 Rn. 6; diese Änderungen zum eWpG wurden auch im ZuFinG vom 11.12.2023 nicht umgesetzt.

220 *Lieder* in: Segna/Möslein/Omlor/von Buttlar, eWpG, § 16 Rn. 6.

221 *Lieder* in: Segna/Möslein/Omlor/von Buttlar, eWpG, § 16 Rn. 6.

222 Begr. RegE, BT-Drucks. 19/26925, S. 61, 62.

II. Eigenschaften des Kryptowertpapierregisters

Das Kryptowertpapier soll als Alternative zum herkömmlichen und nun digitalisierbaren Wertpapier die gleichen Funktionen erfüllen und den Anlegern den gleichen Standard und Schutz bieten.[223] Durch die Schaffung des Kryptowertpapierregisters sollen dabei nun zumindest für die elektronische Inhaberschuldverschreibung die Kernfunktionen eines zivilrechtlichen Wertpapiers gewährleistet werden, nämlich Legitimationsfunktion, Abschlussfunktion, Liberationsfunktion und Übertragungsfunktion.[224]

Die einzelnen Anforderungen des eWpG an das Kryptowertpapierregister werden gemäß § 23 eWpG durch die Verordnung über Anforderungen an elektronische Wertpapierregister (eWpRV) ergänzt. Nach § 1 eWpRV gilt die Verordnung für elektronische Wertpapierregister nach § 4 Abs. 1 sowie für registerführende Stellen nach § 12 Abs. 2 und nach § 16 Abs. 2 eWpG. Im Folgenden sollen nur einzelne grundlegende Ergänzungsvorschriften des eWpRV erläutert werden, soweit sie für die Untersuchung dieser Arbeit relevant sind.

1. Legitimationsfunktion

Grundsätzlich erfüllt die Urkunde das formelle Legitimationserfordernis der Inhaberschuldverschreibung. § 793 Abs. 1 Satz 1 BGB lautet: „Hat jemand eine Urkunde ausgestellt, in der er dem Inhaber der Urkunde eine Leistung verspricht (Schuldverschreibung auf den Inhaber), so kann der Inhaber von ihm die Leistung nach Maßgabe des Versprechens verlangen, es sei denn, dass er zur Verfügung über die Urkunde nicht berechtigt ist." Der Inhaber der Schuldverschreibung muss sich also zur Geltendmachung des Anspruchs grundsätzlich durch die Urkunde legitimieren. Dieses Legitimationserfordernis des § 793 BGB wird für die elektronische Inhaberschuldverschreibung durch die Regelung des § 28 Abs. 1 Satz 1 eWpG erfüllt,[225] der gleichlaufend formuliert ist: „Der Inhaber einer als elektronisches Wertpapier begebenen Inhaberschuldverschreibung kann vom Emittenten die in der Schuldverschreibung versprochene Leistung verlangen, es sei denn, dass er hierzu

223 Begr. RegE, BT-Drucks. 19/26925, S. 53.

224 *Kleinert/Mayer*, EuZW 2019, S. 857, 862; Begr. RegE, BT-Drucks. 19/26925, S. 68; siehe auch *Casper* in: Möslein/Omlor, FinTech-Hdb., 2. Aufl. 2021, § 28 Rn. 59 ff., 64 ff.

225 Begr. RegE, BT-Drucks. 19/26925, S. 68.

nicht berechtigt ist". Die Eintragung in das Kryptowertpapierregister ersetzt die für die Legitimationsfunktion grundsätzlich erforderliche Verbriefung in einer Urkunde. Abschnitt 5 des eWpG, in dem § 28 eWpG systematisch normiert wurde, enthält Sondervorschriften zum Zweiten Buch, Abschnitt 8, Titel 24 des BGB. Damit wurden Sonderregelungen zu §§ 793 ff. BGB geschaffen, soweit diese nicht auf elektronische Schuldverschreibungen passen.[226] Im Übrigen gelten die Vorschriften über mittels Urkunde verbriefte Inhaberschuldverschreibungen. Die fehlende Berechtigung des eingetragenen Inhabers nach § 28 Abs. 1 S. 1 eWpG i.V.m. § 3 Abs. 2 eWpG aufgrund mangelnder Verfügungsbefugnis dürfte vor allem für Kryptowertpapiere in Einzeleintragung relevant werden.[227] Für ihre Übertragung ist eine wirksame dingliche Einigung notwendig.[228] Ist die dingliche Einigung unwirksam, kann es zur Eintragung eines materiell nicht Berechtigten im Kryptowertpapierregister kommen.[229] Für Kryptowertpapiere in Sammeleintragung ergibt sich die Verfügungsbefugnis des Verwahrers, in den meisten Fällen der Wertpapiersammelbank, dagegen gesetzlich aus § 9 Abs. 2 S. 1 eWpG.[230] Daher ist die fehlende materielle Berechtigung des eingetragenen Inhabers aufgrund fehlender Verfügungsbefugnis vor allem für Kryptowertpapiere in Einzeleintragung zu betrachten.

2. Liberationsfunktion

Die Liberationswirkung[231] des § 793 Abs. 1 S. 2 BGB schützt den Aussteller der Inhaberschuldverschreibung davor, zweimal leisten zu müssen, denn er wird auch durch Leistung an einen nicht zur Verfügung berechtigten Inhaber von der Leistungspflicht aus der Urkunde befreit. Gleiches gilt für den Emittenten des Kryptowertpapiers nach § 28 Abs. 1 S. 2 eWpG, der als speziellere Vorschrift § 793 Abs. 1 S. 2 BGB verdrängt.[232] Die Vorschrift ist allerdings im Zusammenhang mit der Definition des Inhabers nach § 3 Abs. 1

---

226 Begr. RegE, BT-Drucks. 19/26925, S. 68.
227 *Einsele* in: Omlor/Möslein/Grundmann, Elektronische Wertpapiere, 2021, S. 39.
228 Siehe Kapitel 5: II. 1. Einigung zwischen Berechtigtem und Erwerber.
229 So auch *Einsele* in: Omlor/Möslein/Grundmann, Elektronische Wertpapiere, 2021, S. 40.
230 *Einsele* in: Omlor/Möslein/Grundmann, Elektronische Wertpapiere, 2021, S. 40.
231 Siehe auch *Casper* in: Möslein/Omlor, FinTech-Hdb., 2. Aufl. 2021, § 28, Rn. 64.
232 Begr. RegE, BT-Drucks. 19/26925, S. 68.

eWpG zu lesen, sodass der Emittent durch Leistung an den im Kryptowertpapierregister eingetragenen Inhaber unabhängig von dessen materieller Berechtigung nach § 3 Abs. 2 eWpG von der Leistungspflicht befreit wird. Zum gleichen Schluss kommt *Casper*[233] und bezieht sich dabei allerdings auf den Kontext aus § 28 Abs. 1 S. 1 eWpG, während sich die Definition des Inhabers tatsächlich aus § 3 Abs. 1 eWpG ergibt.

Darüber hinaus führt *Casper* an, der Inhaber gelte auch in diesem Zusammenhang als Berechtigter.[234] Eine Fiktion des (eingetragenen) Inhabers als Berechtigter kann sich dabei allenfalls auf die Berechtigung zum Leistungsempfang beziehen, da § 28 Abs. 1 S. 2 eWpG gerade den Fall regelt, dass der (eingetragene) Inhaber nicht auch der materiell Berechtigte nach § 3 Abs. 2 eWpG ist, also derjenige, der das Recht aus dem (Krypto-)Wertpapier innehat. Die Fiktion der (materiellen Verfügungs-) Berechtigung des eingetragenen Inhabers aus § 26 S. 1 eWpG zum gutgläubigen Erwerb kann systematisch und dem Telos nach gerade nicht herangezogen werden, da die Fiktion nur die rechtsgeschäftliche Übertragung eines (Krypto-) Wertpapiers durch Eintragung eines neuen Inhabers in das Kryptowertpapierregister und nicht die schuldbefreiende Leistung des Emittenten betrifft. Eine Fiktion des Inhabers als Berechtigter ergibt sich weder aus dem Wortlaut des § 28 Abs. 1 S. 2 eWpG noch aus seiner systematischen Stellung. Eine solche Berechtigung kann sich sehr eingeschränkt auf die Entgegennahme der Leistung, nicht jedoch das Behaltendürfen beziehen, da sich der materiell Berechtigte nach § 3 Abs. 2 eWpG an den unberechtigten Leistungsempfänger wenden kann.[235] Vordergründig berechtigt § 28 Abs. 1 S. 2 eWpG den Emittenten, schuldbefreiend an den (eingetragenen) Inhaber zu leisten. Damit wird konsequent auch dieser (eingetragene) Inhaber zum Leistungsempfang gegenüber dem Leistenden berechtigt, nicht aber zum Behaltendürfen. Der unberechtigte Inhaber ist freilich nicht gegenüber dem Berechtigten zur Entgegennahme der Leistung berechtigt und damit auch nicht zum Behaltendürfen, weder direkt noch aufgrund einer Fiktion.

Dies ergibt sich auch aus dem Umkehrschluss des Wortlautes in § 28 Abs. 1 S. 1 eWpG, wonach der Inhaber zum Verlangen der Leistung nichtberechtigt

---

233 *Casper* in: Möslein/Omlor, FinTech-Hdb., 2. Aufl. 2021, § 28, Rn. 65; mit gleichem Ergebnis *Einsele* in: Omlor/Möslein/Grundmann, Elektronische Wertpapiere, 2021, S. 37.

234 *Casper* in: Möslein/Omlor, FinTech-Hdb., 2. Aufl. 2021, § 28, Rn. 65.

235 Insoweit zutreffend *Casper* in: Möslein/Omlor, FinTech-Hdb., 2. Aufl. 2021, § 28, Rn. 65; so auch *Casper* in: Baumbach/Hefermehl/Casper, WPR, 24. Aufl. 2020, Rn. 120.

sein kann. Dort, wo aus dem Telos der Vorschrift (hier § 28 Abs. 1 S. 2 eWpG) allerdings die Berechtigung (zur Entgegennahme der Leistung gegenüber dem Leistenden) direkt folgt, bedarf es keiner Fiktion mehr. Für den Fall, dass ein Emittent an einen materiell nach § 3 Abs. 2 eWpG nichtberechtigten Inhaber die aus der Schuldverschreibung versprochene Leistung leistet, ist dieser Inhaber zur Entgegennahme der Leistung gegenüber dem Emittenten zwangsläufig berechtigt. Damit gilt dieser Inhaber nicht nur als zur Entgegennahme der Leistung Berechtigter, sondern er ist tatsächlich, ohne Fiktion, zur Entgegennahme der Leistung gegenüber dem Emittenten berechtigt. Dagegen könnte man vertreten, der unberechtigte Inhaber sei auch nicht gegenüber dem Leistenden nach § 28 Abs. 1 S. 2 eWpG zur Entgegennahme der Leistung gegenüber dem Leistenden berechtigt. Der Wortlaut des § 28 eWpG spricht lediglich von der schuldbefreienden Wirkung der Leistung durch den Emittenten und schweigt zur Berechtigung des unberechtigten Inhabers zur Entgegennahme der Leistung. Folgte man dieser Ansicht, träte die Liberationswirkung gleichwohl ein, wenn der Emittent an den unberechtigten Inhaber leistet und dieser die Leistung ohne Berechtigung annimmt. Das entspräche auch dem Schutz des Berechtigten. Der Emittent könnte auch dann schuldbefreiend an den unberechtigten Inhaber leisten und der Inhaber wäre gegenüber dem tatsächlich Berechtigten zur Berichtigung des Kryptowertpapiereintrags nach § 985 BGB oder § 1004 BGB i.V.m. § 2 Abs. 2,3 eWpG oder aus Kondiktion nach § 812 BGB verpflichtet.[236] Für den Schutz des Berechtigten ist es dabei unerheblich, ob der unberechtigte Inhaber gegenüber dem Emittenten nicht zur Entgegennahme der Leistung berechtigt ist oder lediglich gegenüber dem Berechtigten nicht zum Behaltendürfen der Leistung. Mit Blick auf die Liberationswirkung ist für den Emittenten dabei nur ausschlaggebend, dass er schuldbefreiend an den eingetragenen Inhaber leisten kann, unabhängig von seiner Berechtigung. Das schafft Rechtssicherheit. Allerdings erscheint es inkonsequent, dem Emittenten eine schuldbefreiende Leistungsmöglichkeit einzuräumen und gleichzeitig den Inhaber nicht zur Entgegennahme zu berechtigten. Das spricht dafür, dass der unberechtigte Inhaber zur Entgegennahme der Leistung wenigstens berechtigt ist. Dagegen spricht, dass die Liberationswirkung nur zugunsten des Emittenten eintreten soll und auch nur, sofern dieser keine positive Kenntnis oder grob fahrlässige

---

236 Vgl. *Einsele* in: Omlor/Möslein/Grundmann, Elektronische Wertpapiere, 2021, S. 40, 53.

Unkenntnis von der fehlenden Berechtigung des Inhabers hat.[237] Ist der Emittent nicht gutgläubig, soll auch die Liberationswirkung nicht eintreten. In diesem Falle würde sich die Berechtigung zur Entgegennahme der Leistung für den Inhaber nach dem Kenntnisstand des Emittenten richten. Das würde für Rechtsunsicherheit sorgen, weshalb es überzeugender ist, anzunehmen, der unberechtigte Inhaber sei auch nicht zur Entgegennahme der Leistung des gutgläubigen Emittenten berechtigt.

Alle drei angeführten Ansichten führen letztlich zum gleichen praktischen Ergebnis, nämlich zur Liberationswirkung für den Emittenten.

Der Gesetzgeber hat dem Kryptowertpapierregister mit Publizierung des Inhabers auch die Liberationsfunktion des Wertpapiers übertragen. Dabei stellt sich die Frage, ob die in der Literatur anerkannte eingeschränkte Anwendung der Liberationswirkung auch für das Kryptowertpapier gelten muss.[238] Dieser Frage soll im Rahmen der Untersuchung des Gutglaubensschutzes im Gesetz über elektronische Wertpapiere nachgegangen werden.[239]

3. Abschlussfunktion

Das Kryptowertpapierregister erfüllt zusätzlich die Abschlussfunktion des Wertpapiers nach § 796 BGB.[240] Danach können solche Einwendungen erhoben werden, welche die Gültigkeit der Urkunde betreffen, sich aus der Urkunde ergeben oder dem Aussteller unmittelbar gegen den Inhaber zustehen. Sinngemäß wird dazu in § 28 Abs. 2 eWpG die Urkunde durch die Eintragung im Register ersetzt. Auch in Bezug auf etwaige Einwendungen soll das Kryptowertpapierregister eine Publizitätsfunktion erfüllen.

4. Übertragungsfunktion

Ein Wertpapier im zivilrechtlichen Sinne muss auch das inhaltliche Recht übertragen können, in Abgrenzung zu einer Urkunde mit reiner Beweisfunktion.[241] Zur Übertragung des Kryptowertpapiers bedarf es nach § 25 eWpG

---

[237] *Habersack* in: MüKo BGB, 9. Aufl. 2024, § 793 Rn. 42 f.

[238] Zur Einschränkung der Liberationswirkung bei Bösgläubigkeit: *Habersack* in: MüKo BGB, 9. Aufl. 2024, § 793 Rn. 41–43.

[239] Siehe dazu Kapitel 5: II. 5. k) Liberationswirkung und guter Glaube.

[240] Vgl. Begr. RegE, BT-Drucks. 19/26925, S. 68; *Casper* in: Möslein/Omlor, FinTech-Hdb., 2. Aufl. 2021, § 28, Rn. 3.

[241] *Bartlitz*, NJW 2022, S. 1981, 1982.

unter anderem der Umtragung des elektronischen (Krypto-) Wertpapiers auf den Erwerber im Kryptowertpapierregister. In § 25 Abs. 2 eWpG ist damit die Transportfunktion des Wertpapiers geregelt, denn danach wird das Recht aus dem Wertpapier mit der Übereignung des elektronischen Wertpapiers nach Absatz 1 übertragen. Die Transportfunktion des Kryptowertpapiers wird also durch das Kryptowertpapierregister als Ersatz für die Urkunde erfüllt und folgt aus der Natur des elektronischen Wertpapiers als Inhaberpapier.[242]

III. Registerführende Stelle, §§ 16 Abs. 2, 4 Abs. 10 eWpG

1. Der Registerführer

Registerführende Stelle ist nach § 16 Abs. 2 S. 1 eWpG, wer vom Emittenten gegenüber dem Inhaber (der Kryptowertpapiere) als solche benannt wird. Der Emittent kann die Registerführung daher entweder selbst übernehmen oder dazu einen Finanzdienstleister einsetzen. Er muss dabei dafür sorgen, dass klar erkennbar ist, wer die registerführende Stelle ist.[243] Benennt er keine zuständige Stelle, so gilt er selbst als registerführende Stelle nach § 16 Abs. 2 S. 2 eWpG. Gleiches gilt für den Fall, dass der Emittent eine registerführende Stelle benennt, die mangels Rechtssubjektqualität nicht dazu geeignet ist.[244] Laut *Lieder* fungiert die registerführende Stelle trotz der dezentralen Ausgestaltung des Kryptowertpapierregisters als Intermediär und Gatekeeper.[245] Das schränkt die dezentrale Natur der Blockchain, so wie sie bisher für Bitcoin und Ethereum etwa verwendet wird, erheblich ein.[246] Andererseits ist die Zielrichtung des eWpG nicht, eine dezentral organisierte Alternativwährung bereitzustellen, sondern Inhaberschuldverschreibungen in elektronischer Form einen regulatorischen Rahmen zu bieten. Eine gewisse Einschränkung der technologischen Möglichkeiten zur Erreichung eines gewissen

242 Begr. RegE, BT-Drucks. 19/26925, S. 67.

243 Begr. RegE, BT-Drucks. 19/26925, S. 60.

244 *Döding/Wentz*, WM 2020, S. 2312, 2319; *Lieder* in: Segna/Möslein/Omlor/von Buttlar, eWpG, § 16 Rn. 22.

245 *Lieder* in: Segna/Möslein/Omlor/von Buttlar, eWpG, § 16 Rn. 3; *Litten*, BB 2021, S. 1223, 1226.

246 Hierzu auch kritisch: *Lieder* in: Segna/Möslein/Omlor/von Buttlar, eWpG, § 16 Rn. 25; vgl. auch *Wieneke/Kurz*, NZG 2021, S. 316, 321.

Rechtsstandards ist daher vertretbar, um den rechtssicheren regulatorischen Rahmen zu bieten.

a) Geeignetes Rechtssubjekt

Die registerführende Stelle muss einen geeigneten Normadressaten darstellen, welcher als Rechtssubjekt Träger von Rechten und Pflichten sein kann.[247] Taugliche Rechtsträger können grundsätzlich natürliche und juristische Personen sowie rechtsfähige Personengesellschaften sein.[248] Als juristische Personen kommen daher die GmbH, AG und SE, als rechtsfähige Personengesellschaften die OHG (GmbH & Co.) KG sowie BGB-Gesellschaften in Betracht.[249] Die Fortschreibung des Kryptowertpapierregisters kann zwar automatisiert und algorithmenbasiert erfolgen.[250] Allerdings besitzt ein System, das auf einem Algorithmus oder künstlicher Intelligenz basiert, keine Rechtsfähigkeit.[251] Damit kommt es als taugliches Rechtssubjekt für eine registerführende Stelle nicht in Betracht. Gleiches gilt für eine dezentrale, autonome Organisation (DAO – *Decentralised Autonomous Organisation*)[252], die auf einer Blockchain entstehen kann. Kurz gefasst handelt es sich bei der DAO um ein System, dass durch *Smart Contract* auf der Blockchain entsteht und in dem Vorgänge nach im Vorfeld codierten Regeln automatisiert durchgeführt werden. Im Falle der Ethereum DAO ist ihre einzige Aufgabe, Ether und andere auf Ethereum

---

[247] Begr. RegE, BT-Drucks. 19/26925, S. 60; *Lieder* in: Segna/Möslein/Omlor/von Buttlar, eWpG, § 16 Rn. 19.

[248] Begr. RegE, BT-Drucks. 19/26925, S. 60: „ausschließlich natürliche oder juristische Personen und rechtsfähige Personengruppen"; *Lieder* in: Segna/Möslein/Omlor/von Buttlar, eWpG, § 16 Rn. 20; vgl. auch *Lieder* in: Omlor/Möslein/Grundmann, Elektronische Wertpapiere, 2021, S. 103, 107; *Döding/Wentz*, WM 2020, S. 2312, 2319 mit Fn. 141.

[249] *Lieder* in: Segna/Möslein/Omlor/von Buttlar, eWpG, § 16 Rn. 20; zur Rechtsfähigkeit von BGB-Gesellschaften BGHZ 146, 341 = NJW 2001, S. 1056; *Bayer/Lieder*, Handels- und Gesellschaftsrecht, 2. Aufl. 2021, Rn. 421.

[250] Begr. RegE, BT-Drucks. 19/26925, S. 60; *Lenz/Joachimsthaler*, DB 2021, S. 1384, 1387.

[251] *Döding/Wentz* WM 2020, S. 2312, 2319; *Lieder* in: Segna/Möslein/Omlor/von Buttlar, eWpG, § 16 Rn. 20.

[252] *Jentzsch*, DAO White Paper 2016, https://lawofthelevel.lexblogplatformthree.com/wp-content/uploads/sites/187/2017/07/WhitePaper-1.pdf; ausf. *Fleischer*, ZIP 2021, S. 2205 ff.; *Mann* NZG 2017, S. 1014 ff.; *Diedrich*, Ethereum, 2016, S. 180 ff.; *Anzinger* in: Fries/Paal, Smart Contracts, 2019, S. 33, 61 ff.

basierte *Token* zu speichern und nach den Codes der DAO zu übertragen. Auch der DAO fehlt es an einem anerkannten Rechtsstatus.[253]

Darüber hinaus ist der Begriff der registerführenden Stelle formell zu verstehen.[254] Das bedeutet, dass die Benennung durch den Emittenten entscheidend ist. Irrelevant ist dagegen, wer tatsächlich auf die technischen Abläufe des Kryptowertpapierregisters einwirkt und wie dies geschieht, z.B. in Form eines kryptographischen Informationssystems. Umgekehrt ist selbst eine taugliche Rechtsperson, allein durch die materielle Einflussnahme auf die Führung des Kryptowertpapierregisters, ohne explizite Benennung des Emittenten noch nicht registerführende Stelle. Die registerführende Stelle ist notwendig, um die Voraussetzungen des § 7 Abs. 1–3 eWpG zu erfüllen, namentlich die Vertraulichkeit, Integrität und Authentizität der Daten zu gewährleisten und die Rechtslage zutreffend wiederzugeben. Auch für die Haftung nach § 7 Abs. 3 S. 2 eWpG ist eine rechtsfähige Person notwendig. Dies steht zwar in gewisser Weise im starken Widerspruch zur Idee eines dezentralen Aufzeichnungssystems durch die Blockchain-Technologie. Allerdings kann das Register weiterhin dezentral mittels Blockchain geführt werden. Denkbar wäre auch, die Gesamtheit des kryptographischen Aufzeichnungssystems mit all ihren Teilnehmern einer juristischen Person zuzuführen und diese als registerführende Stelle zu benennen. Im Sinne der Rechtssicherheit muss es allerdings eine zentrale Rechtsperson als Adressaten für Rechte und Pflichten hinter der Blockchain geben. Andernfalls könnte in der DAO ein faktisch rechtsfreier Raum entstehen. Zwar ist die Blockchain transparent ausgestaltet. Allerdings ist die Rechtsdurchsetzung in einem dezentral organisierten System mit pseudonymisierten Teilnehmern äußerst schwer. Die Regelung des Gesetzgebers fungiert deshalb als Kompromiss zwischen einer völlig dezentralen, automatisierten und unabhängigen Organisation auf der einen Seite und Rechtssicherheit mit einer gewissen Verantwortungszuweisung auf der anderen.

---

[253] *Linardatos*, ZBB 2020, S. 329, 339; *Lieder* in: Segna/Möslein/Omlor/von Buttlar, eWpG, § 16 Rn. 19.

[254] Dazu und zum Folgenden: Begr. RegE, BT-Drucks. 19/26925, S. 60; *Lenz/Joachimsthaler*, DB 2021, S. 1384, 1388; *Lieder* in: Segna/Möslein/Omlor/von Buttlar, eWpG, § 16 Rn. 21.

b) Zwischenfazit

Grundsätzlich geht der Gesetzgeber davon aus, dass die Registerführung des Kryptowertpapierregisters automatisiert und algorithmenbasiert erfolgen kann. Es ist also technisch möglich, das Kryptowertpapierregister blockchainbasiert mit der emittierenden Blockchain zu verbinden, solange alle technischen Anforderungen gemäß dem eWpG i.V.m. der eWpRV erfüllt werden. Formell bedarf es aber einer rechtsfähigen Person als registerführenden Stelle, die vom Emittenten auch explizit als solche benannt wird.

2. Pflichten der registerführenden Stelle

Der Pflichtenkatalog der registerführenden Stelle besteht grundsätzlich aus den allgemeinen Sorgfaltspflichten des § 7 eWpG, ergänzt um Dokumentationspflichten nach § 3 eWpRV und spezielle Anforderungen an die Registerführung nach § 5 eWpRV. Zusätzlich finden sich ergänzende weisungsbezogene Pflichten der registerführenden Stelle in §§ 17 Abs. 2 S. 2, Abs. 3, 18, 19 eWpG.

a) Allgemeine Sorgfaltspflichten

Die gesetzgeberische Zielrichtung zur registerführenden Stelle wird in § 7 Abs. 1 eWpG deutlich, wonach die Vertraulichkeit, Integrität und Authentizität der Daten zu gewährleisten sind. Nach § 7 Abs. 2 eWpG hat die registerführende Stelle sicherzustellen, dass das elektronische Wertpapierregister jederzeit die bestehende Rechtslage zutreffend wiedergibt und Eintragungen sowie Umtragungen vollständig und ordnungsgemäß erfolgen. Nach S. 2 ist die registerführende Stelle gegebenenfalls auch zum Schadensersatz daraus verpflichtet. Damit ist die Registerführung drittschützender Natur.[255] Sie soll mit dem Kryptowertpapierregister Vertrauen, Rechtssicherheit und Transparenz gewährleisten. Der Gesetzgeber fängt mit der Regelung der registerführenden Stelle in §§ 7 Abs. 2, 16 Abs. 2 eWpG gewissermaßen das Zugeständnis der dezentralen Registerführung wieder ein und möchte so die Rechtssicherheit und Integrität sowie Authentizität[256] der Kryptowertpapiere gewährleisten. Während § 7 Abs. 2 eWpG der registerführenden Stelle eine Garantiefunktion für den Inhalt des Registers zuspricht, wird ihr in

---

[255] Begr. RegE, BT-Drucks. 19/26925, S. 57.

[256] Vgl. *Lieder* in: Segna/Möslein/Omlor/von Buttlar, eWpG, § 16 Rn. 2.

§ 7 Abs. 3 eWpG die Pflicht auferlegt, mit technischen und organisatorischen Mitteln einen Datenverlust oder unbefugte Datenveränderung zu verhindern. Die konkrete Umsetzung dieser Anforderungen bleibt der registerführenden Stelle selbst überlassen, § 7 eWpG gibt lediglich einen Mindeststandard an Inhalt und technischer Sicherheit vor.

(i) Ergänzung der Anforderungen nach § 5 eWpRV

Ergänzt werden soll dieser Standard um § 5 eWpRV, wonach die registerführende Stelle das elektronische Wertpapierregister unter Berücksichtigung des Standes der Technik so zu führen hat, dass die Vertraulichkeit, Integrität, Verfügbarkeit und Authentizität der Daten über den gesamten Zeitraum, in dem Schutzbedarf besteht, gewährleistet sind. Der Mehrwert dieses ersten Satzes, der im Wesentlichen § 7 Abs. 1 eWpG wiedergibt, erschließt sich nicht. Nach § 5 S. 2 eWpRV sind dazu insbesondere die Systeme vor ihrem erstmaligen Einsatz und nach wesentlichen Veränderungen zu testen und von den fachlich und technisch zuständigen Mitarbeitern der registerführenden Stelle abzunehmen. Des Weiteren hat die registerführende Stelle einen Regelprozess der Entwicklung, des Testens, der Freigabe und der Implementierung in die Produktionsprozesse zu etablieren, wobei Produktions- und Testumgebung grundsätzlich voneinander zu trennen sind.

(ii) Schutzbedarf der Daten

Zum Schutzbedarf der Daten erläutern die Gesetzesmaterialien[257], der Zeitraum für den Schutzbedarf der Daten ließe sich nicht generell festlegen. Sie liefern allerdings einige Anhaltspunkte. Im Hinblick auf niedergelegte Emissionsbedingungen und Registereintragungen bestünde der Schutzbedarf grundsätzlich dann nicht mehr, wenn ein elektronisches Wertpapier nach Erfüllung aller Leistungsansprüche im Register gelöscht wird (§ 4 Abs. 9 eWpG). Zudem kann der Schutzbedarf unabhängig von einer Löschung entfallen, wenn alle aus dem elektronischen Wertpapier resultierenden Ansprüche verjährt sind.[258] Diese Feststellung folgt der Logik des Allgemeinen Teils des BGB, vgl. § 214 BGB (Einrede der Verjährung). Umgekehrt könnte der Schutzbedarf trotz einer Löschung des Kryptowertpapiers fortbestehen, etwa im Rahmen einer

---

[257] Begr. eWpRV, S. 5.
[258] Dies.

Löschung nach § 6 Abs. 2 S. 2 eWpG im Rahmen der Ersetzung des elektronischen Wertpapiers durch ein mittels Urkunde begebenes Wertpapier. Zumindest bestünde der Schutzbedarf bis zum Zeitpunkt der Befriedigung oder Verjährung aller Ansprüche aus dem ursprünglichen Wertpapier.[259] Darüber hinaus erlischt ein Anspruch nicht automatisch mit Eintritt der Verjährung. Vielmehr muss die Einrede erhoben werden. Daher sollten die entsprechenden Daten auch nur auf Weisung des Berechtigten (zumeist Inhaber des Kryptowertpapiers) gelöscht werden, wobei in der Weisung die Einrede der Verjährung erhoben werden kann, auch konkludent durch die Anweisung selbst.[260] Als weiteres Beispiel wird ein Einsatz der Distributed-Ledger-Technologie angeführt, bei dem sich die Gesamtintegrität aus der Gesamtheit der im DLT-Register enthaltenen Daten ergibt. In diesem Fall würde sich der Schutzzweck unter Umständen auch auf Informationen und Daten zu elektronischen Wertpapieren erstrecken, die bereits gelöscht oder deren Ansprüche verjährt sind.[261] Diese unterschiedlichen Fallgestaltungen zeigen, dass eine offene Normierung des Zeitraums für den Schutzbedarf der Daten gerechtfertigt war. Der konkrete Zeitraum wird anhand der konkreten Umstände des Einzelfalls zu ermitteln sein, abhängig von der technischen Gestaltung des Registers und etwaigen Ansprüchen und Rechten aller Beteiligten.

(iii) Technische Standards

Die technischen Anforderungen in § 5 S. 2–4 eWpRV sind allgemein gehalten und sehen lediglich die technische Abnahme des Informationssystems sowie einen Regelprozess für die Entwicklung, Testung, Freigabe sowie Implementierung des Informationssystems des Registers vor. In den Gesetzesmaterialien findet sich die allgemeine Empfehlung, getroffene Maßnahmen grundsätzlich nach den Kriterien des IT-Grundschutzes des Bundesamtes für Sicherheit in der Informationstechnik (BSI), den ISO/IEC-270XX-Standards oder anderen, vergleichbaren Kriterien zu richten.[262] Für kryptographische Verfahren wird

---

259 Begr. eWpRV, S. 5.

260 Siehe Kapitel 4: IV. Löschung des Kryptowertpapiers.

261 Begr. eWpRV, S. 5.

262 Begr. eWpRV, S. 5; Informationen zu BSI-Standards und zum Aufbau eines Informationssicherheitssystems: https://www.bsi.bund.de/DE/Themen/Unternehmen-und-Organisationen/Standards-und-Zertifizierung/IT-Grundschutz/BSI-Standards/bsi-standards_node.html.

auf die aktuellen Empfehlungen aus der TR-02102, der TR-03125 sowie aus der „Leitlinie für digitale Signatur-, Siegel- und Zeitstempelformate sowie technische Beweisdaten (Evidence Record)“[263] des BSI verwiesen oder werden andere, damit vergleichbare Standards und Verfahren empfohlen.[264] Diese Empfehlungen mögen als weiterführende Verweise und Empfehlungen hilfreich sein. Letztlich verändert sich aber der technische Stand laufend, sodass es nicht zielführend wäre, einen konkreten technischen Standard zu normieren. Die Schutzzwecke und Zielrichtungen für Kryptowertpapierregister sowie technische Mindeststandards festzulegen, ist sinnvoll im Sinne des Drittschutzes des Kryptowertpapierregisters. Die praktische Umsetzung der rechtlichen Vorgaben bleibt der Praxis überlassen.

Zu Recht weist der Gesetzgeber deshalb darauf hin, dass es zur Gewährleistung der Schutzziele über einen langen Zeitraum hinweg eines Bewahrungskonzeptes mit Kryptoagilität nach dem Stand der Technik bedarf und zwar eines, das es erlaubt, elektronisch signierte, gesiegelte oder zeitgestempelte Daten durch geeignete Maßnahmen neu zu schützen, bevor ihre Sicherheit durch Zeitablauf an Wert verliert.[265] In der Praxis der bisher verwendeten Blockchains wird die Technologie ohnehin stetig weiterentwickelt und angepasst. Zudem werden technisch bewährte Standards veröffentlicht und weiterempfohlen. Beispiele dafür finden sich im Bitcoin *White Paper* und Ethereum *Yellow Paper* sowie in der Umstellung der Methodik der Ethereum-Blockchain

---

[263] Leitlinie für digitale Signatur-, Siegel- und Zeitstempelformate sowie technische Beweisdaten (Evidence Record), 26.03.2020, https://www.bsi.bund.de/SharedDocs/Downloads/DE/BSI/Publikationen/TechnischeRichtlinien/TR03125/BSI_TR_03125_Leitlinie_fuer_digitale_Signatur-Siegel-Zeitstempelformate.pdf?__blob=publicationFile&v=1.

[264] Begr. eWpRV, S. 5.

[265] Begr. eWpRV, S. 5; vgl. dazu § 15 VDG („langfristige Beweiserhaltung“), Art. 34 der Verordnung (EU) Nr. 910/2014 (eIDAS-VO) („qualifizierter Bewahrungsdienst für qualifizierte elektronische Signaturen“) geht jedoch davon aus, dass dieser qualifizierte Bewahrungsdienst nur von qualifizierten Vertrauensdiensteanbietern erbracht werden kann, sowie Art. 40 eIDAS-VO („Validierung und Bewahrung qualifizierter elektronischer Siegel“).

von *proof of work* zu *proof of stake* und der Reaktion auf die Sicherheitslücken des „DAO-Projekts".[266]

Der Gesetzgeber orientierte sich für S. 2 des § 5 eWpRV an AT 7.2 Nr. 3 der Mindestanforderungen an das Risikomanagement (MaRisk)[267] und hielt es für notwendig, die Abnahme der Systeme vor ihrem Einsatz explizit zu regeln. Dabei sind § 5 S. 2–4 eWpRV und AT 7.2 Nr. 3 MaRisk wortidentisch. Die technischen Anforderungen an das elektronische Register nach dem eWpG sollen auf den Grundsätzen aufbauen, die für die MaRisk und die bankaufsichtlichen Anforderungen an die IT (BAIT) entwickelt wurden.[268] Nachdem die Führung des Kryptowertpapierregisters auch eine Finanzdienstleistung im Sinne des § 1 Abs. 1a S. 2 Nr. 8 KWG darstellt, erscheint es konsequent, die für die Finanzinstitute geltenden Anforderungen auch im eWpRV aufzunehmen.

(iv) Fazit zu den allgemeinen Sorgfaltspflichten

Die Ausführungen in § 5 eWpRV sind allgemein formuliert. Der registerführenden Stelle Verantwortung zu übertragen und Mindeststandards festzulegen sowie Zielvorgaben für die Registerführung vorzugeben im Sinne des § 7 eWpG ist sinnvoll, um auf einem neuen technischen Terrain den gleichen Anlegerschutz und die gleiche Rechtssicherheit wie für herkömmliche Wertpapiere zu schaffen. Gleichzeitig möchte der Gesetzgeber allerdings eine möglichst technisch neutrale Normierung schaffen, um Innovationen zu ermöglichen. Dabei sind die Vorgaben eines Testdurchlaufs, einer Abnahme durch Mitarbeiter und eines Regelprozesses nach § 5 eWpRV absoluter Standard in der Praxis. Wirklichen Anlegerschutz bieten sie allerdings nur, sofern diese Regelprozesse auch durch die BaFin überwacht werden. Insofern fällt

---

[266] Ethereum, https://ethereum.org/en/whitepaper/, Bitcoin Whitepaper: https://bitcoin.org/bitcoin.pdf, *Imöhl/Frohn*, WiWo vom 15.09.2022, https://www.wiwo.de/finanzen/geldanlage/ethereum-merge-2022-merge-ist-vorbei-was-man-zur-ethereum-reform-wissen-muss/28600900.html.

[267] Dabei handelt es sich um ein Rundschreiben der BaFin zur Ausgestaltung des Risikomanagements der Institute auf Grundlage des § 25 KWG, https://www.bafin.de/SharedDocs/Veroeffentlichungen/DE/Rundschreiben/2021/rs_1021_MaRisk_BA.html.

[268] Begr. eWpRV, S. 5; BAIT abrufbar unter: https://www.bafin.de/SharedDocs/Downloads/DE/Rundschreiben/dl_rs_1710_ba_BAIT.html;jsessionid=3C89357C8AAD0361506D34AFF0CDB79A.1_cid503?nn=9021442.

die Konkretisierung der Anforderungen nach § 7 eWpG, insbesondere vor dem Hintergrund der Schadensersatzregelungen des § 7 Abs. 2 S. 2, Abs. 3 S. 2 eWpG, gering aus. Fragwürdig sind zudem die Einordnung der Führung des Kryptowertpapierregisters als Finanzdienstleistung im Sinne des § 1 Abs. 1a S. 2 Nr. 8 KWG und die daraus folgenden Anforderungen an die technischen Prozesse. Gerade im Hinblick auf Start-ups, die ein Kryptowertpapierregister mittels Blockchain-Technologie rein zu Finanzierungszwecken kreieren und benutzen möchten, ist diese Kategorisierung mit strengen Anforderungen verbunden. Bei der Ausgabe von *Token* durch Start-ups steht jedoch meist nicht der gewerbsmäßige Handel mit Kryptowertpapieren im Vordergrund. Eine Festlegung der Ziele wie Drittschutz, Vertrauensschutz und Schutz der Integrität und Authentizität der Daten wie in § 7 eWpG hätte deshalb möglicherweise ausgereicht, um Innovation und technische Flexibilität zu erhalten.

b) Dokumentationspflichten

Nach der allgemeinen Dokumentationspflicht der registerführenden Stellen nach § 3 Abs. 1 eWpRV haben diese in nachvollziehbarer, aussagefähiger und für einen sachkundigen Dritten leicht verständlichen Art und Weise (1) die Einzelheiten der Einrichtung und Führung des Registers nach § 7 eWpG, (2) die Einzelheiten der Verfahrensanforderungen zur Übermittlung und Vollziehung einer Weisung oder einer Übermittlung einer Zustimmung nach §§ 14 Abs. 1–4, 18 Abs. 1–4 eWpG sowie (3) den angemessenen Zeitraum für Umtragungen und Anforderungen an deren Gültigkeit nach §§ 14 Abs. 4, 18 Abs. 4 eWpG zu dokumentieren. Nach § 3 Abs. 2 eWpRV ist diese Dokumentation der BaFin nach deren Anforderung zur Verfügung zu stellen. Die BaFin kann zudem Anordnungen bezüglich der Festlegungen nach Abs. 1 und ihrer Dokumentation treffen, wenn diese nicht ausreichen oder Interessen der Registerführung gefährdet sind, § 3 Abs. 3 eWpRV. Die Dokumentation ist für zehn Jahre nach Beendigung des Registers aufzubewahren, § 3 Abs. 4 eWpRV.

Immerhin werden in diesen Ausführungen gewisse technikneutrale Mindestanforderungen für die Festlegungen und Dokumentation der registerführenden Stelle geschaffen. Allerdings wird nicht definiert, welche Informationen als Einzelheiten der Registerführung ausreichend sind und was genau unter einer für einen sachkundigen Dritten leicht verständlichen Art und Weise zu verstehen ist. Diese Begriffe bedürfen also der

Auslegung, im Zweifel durch die BaFin, die im Einzelfall die Registerführung überprüfen wird.

Technisch wird es kein Problem darstellen, die Funktionsweise des Kryptowertpapierregisters und dessen Inhalt separat und einfach einsehbar als eine Art *White Paper* zur Verfügung zu stellen und mit dem Kryptowertpapierregister zu verknüpfen. Auch für die bisher etablierten Blockchain-Designs Bitcoin und Ethereum wurden die entsprechenden technischen Details als *White Paper*[269] beziehungsweise *Yellow Paper*[270] veröffentlicht und sind für jeden Nutzer unbeschränkt zugänglich und einfach als PDF-Dokument lesbar.

Für das Kryptowertpapierregister sind nach § 13 Abs. 1 eWpRV zusätzlich (1) die Einzelheiten des Verfahrens und der Eintragung der Kryptowertpapiere nach § 4 Abs. 4 eWpG, (2) die Einzelheiten der Berichtigung des Registers bei fehlender Zustimmung oder Weisung nach § 18 Abs. 5 eWpG, (3) die Einzelheiten des Verfahrens für den Registerwechsel nach § 22 i.V.m. § 21 Abs. 2 eWpG einschließlich des Datentransfers sowie (4) die Kriterien für die Teilnahme am Kryptowertpapierregister und (5) Art, Format und Inhalt des Registerauszugs nach § 19 eWpG zu dokumentieren. Auch für diese Informationen gilt die Vorlagepflicht zur BaFin beziehungsweise ihr Anordnungsrecht, § 13 Abs. 2 eWpRV.

c) Zurverfügungstellung des Quellcodes und der Beschreibung des Aufzeichnungssystems

Auf Verlangen der BaFin muss die registerführende Stelle dieser unverzüglich den Quellcode und die Beschreibung des Aufzeichnungssystems (§ 4 Abs. 9 eWpG) einschließlich der *Smart Contract*s zur Verfügung stellen. Der Quellcode ist dabei nach § 14 Abs. 2 eWpRV in einem maschinenlesbaren Format zur Verfügung zu stellen. Gleiches gilt auf Verlangen des Bundesamts für Sicherheit und in der Informationstechnik diesem oder, soweit keine berechtigten Interessen der registerführenden Stelle entgegenstehen, einem beauftragten Dritten gegenüber. Dagegen stehen staatlichen Aufsichts-, Ordnungs- und Strafverfolgungsbehörden, in Erfüllung ihrer gesetzlichen

---

[269] *Nakamoto,* Bitcoin, a Peer to Peer Electronic Cash Syte, https://bitcoin.org/bitcoin.pdf.

[270] *Wood,* Ethereum: a Secure Decentralised Generalised Transaction Ledger, https://ethereum.github.io/yellowpaper/paper.pdf.

Aufgaben, zusätzlich ein Einsichtsrecht in das Kryptowertpapierregister sowie ein Auskunftsrecht nach § 14 Abs. 1 S. 2 eWpRV i.V.m. § 10 Abs. 4 S. 1, Abs. 3 eWpG zu, soweit dies jeweils für die Erfüllung der gesetzlichen Aufgaben dieser Behörden erforderlich ist. Vom Vorliegen dieser Voraussetzung hat die registerführende Stelle jedoch stets auszugehen, wenn sie von den in § 34 Abs. 4 S. 1 BMG genannten Behörden um Auskunft oder Einsicht ersucht wird. § 10 Abs. 4 S. 2 eWpG. § 14 Abs. 1 S. 2 eWpRV verweist zwar ausdrücklich nur auf § 10 Abs. 4 S. 1 eWpG. Allerdings ist davon auszugehen, dass der Gesetzgeber in § 14 eWpRV die Befugnisse der staatlichen Behörden nach § 10 Abs. 4 eWpG erweitern wollte, nicht die Zweifelsregelung des § 10 Abs. 4 S. 2 eWpG beschränken.[271] Andernfalls wäre die Regelung des § 10 Abs. 4 S. 2 eWpG ohne Anwendungsbereich.

d) Kryptographische Verfahren und sonstige Methoden der Datentransformation

Die von der registerführenden Stelle eingesetzten kryptographischen Verfahren und sonstigen Methoden zur Transformation von Daten müssen dem Stand der Technik entsprechen und die Integrität, Authentizität und Vertraulichkeit der Daten über den gesamten Zeitraum des Schutzbedarfs gewährleisten, § 16 Abs. 1 eWpRV. Methoden zur Datentransformation sind dabei solche, die den semantischen Inhalt von Daten verbergen und deren unbefugte Verwendung oder unbemerkte Veränderung verhindern sollen. Damit definiert der Gesetzgeber wiederum keine konkreten technischen Voraussetzungen, sondern gibt lediglich technische Zielsetzungen für den Registerführer vor.[272] Im Sinne einer innovativen, technischen Flexibilität ist das zwar sehr zu begrüßen, allerdings stellt sich erneut die Frage nach dem Mehrwert dieser Regelung im Vergleich zu § 7 eWpG. Die Materialien verweisen zumindest auf die technische Richtlinie TR-02102 zu kryptographischen Verfahren des BSI.[273]

---

271 Die Begr. eWpRV S. 8 verweist auch vollumfänglich auf § 10 Abs. 4 eWpG, nicht nur auf Satz 1; ebenso *Lieder* in: Segna/Möslein/Omlor/von Buttlar, eWpG, § 16 Rn. 30.

272 So auch *Lieder* in: Segna/Möslein/Omlor/von Buttlar, eWpG, § 16 Rn. 31.

273 Abrufbar unter: https://www.bsi.bund.de/EN/Themen/Unternehmen-und-Organisationen/Standards-und-Zertifizierung/Technische-Richtlinien/TR-nach-Thema-sortiert/tr02102/tr02102_node.html.

e) Liste der Kryptowertpapiere bei der BaFin

Zu beachten ist, dass nach § 17 Abs. 1 eWpRV der Emittent von Kryptowertpapieren verpflichtet ist, für die Führung der öffentlichen Liste nach § 20 Abs. 3 eWpG an die BaFin (1) die Firma, Anschrift und Rechtsträgerkennung der registerführenden Stelle, (2) die Firma, Anschrift und Rechtsträgerkennung des Emittenten, (3) die Bezeichnung und die Internationale Wertpapierkennnummer des Kryptowertpapiers im Kryptowertpapierregister, (4) das Datum der Eintragung des Kryptowertpapiers im Kryptowertpapierregister sowie (5) das Datum und den wesentlichen Inhalt einer Änderung der Angaben nach § 20 Abs. 2 des eWpG zu übermitteln. Dabei kann der Emittent gemäß § 16 Abs. 2 S. 1 oder S. 2 eWpG gleichzeitig registerführende Stelle sein. Während in den §§ 13–16 eWpRV alle Verpflichtungen der registerführenden Stelle übertragen sind, muss hier der Emittent die Liste der BaFin vorlegen und dieser muss nicht zwingend auch registerführende Stelle sein. Sinn und Zweck dieser Regelung ist der Schutz der Marktteilnehmer.[274] Gleichzeitig soll erkennbar sein, wer registerführende Stelle und damit Adressat etwaiger Verwaltungsakte ist.

f) Teilnahme an einem Kryptowertpapierregister

In § 18 eWpRV hat der Gesetzgeber Teilnahmekriterien und das Teilnahmeverfahren für das Kryptowertpapierregister konkretisiert und damit einen Regelungsrahmen für die Teilnahme am Kryptowertpapierregister geschaffen.

(i) Teilnahmekriterien

Die registerführende Stelle hat nach § 18 Abs. 1 eWpRV für jedes von ihr betriebene Kryptowertpapierregister transparente, objektive und nichtdiskriminierende Teilnahmekriterien festzulegen. Diese sollen allen, die eine Teilnahme beabsichtigen, einen fairen und offenen Zugang ermöglichen. Den Zugang beschränkende Kriterien sind nur mit dem Ziel zulässig, ein bestimmtes Risiko für die registerführende Stelle oder das Kryptowertpapierregister aus berechtigten Gründen zu kontrollieren, § 18 Abs. 1 S. 3 eWpRV. Der Wortlaut dieser Verordnung erweckt den Anschein, als hätte der Gesetzgeber eher den Finanzdienstleister im Sinn gehabt, der Kryptowertpapiere als Kapitalanlage vertreiben möchte, und weniger das Start-up mit einem

---

[274] Begr. eWpRV, S. 9.

sehr begrenzten Finanzierungsmodell. Gerade im Zeichen der Privatautonomie bei Vertragsabschlüssen, die einer Inhaberschuldverschreibung zu Finanzierungszwecken zugrunde liegen kann, könnte die Festlegung objektiver Teilnahmekriterien eine Herausforderung darstellen. Zwar wird man in der Praxis unter Umständen Risiken begründen können, weshalb der Emittent eines Kryptowertpapiers die Teilnahme nur einem sehr begrenzten Kreis an Investoren gewährt. Die konkrete Umsetzung der unbestimmten Rechtsbegriffe „ein bestimmtes Risiko für die registerführende Stelle oder das Kryptowertpapierregister aus berechtigten Gründen zu kontrollieren" aus § 18 Abs. 1 S. 3 eWpRV wird jedoch abzuwarten sein. Aus den Gesetzesmaterialien ergeben sich jedenfalls keine weiteren Informationen zur Auslegung dieser Norm.[275]

(ii) Verfahren

Die Teilnahmekriterien sind im Internet abrufbar zur Verfügung zu stellen, § 18 Abs. 1 S. 4 eWpRV. Diese Anforderung ist technisch grundsätzlich möglich. Die registerführende Stelle muss zudem Anträge auf Teilnahme am Kryptowertpapierregister spätestens innerhalb von drei Monaten nach ihrem Zugang beantworten, § 18 Abs. 2 eWpRV. Die Teilnahme darf einem potenziellen Teilnehmer, der die Teilnahmekriterien erfüllt, nur auf Grundlage einer umfassenden Risikoanalyse und nur insoweit verweigert werden, als die Gründe gegen Gewährung des Zugangs nicht ausgeräumt werden können, § 18 Abs. 3 S. 1 eWpRV. Die Entscheidung darüber ist dem Antragsteller gegenüber schriftlich zu begründen, § 18 Abs. 3 S. 2 eWpRV. Gegen diese Entscheidung kann der Antragsteller bei der BaFin nach § 18 Abs. 4 eWpRV Beschwerde einlegen. Die BaFin hat dagegen die Möglichkeit, der registerführenden Stelle den Zugang anzuordnen, § 18 Abs. 4 S. 2 eWpRV. Darüber hinaus muss die registerführende Stelle ein objektives und transparentes Verfahren für den Ausschluss von Teilnehmern, welche die Kriterien nicht mehr erfüllen, festlegen und dieses Verfahren dokumentieren, § 18 Abs. 5 eWpRV. Die Dokumentation ist im Internet abrufbar zur Verfügung zu stellen und der BaFin vorzulegen.

[275] Vgl. Begr. eWpRV, S. 9.

g) Kommunikation mit Teilnehmern und Schnittstellen

Für die Kommunikation mit den Teilnehmern und für die elektronischen Schnittstellen des von ihr geführten Kryptowertpapierregisters hat die registerführende Stelle die gängigen Standards für Kommunikationsverfahren und für den Datenaustausch zu verwenden, § 19 Abs. 1 eWpRV. Das Aufzeichnungssystem nach § 4 Abs. 9 eWpG muss mindestens über eine Schnittstelle zum Export der Eintragungen in einem gängigen Datenformat sowie über eine Schnittstelle zum Abruf von Daten verfügen. Satz 2 dieser Regelung bestimmt die Kompetenz der BaFin, gewisse Daten zur Überwachung abzurufen. Alle Schnittstellen müssen nach § 19 Abs. 3 eWpRV dem Stand der Technik entsprechen. Die offene Regelung des § 19 eWpRV unterstützt die technologieneutrale und innovationsoffene Umsetzung des eWpG.[276]

3. Aufsichtspflicht und Geldwäscheprävention

Außerdem sah der Gesetzgeber die Notwendigkeit einer registerführenden Stelle zur Geldwäscheprävention.[277] Unionsrechtliche Vorgaben zur Kryptowertpapierregisterführung gibt es bisher nicht – sie ist ausschließlich auf deutscher Ebene normiert.[278] Mit der Einführung der EU-Geldtransferverordnung (Transfer of Funds Regulation – TFR) sind Kryptoanbieter verpflichtet, ihre Kunden zur Geldwäscheprävention zu identifizieren. In Deutschland wurden diese Vorgaben allerdings bereits im Oktober 2021 mit der Kryptowertetransferverordnung umgesetzt.[279] Nach § 11 eWpG unterliegt die Führung eines elektronischen Wertpapierregisters der Aufsicht der BaFin. Damit sollen der Anlegerschutz sowie die Integrität, Transparenz und die

---

276 *Lieder* in: Segna/Möslein/Omlor/von Buttlar, eWpG, § 16 Rn. 36.

277 Begr. RegE, BT-Drucks. 19/26925, S. 60, 61.

278 Begr. RegE, BT-Drucks. 19/26925, S. 74; vgl. *Lieder* in: Segna/Möslein/Omlor/von Buttlar, eWpG, § 16 Rn. 24, die EU-Verordnung über eine Pilotregelung für auf Distributed-Ledger-Technologie basierende Marktinfrastrukturen und zur Änderung der Verordnungen (EU) Nr. 600/2014 und (EU) Nr. 909/2014 sowie der Richtlinie 2014/65/EU vom 30.05.2022 regelt allgemein das Betreiben einer DLT-Marktinfrastruktur sowie das Verhältnis von Betreiber zu Marktteilnehmern und Aufsichtsbehörden, nicht allerdings speziell das Betreiben eines Kryptowertpapierregisters, https://eur-lex.europa.eu/legal-content/DE/TXT/PDF/?uri=CELEX:32022R0858.

279 Bafin Journal, 17.05.2023, abrufbar unter https://www.bafin.de/SharedDocs/Veroeffentlichungen/DE/Fachartikel/2023/fa_bj_2305_Mica.html.

Funktionsfähigkeit des Finanzmarktes gestärkt werden.[280] Überdies stellt die Führung eines elektronischen Wertpapiers eine Finanzdienstleistung im Sinne des § 1 Abs. 1a S. 2 Nr. 8 KWG dar. Erfolgt diese Registerführung gewerbsmäßig oder in einem Umfang, der einen in kaufmännischer Weise eingerichteten Geschäftsbetrieb erfordert, so fungiert die registerführende Stelle auch als Finanzdienstleistungsinstitut nach § 1 Abs. 1a S. 1 KWG. Die registerführende Stelle bedürfte dann einer von der BaFin erteilten Banklizenz nach § 32 Abs. 1 KWG.[281] An den registerführenden Emittenten werden grundsätzlich die gleichen aufsichtsrechtlichen Anforderungen gestellt wie an einen von ihm benannten externen Dienstleister. Der Gesetzgeber hielt dies für gerechtfertigt aufgrund der mit der Registerführung verbundenen Vertrauensstellung und weil es sich bei der Registerführung um eine dauerhafte Tätigkeit handelt, die parallel mit der Emission des (Krypto-) Wertpapiers einhergeht.[282] Die Tatsache, dass die gleichen Anforderungen an die Registerführung im Sinne des Rechts- und Vertrauensschutzes gelten müssen, ist durchaus nachvollziehbar. Allerdings sind die hohen regulatorischen Anforderungen an die Registerführung nach dem KWG für Start-ups kaum praktikabel.[283]

---

[280] Begr. RegE, BT-Drucks. 19/26925, S. 53.

[281] Vgl. *Lieder* in: Segna/Möslein/Omlor/von Buttlar, eWpG, § 16 Rn. 24; *Sickinger/Thelen*, AG 2020, S. 862, Rn. 12 (S. 864).

[282] Begr. RegE, BT-Drucks. 19/26925, S. 60.

[283] Siehe Kapitel 6: Umsetzung des eWpG – Konsequenzen in der Praxis.

Die Ausgabe des Kryptowertpapiers

Im Folgenden sollen die wichtigsten praktischen Schritte der Ausgabe von Kryptowertpapieren beleuchtet und juristisch untersucht werden. Anknüpfungspunkt für die Emission von Kryptowertpapieren ist § 4 Abs. 3 eWpG, wonach ein elektronisches Wertpapier in ein Kryptowertpapierregister eingetragen wird. Der Entstehungszeitpunkt des Kryptowertpapiers ist relevant, weil es sich inhaltlich um eine Inhaberschuldverschreibung und damit um ein konstitutives Wertpapier handelt, im Gegensatz zu deklaratorischen Wertpapieren, bei denen das Recht unabhängig von der Verbriefung entsteht.[284] Der Theorienstreit zur Wertpapierentstehung erübrigt sich daher für Aktien (mit Einführung des ZuFinG für die e-Aktie), Hypotheken und Grundschulden sowie die dazugehörigen Briefe. Soll das Kryptowertpapier als Sache nach § 90 BGB gelten, muss es einen Anknüpfungspunkt für Eigentumsrechte nach §§ 903, 1006 BGB, Besitzrechte nach §§ 854 BGB oder gutgläubigen Erwerb (vgl. § 932 BGB) gewährleisten.

I. Voraussetzungen der Emission

Nach der für Wertpapiere vorherrschenden zur Rechtsscheintheorie weiterentwickelten Vertragstheorie[285] ist der Begebungsvertrag Voraussetzung für die Emission des Kryptowertpapiers. Hinzu kommen die Eintragung des

---

[284] *Habersack* in: MüKo BGB, 9. Aufl. 2024, vor § 793 Rn. 25; *Vogel* in: BeckOGK BGB § 793 Rn. 17, 49.

[285] Begr. RegE, BT-Drucks. 19/26925, S. 39; *Habersack* in: MüKo BGB, 9. Aufl. 2024, vor § 793 Rn. 26.

Kryptowertpapiers in das Kryptowertpapierregister nach § 4 Abs. 3 eWpG i.V.m. §§ 6–21 eWpG sowie die Niederlegung der Emissionsbedingungen nach § 5 eWpG. Die Niederlegung der Emissionsbedingungen ist Voraussetzung der Emission, da die Eintragung eines elektronischen Wertpapiers (Kryptowertpapiers) in § 4 Abs. 4 eWpG definiert wird als „Aufnahme der für ein elektronisches Wertpapier nach § 13 oder § 17 erforderlichen Registerangaben in ein elektronisches Wertpapierregister unter eindeutiger und unmittelbarer Bezugnahme auf die niedergelegten Emissionsbedingungen".

1. Einigung zwischen Emittenten und Inhaber (Begebungsvertrag)

Die Einigung des Emittenten und des Inhabers über die Begebung eines Kryptowertpapiers kommt wie jeder dingliche Vertrag gemäß §§ 145, 147 BGB zustande. Im Falle des Wertpapiers nach § 793 BGB haben sich unterschiedliche Theorien zum Begebungsvertrag herausgebildet. Diese zu beleuchten lohnt sich für die Einordnung des Kryptowertpapiers. Die Wertpapiertheorien wurden für urkundlich verbriefte Wertpapiere entwickelt, sodass sich die Frage stellt, inwieweit diese im Falle des Kryptowertpapiers noch zeitgemäß sind.

a) Rechtsscheintheorie

Der Begebungsvertrag liegt laut heute vorherrschender Meinung im Geben und Nehmen der Urkunde als rechtsbegründende Grundlage des Wertpapiers.[286] Damit ergibt sich die schuldrechtliche Verpflichtung des Ausstellers nicht aus dem Skripturakt, sondern aus der Einigung. In der ersten Begebung des Wertpapiers enthält der Begebungsvertrag grundsätzlich zwei verschiedene Elemente: Soweit er die Verpflichtung des Ausstellers enthält, handelt es sich um einen Schuldvertrag und damit um ein schuldrechtliches Element.[287] Soweit er dem ersten Inhaber des Wertpapiers jedoch das Eigentum daran verschafft, ist er Verfügungsvertrag und enthält somit ein sachenrechtliches Element. Allerdings stellt sich die ursprüngliche Vertragstheorie

---

[286] *Habersack* in: MüKo BGB, 9. Aufl. 2024, vor § 793 Rn. 26; vgl. *Casper* in: Baumbach/Hefermehl/Casper, WPR, 24. Aufl. 2020 Rn. 31 ff.; *Gehrlein* in: BeckOK BGB, § 793 Rn. 11; *Fest*, Anleihebedingungen – Rechtssicherheit trotz Inhaltskontrolle, 2022, S. 30 ff.; *Müller*, JA 2017, S. 401 f.; BGH NJW 1973, S. 282, 283.

[287] *Habersack* in: MüKo BGB, 9. Aufl. 2024, vor § 793 Rn. 26.

als verkehrsfeindlich dar, denn danach tragen Dritte das Risiko, ein wertloses Papier zu erwerben, wenn der Begebungsvertrag entweder nicht existiert oder nichtig ist,[288] vgl. § 142 BGB. Daher wurde diese Theorie um das Rechtsscheinprinzip ergänzt. In der Ausstellung der Urkunde wird zusätzlich zur auf den Begebungsvertrag gerichteten Willenserklärung der Rechtsschein wirksamer Verpflichtung gesetzt.[289] Auf diesen Rechtsschein darf sich dann der redliche (Zweit-) Erwerber verlassen.[290]

(i) Anwendung auf den Kryptotoken

Im Falle des Kryptowertpapiers als *Token* lässt sich diese Theorie anwenden. Für das Zustandekommen des Begebungsvertrages kommen allerdings verschiedene Alternativen in Betracht: Die Willenserklärungen könnten im Senden und Empfangen des *Tokens* liegen oder aber im Erfüllen des *Smart Contracts*, in der Tokenisierung der schuldrechtlichen Verpflichtung an sich oder aber in der Eintragung des Kryptowertpapiers im Kryptowertpapierregister (Skripturakt). Genau wie im Falle der verbrieften Inhaberschuldverschreibung kann die Einigung konkludent mit der Erstübertragung des *Tokens* auf den Ersterwerber erfolgen. Der Inhalt des Rechts des *Tokens* kann über die Emissionsbedingungen festgelegt werden.[291] Aus Sicht des objektiven Empfängerhorizonts kann im Senden des *Tokens* mittels Blockchain an die digitale Adresse des Erwerbers (*Public Key)* das Angebot als schlüssiges Verhalten (§§ 133, 157 BGB) gesehen werden, § 145 BGB.[292]

Auf den Zugang der Annahmeerklärung kann gemäß § 151 BGB verzichtet werden, sodass diese konkludent durch „Behalten" des *Tokens* zum Ausdruck kommen kann.[293] Wichtig ist in diesem Zusammenhang, dass nach § 151 BGB auf die Annahmeerklärung selbst nicht verzichtet werden kann.[294] Zudem muss sich aus einem nach außen tretenden Verhalten des

---

288 *Habersack* in: MüKo BGB, 9. Aufl. 2024, vor § 793 Rn. 26.
289 Ders.
290 Ders.
291 Siehe dazu II. Niederlegung.
292 Vgl. auch *Sickinger/Thelen*, AG 2020, S. 862, Rn. 24 (S. 865); *Kaulartz/Matzke*, NJW 2018, S. 3278, 3280.
293 Vgl. auch *Sickinger/Thelen*, AG 2020, S. 862, Rn. 24 (S. 865); *Kaulartz/Matzke*, NJW 2018, S. 3278, 3280.
294 *Eckert* in: BeckOK BGB, 01.02.2023, § 151 Rn. 3.

Angebotsempfängers der Annahmewille ergeben.[295] Dies dient der Sicherheit des Rechtsverkehrs. Maßgeblich ist dabei, ob das Verhalten des Annehmenden gegenüber einem objektiven Dritten aus den Indizien des Einzelfalls auf einen Annahmewillen schließen lässt.[296] Im Hinblick auf die Blockchain könnte sich dieser Annahmewille entweder in der Erfüllung des *Smart Contracts* oder im Behalten des *Tokens* im eigenen *Wallet* des Annehmenden manifestieren. Dadurch wäre für den objektiven Rechtsverkehr – also die Teilnehmer des Informationssystems – sichtbar, dass der Annehmende das Kryptowertpapier in Tokenform annehmen möchte.

Ein *Smart Contract* bietet dabei auf der Blockchain völlig neue Möglichkeiten zur Erfassung von Willenserklärungen auf der Blockchain. Eine Willenserklärung muss nach außen hin für den Rechtsverkehr in irgendeiner Form, wenigstens durch schlüssiges Verhalten, sichtbar sein, um für Rechtssicherheit zu sorgen.[297] Dabei stellt der *Smart Contract* zwar selbst nicht zwingend einen Vertrag nach dem juristischen Verständnis dar. Er kann allerdings als Code, der Handlungen und (Willens-) Erklärungen verarbeitet und eine Rechtsfolge setzt, das Zustandekommen einer (dinglichen) Einigung dokumentieren. Die (Vertrags-) Bedingungen werden im Voraus im Code der Software festgehalten. Die Vertragsparteien können sich mittels *Keys* oder kryptographischer Verschlüsselungstechnik (*Hash*) identifizieren und Willenserklärungen abgeben. Das Ergebnis der Datenverarbeitung durch den *Smart Contract*, also beispielsweise die Zuordnung eines *Tokens*, bestätigt dann das Zustandekommen des Vertrages.

(ii) Zero Knowledge Proof

Der sogenannte *Zero Knowledge Proof* ermöglicht es, zuverlässig Inhalte oder Behauptungen zu verifizieren, ohne Einsicht in die Inhalte zu gewähren.[298] Die kryptographische Technologie basiert auf einer algorithmischen Datenabfrage einer Behauptung, bei der das Resultat ausschließlich „Ja“ oder „Nein“

---

295 BGHZ 74, S. 352, 356 = NJW 1979, S. 2143, 2144; BGHZ 111, S. 97, 101 = NJW 1990, S. 1655, 1656; *Eckert* in: BeckOK BGB, 01.02.2023, § 151 Rn. 3.

296 *Busche* in: MüKo BGB, 9. Aufl. 2021, § 151 Rn. 9; *Eckert* in: BeckOK BGB, § 151 Rn. 3.

297 *Armbrüster* in: MüKo BGB, 9. Aufl. 2021, § 119 Rn. 68; *Busche* in: MüKo BGB, 9. Aufl. 2021, § 133, Rn. 9–13.

298 https://ethereum.org/en/zero-knowledge-proofs/.

ergibt.[299] So können einzelne Daten wie Alter, Identität oder der Eintritt von Bedingungen sowie das Zustandekommen eines Vertrages kryptographisch verifiziert werden, ohne den Inhalt preiszugeben. Damit können die Sicherheit und Integrität von Daten und Informationen gewährleistet werden bei gleichzeitigem Schutz der sensiblen Daten. Im Falle des Begebungsvertrages können sich die Parteien also schlüssig einigen, indem sie die Bedingungen des *Smart Contracts* erfüllen und dieser die Erstübertragung des *Tokens* auslöst. Das Auslösen des *Smart Contracts* (letztendlich verarbeitet der *Smart Contract* als Software die Einigung der Parteien in Form von Daten) dürfte als Willenserklärung in Form von schlüssigem Verhalten ausreichen. Problematisch ist allerdings der Fall, wenn ein *Token* ohne Zutun des Erwerbers und ohne dessen Rechtsbindungswillen an diesen gesendet wurde. Für diesen Fall könnte man zusätzlich die Möglichkeit des *Zero Knowledge Proofs* mit dem *Smart Contract* verknüpfen, um die Einigung für den betreffenden Rechtsverkehr, also in der Regel die Teilnehmer der *Public Key Infrastructure*, zu prüfen und sichtbar zu machen.

(iii) Zwischenfazit

Die zur Rechtsscheintheorie fortentwickelte Vertragstheorie lässt sich ohne Weiteres auf Kryptowertpapiere anwenden. Der schuldrechtliche Vertrag besteht in Erfüllung des *Smart Contracts* beziehungsweise konkludent im (manuellen) Versenden und Annehmen des Kryptotokens. Der Verfügungsvertrag besteht in der Eigentumsverschaffung an dem Kryptotoken durch Zuordnung, also in der Regel durch Gutschrift auf dem *Wallet* des Erwerbers. Notwendig ist hierbei die Erweiterung um die Rechtsscheintheorie, um einen gutgläubigen (Zweit-) Erwerb des Kryptowertpapiers zu ermöglichen. Die Tokenisierung der schuldrechtlichen Verpflichtung in Form eines Kryptowertpapiers (als *Security Token*) ersetzt dabei die Ausstellung der Urkunde. Im Falle der Nutzung eines *Smart Contracts* ist es zwar eher unwahrscheinlich, dass ein Kryptowertpapier gänzlich ohne schuldrechtliche Einigung übereignet wird, da diese Einigung Bedingung des *Smart Contracts* sein sollte. Für den Fall von Willensmängeln oder der Nichtigkeit des schuldrechtlichen Vertrages ist der Rechtsschein, der durch die Tokenisierung der schuldrechtlichen Verpflichtung gesetzt wird, essenziell für den gutgläubigen (Zweit-) Erwerb.

---

[299] https://ethereum.org/en/zero-knowledge-proofs/.

b) Kreationstheorie

Nach der Kreationstheorie entsteht das Wertpapier mit Ausstellung der Urkunde, also dem Skripturakt.[300] Dieser wurde als für sich verpflichtungsbegründendes, einseitiges Rechtsgeschäft verstanden, ohne Ergänzung durch einen gegenseitigen Begebungsvertrag. Dagegen bedurfte es lediglich des Besitzerwerbs durch einen Dritten mit dem „animus (sibi) possidendi“.[301] Nach dieser Ansicht wäre allerdings auch der unredliche Erwerb des Wertpapiers, sogar durch Diebstahl, möglich.[302] Um dieses wenig überzeugende Ergebnis einzufangen, vertrat die Redlichkeitstheorie die Auffassung, nur der Gutgläubige könne das Eigentum am Wertpapier erlangen. Grundsätzlich wäre die Kreationstheorie im Falle des Kryptowertpapiers denkbar, denn technisch betrachtet werden Kryptotoken in digitaler Form zunächst einmal einseitig geschaffen (z.B. durch *mining*) und ein Dritter erwirbt (in der Regel durch eine erste Transaktion auf der Blockchain in einem Datensatz) den *Token* als Guthaben auf seinem *Wallet* und kann dann mittels *Public* und *Private Key* darauf zugreifen und darüber verfügen. Technisch betrachtet ist also kein ausdrücklicher Vertrag zwischen Emittenten des Kryptotokens und Erwerber vorgesehen, zumindest nicht über den Inhalt des Rechts, separiert vom *Token*. Für eine einseitige Verpflichtung des Emittenten kämen also die Tokenisierung der Verpflichtung per se oder die Eintragung des Kryptotokens ins Kryptowertpapierregister in Betracht. Allerdings ist zu beachten, dass die Eintragung in das Kryptowertpapierregister hier das Äquivalent zur Verbriefung als Urkunde darstellt.

Daher ist fraglich, ob der Emittent mit Tokenisierung der Inhaberschuldverschreibung und Eintragung in das Kryptowertpapierregister sich bereits schuldrechtlich verpflichten möchte, ohne sich mit einem konkreten Vertragspartner darüber geeinigt zu haben. Grundsätzlich benötigt die schuldrechtliche Verpflichtung eine vertragliche Einigung, § 311 Abs. 1 BGB, auch wenn es, z.B. mit der Auslobung (§ 657 BGB), Ausnahmen gibt.[303] *Habersack*

[300] *Habersack* in: MüKo BGB, 9. Aufl. 2024, vor § 793 Rn. 27; sie geht zurück auf *Kuntze,* Die Lehre von den Inhaberpapieren, 1857, S. 334–362, 374–384; vgl. *v. Randow*, ZBB 1994, S. 23, 26.

[301] *Kuntze,* Die Lehre von den Inhaberpapieren, 1857, S. 375.

[302] Dazu und zum Folgenden: *Habersack* in: MüKo BGB, 9. Aufl. 2024, vor § 793 Rn. 27.

[303] Hierzu und zum Folgenden: *Habersack* in: MüKo BGB, 9. Aufl. 2024, vor § 793 Rn. 29.

verneint diesen einseitigen Rechtsbindungswillen vor Inverkehrbringen der Urkunde. Danach reicht der reine Besitzerwerb eines Dritten nicht aus, sondern es müsste eine „Erteilung" (§ 766 Abs. 1 BGB) hinzukommen, eine Entäußerung gegenüber dem ersten Inhaber des Versprechens.[304] Für den Kryptotoken sprechen die gleichen Gründe. Entweder sendet der Emittent den *Token* „manuell" also explizit an einen bestimmten Erstgläubiger und äußert damit seinen Verpflichtungswillen oder aber er legt die Bedingungen für seinen Verpflichtungswillen im Vorfeld durch einen *Smart Contract* fest und lässt die Inhaberschuldverschreibungen automatisch über diesen zuweisen. In beiden Fällen scheint es realitätsfern, die Kreations-/Redlichkeitstheorie anzuwenden. Es sprechen also die gleichen Gründe gegen diese Ansicht wie für das urkundliche Wertpapier.

c) Theorie des mehrgliedrigen Rechtsgeschäfts

Eine als Variante der Kreationstheorie betrachtete Ansicht[305] behandelt die Entstehung des Wertpapiers als mehrgliedriges Rechtsgeschäft, bei dem als Skripturakt zunächst die Urkunde ausgestellt wird und der Begebungsvertrag regelmäßig nachfolgt (Theorie des mehrgliedrigen Rechtsgeschäfts).[306] Beide Rechtsgeschäfte zusammen ergeben den Verpflichtungstatbestand.[307] Dabei läge im Skripturakt eine einseitige, empfangsbedürftige Willenserklärung, wobei Willensmängel grundsätzlich unbeachtlich wären.[308] Der Begebungsvertrag ist dann nur auf die Übereignung der Urkunde gerichtet und hat somit einen rein sachenrechtlichen Charakter.[309] Schuldrechtlich entsteht die Forderung dann nur aus dem Zusammenschluss von Skripturakt und Begebungsvertrag.[310] Fehlt der Begebungsvertrag oder ist dieser nichtig, greift wiederum

---

304 *Habersack* in: MüKo BGB, 9. Aufl. 2024, vor § 793 Rn. 29.

305 *Habersack* in: MüKo BGB, 9. Aufl. 2024, vor § 793 Rn. 28; *Fest*, Anleihebedingungen – Rechtssicherheit trotz Inhaltskontrolle, 2022, S. 30 f.

306 *Casper* in: Baumbach/Hefermehl/Casper, WPR, 24. Aufl. 2020 Rn. 30; ferner Hildebrandt, Wertpapierrecht, 1957, S. 198.

307 So der Sache nach schon *Ulmer*, Das Recht der Wertpapiere, 1938, S. 36ff., 41.

308 *Ulmer*, Das Recht der Wertpapiere, 1938, S. 52.

309 *Habersack* in: MüKo BGB, 9. Aufl. 2024, vor § 793 Rn. 28.

310 *Habersack* in: MüKo BGB, 9. Aufl. 2024, vor § 793 Rn. 28.

das Rechtsscheinprinzip. Der gutgläubige Dritte erwirbt mit der Urkunde auch das Recht („das Recht aus dem Papier folgt dem Recht am Papier“[311]).

Diese Beschreibung kommt der technischen Abfolge der Kryptowertpapieremission sehr nah. Der Emittent tokenisiert zunächst einmal abstrakt eine Schuldverschreibung und trägt es in das Kryptowertpapierregister ein. In einem zweiten Schritt überträgt er das Kryptowertpapier an den Gläubiger. Problematisch ist nach dieser Theorie, dass die Begebung durch einen beschränkt Geschäftsfähigen oder *falsus procurator* auch gegenüber dem Ersterwerber unheilbar nichtig wäre, §§ 111, 180 BGB.[312] Das gilt auch für die Begebung des Kryptowertpapiers nach dieser Lehre. Die Lehre des mehrgliedrigen Rechtsgeschäfts hilft sich deshalb mit einer Reduktion des Anwendungsbereichs der §§ 111, 180 BGB.[313] Nach der erweiterten Vertragstheorie wäre der Begebungsvertrag dagegen genehmigungsfähig.[314] Eine Nichtigkeit der Begebung des Kryptowertpapiers nach §§ 111, 180 BGB gilt es im Sinne des Verkehrsschutzes und der Fungibilität der Kryptowertpapiere zu vermeiden. Die komplizierte Struktur der Theorie des mehrgliedrigen Rechtsgeschäfts ist mit der teleologischen Reduktion des Anwendungsbereichs der §§ 111, 180 BGB nachteilig gegenüber der modifizierten Vertragstheorie.[315] Zudem ist es realitätsfern im Begebungsvertrag etwa durch *Smart Contract* nur einen sachenrechtlichen Übertragungswillen zu sehen. Tatsächlich kommt im *Smart Contract* wie oben beschrieben der Verpflichtungswille zum Ausdruck.

d) Fazit zum Begebungsvertrag

Die modifizierte Vertragstheorie ist vorzugswürdig und auf die Begebung von Kryptowertpapieren anwendbar. Ihr gelingt es, dem Grundsatz der vertraglichen Verpflichtung nach § 311 Abs. 1 BGB entsprechend und dem Trennungs- und Abstraktionsprinzip treu bleibend den Skripturakt des

---

[311] *Sickinger/Thelen*, AG 2020, S. 862, Rn. 5 (S. 863); *Oechler* in: MüKo BGB, 9. Aufl. 2024, § 929 Rn. 15.

[312] *Habersack* in: MüKo BGB, 9. Aufl. 2024, vor § 793 Rn. 30.

[313] Hildebrandt, Wertpapierrecht, 1957, S. 194; *Habersack* in: MüKo BGB, 9. Aufl. 2024, vor § 793 Rn. 30.

[314] *Casper* in: Baumbach/Hefermehl/Casper, WPR, 24. Aufl. 2020 Rn. 29; *Habersack* in: MüKo BGB, 9. Aufl. 2024, vor § 793 Rn. 30.

[315] *Habersack* in: MüKo BGB, 9. Aufl. 2024, vor § 793 Rn. 29 ff.

Wertpapiers mit der inhaltlichen Verpflichtung zusammenzuführen.[316] Über die Rechtsscheintheorie findet die Ansicht zudem eine verkehrsschützende Lösung für den gutgläubigen (Zweit-) Erwerb.[317] Technisch betrachtet kann der Begebungsvertrag in schlüssigem Verhalten durch Erfüllung des *Smart Contracts* oder Versenden und Annehmen des Kryptotoken zustande kommen, §§ 145, 147, 151 S. 1, 164 Abs. 1 S. 2 BGB.

2. Eintragung Kryptowertpapierregister, § 4 Abs. 4 eWpG

Die Eintragung des Kryptowertpapiers ist als Skripturakt anstatt der Verbriefung des Rechtsinhalts in einer Urkunde notwendig.[318] Nach § 2 Abs. 1 S. 2 eWpG wird das elektronische Wertpapier dadurch begeben, dass der Emittent anstelle der Ausstellung einer Wertpapierurkunde eine Eintragung in ein elektronisches Wertpapierregister (§ 4 Abs. 1 eWpG) bewirkt. Die Begründung im Referentenentwurf spricht dafür, dass das Kryptowertpapier rechtlich mit Eintragung im Kryptowertpapierregister nach §§ 4 Abs. 3, 16 eWpG entsteht. Denn es wäre unlogisch, das Kryptowertpapier zu definieren als elektronisches Wertpapier, das in ein Kryptowertpapierregister eingetragen ist, und gleichzeitig sowohl die Eintragung im Kryptowertpapierregister als auch die Veröffentlichung und die Mitteilung an die BaFin als rein deklaratorisch[319] festzulegen.

a) Eintragungsprinzip

Soll das Kryptowertpapier als Sache behandelt werden, ist im Sinne der Rechtssicherheit ein klarer Entstehungszeitpunkt notwendig. Allein der technische Entstehungszeitpunkt des Kryptowertpapiers (mit Emission einer Inhaberschuldverschreibung per Distributed-Ledger-Technologie) ist nicht ausreichend, da gerade nicht alle Kryptowerte unter das eWpG fallen.[320] Es können also identische Kryptowerte neben den Kryptowertpapieren im Sinne des eWpG bestehen, die unreguliert sind. Als einziges Abgrenzungskriterium eignet sich daher die Eintragung in ein Kryptowertpapierregister, das die umfassenden Anforderungen des § 16 eWpG i.V.m. eWpRV erfüllt.

---

316 Vgl. *Habersack* in: MüKo BGB, 9. Aufl. 2024, vor § 793 Rn. 30.
317 Vgl. *Habersack* in: MüKo BGB, 9. Aufl. 2024, vor § 793 Rn. 30.
318 Begr. RegE, BT-Drucks. 19/26925, S. 39; siehe auch Kapitel 2: III. 1. Bezugsobjekt.
319 Vgl. Begr. RegE, BT-Drucks. 19/26925, S. 63.
320 Begr. RegE, BT-Drucks. 19/26925, S. 30.

Damit ist die Eintragung im Kryptowertpapierregister nach §§ 4 Abs. 3, 16 eWpG konstitutiv.[321]

Dabei ist nicht nur die Eintragung der Kryptowertpapiere für ihre Erstbegebung (§ 2 Abs. 1 S. 2 eWpG) konstitutiv, sondern auch für ihre Übertragung und andere Verfügungen gemäß §§ 24, 25 eWpG, Verfügungsbeschränkungen nach §§ 13 Abs. 2 S. 1, Nr. 1, S. 3, 17 Abs. 2 S. 1, Nr. 1, S. 3 eWpG, Rechte Dritter nach §§ 13 Abs. 2 S. 1 Nr. 2, 17 Abs. 2 S. 1 Nr. 2 eWpG, Inhaltsänderungen gemäß §§ 14 Abs. 1, 18 Abs. 1 eWpG sowie für das Erlöschen elektronischer Wertpapiere nach §§ 14 Abs. 1, 18 Abs. 1 eWpG.[322] Damit folgt auch das Kryptowertpapier dem Eintragungsprinzip[323], nach dem die Eintragung konstitutiv ist und essentiell für alle folgenden Rechtsbeziehungen. Rechtsänderungen am Kryptowertpapier werden danach erst mit ihrer Eintragung im Kryptowertpapierregister wirksam. Dagegen sind rechtsgeschäftliche Änderungen am Kryptowertpapier außerhalb des Registers nahezu ausgeschlossen.

b) Realfoliensystem

Das Kryptowertpapier geht mit den zusätzlichen Registerangaben nach § 17 eWpG über die reine Dokumentation der Transaktionen auf der Blockchain weit hinaus und folgt damit dem Realfoliensystem[324] – ebenso wie Grundbuch und Handelsregister. Es enthält zusätzlich aktuelle Informationen über das Kryptowertpapier, seinen Inhaber und seinen Berechtigten. Das Eintragungsprinzip trägt damit zur Publizität der Rechtsinhalte und Rechtsverhältnisse bei und schafft Vertrauen in die materielle Richtigkeit und Vollständigkeit

---

321 *Sickinger/Thelen*, AG 2020, S. 862, Rn. 21 (S. 865); dazu bereits: *Lieder* in: Omlor/Möslein/Grundmann, Elektronische Wertpapiere, 2021, S. 103, 105 ff.; zur Eintragung im Zentralregister a.A.: *Lehmann*, NJW 2021, S. 2318, 2321.

322 *Lieder* in: Segna/Möslein/Omlor/von Buttlar, eWpG, § 17 Rn. 2.

323 Zum Eintragungsprinzip im Immobiliarsachenrecht ausf. *Lieder*, Die rechtsgeschäftliche Sukzession, 2015, S. 370 ff.; dazu und zum Folgenden: *Lieder* in: Segna/Möslein/Omlor/von Buttlar, eWpG, § 17 Rn. 4; Sickinger/*Thelen*, AG 2020, S. 862, Rn. 22 (S. 865).

324 Sickinger/*Thelen*, AG 2020, S. 862, Rn. 21 (S. 865); *Lieder* in: Segna/Möslein/Omlor/von Buttlar, eWpG, § 17 Rn. 3.

des Wertpapierregisters (vgl. § 7 Abs. 1, 2 eWpG).[325] Das Eintragungsprinzip im Realfoliensystem stellt letztlich die Legitimationsgrundlage für das Vertrauen des Rechtsverkehrs in den Inhalt des Kryptowertpapierregisters und den damit einhergehenden Gutglaubensschutz nach § 26 eWpG sowie die Eigentumsvermutung des § 27 eWpG dar.[326]

Daneben dient die Eintragung der Abgrenzung zu reinen Forderungen und anderen privaten Rechten beziehungsweise Kryptowerten.[327] Der Publizitätsakt der Eintragung im Kryptowertpapierregister unterscheidet das Kryptowertpapier eindeutig von anderen Forderungen. Darin manifestiert sich der Wille der Emittenten, das Recht als Kryptowertpapier zu verkörpern und den Vorschriften des eWpG zu unterwerfen.[328]

c) Sammeleintragung

Für beide Registerarten sind zwei Möglichkeiten der Eintragung vorgesehen – die Sammeleintragung und die Einzeleintragung, vgl. §§ 8 Abs. 1 Nr. 1, 2, 13 Abs. 1 Nr. 5, 17 Abs. 1 Nr. 5 eWpG. Auch für das Kryptowertpapier ist also die Sammeleintragung nach § 8 Abs. 1 Nr. 1 eWpG möglich, wonach die Kryptowertpapiere auf den Namen einer Wertpapiersammelbank oder eines Verwahrers als Inhaber (§ 3 Abs. 1 eWpG) in das Kryptowertpapierregister eingetragen werden. Diese fungieren dann als Treuhänder (§ 9 Abs. 2 S. 1 eWpG) für die Berechtigten (§ 3 Abs. 2 eWpG) des Kryptowertpapiers, die Miteigentümer nach Bruchteilen (§ 9 Abs. 1 S. 2 eWpG i.V.m. § 1008 BGB) an dem eingetragenen Kryptowertpapier werden.[329] Das Konstrukt der Sammeleintragung ist auf das Bundesschuldenwesengesetz zurückzuführen (§ 6 BSchuWG) und wird für die Sammelverwahrung nach § 6 DepotG verwendet. Im Depotrecht hinterlegt der Emittent bei der Clearstream Banking AG eine Globalurkunde, an der die Berechtigten Miteigentum nach Bruchteilen halten,

---

325 Begr. RegE, BT-Drucks. 19/26925, S. 61; *Lieder* in: Segna/Möslein/Omlor/von Buttlar, eWpG, § 17 Rn. 1, 4; bereits *Lieder* in: Omlor/Möslein/Grundmann, Elektronische Wertpapiere, 2021, S. 103, 105 f.; *Sickinger/Thelen*, AG 2020, S. 862, Rn. 22 (S. 865).

326 *Lieder* in: Segna/Möslein/Omlor/von Buttlar, eWpG, § 17 Rn. 4.

327 Begr. RegE, BT-Drucks. 19/26925, S. 61; *Lieder* in: Segna/Möslein/Omlor/von Buttlar, eWpG, § 17 Rn. 1.

328 Vgl. *Lieder* in: Segna/Möslein/Omlor/von Buttlar, eWpG, § 17 Rn. 1.

329 *Lehmann*, NJW 2021, S. 2318, 2321; dazu und zum Folgenden: *Lieder* in: Segna/Möslein/Omlor/von Buttlar, eWpG, § 17 Rn. 18.

§ 6 Abs. 1 DepotG. Die Berechtigten erhalten nur den mittelbaren Besitz an der Globalurkunde sowie einen schuldrechtlichen Auslieferungsanspruch gemäß § 7 Abs. 1 DepotG und einen dinglichen Herausgabeanspruch gemäß § 8 DepotG gegenüber dem Verwahrer.[330] Die Möglichkeit der Sammeleintragung ist Grund für die begriffliche Spaltung von Inhaber nach § 3 Abs. 1 eWpG und Berechtigtem nach § 3 Abs. 2 eWpG.[331] Bei der Sammeleintragung sind diese nicht personenidentisch, da die Sammelbanken oder Verwahrer als Intermediäre zwar als Inhaber eingetragen werden, sie aber nicht die materiell Berechtigten aus dem Kryptowertpapier sind. Die Institute halten für die Miteigentümer am Kryptowertpapier und die Berechtigten aus dem Kryptowertpapier den unmittelbaren Besitz kraft Besitzmittlungsverhältnisses (§ 868 BGB).[332]

Die Sammeleintragung ist vor allem im klassischen Effektengiroverkehr üblich und soll aufgrund ihrer langjährigen bewährten Praxis bei der folgenden wissenschaftlichen Untersuchung außer Betracht bleiben. Dagegen soll die Einzeleintragung des Kryptowertpapiers näher beleuchtet werden, da diese eine Eigentumsübertragung ohne zwischengeschalteten Intermediär (*Peer to Peer*)[333] erlaubt und die speziellen Übereignungsvorschriften des 4. Abschnitts des eWpG hervorgebracht hat.[334] Bei der Untersuchung des Kryptowertpapiers in Einzeleintragung ist es dabei sinnvoll, die Folgen der Sammeleintragung in Abgrenzung dazu ebenfalls kurz zu erläutern.

d) Einzeleintragung

Zur Einzeleintragung nach § 8 Abs. 1 Nr. 2 eWpG wird der Berechtigte des Kryptowertpapiers, eine natürliche oder juristische Person oder rechtsfähige Personengesellschaft, als Inhaber in das Kryptowertpapierregister eingetragen. Der eingetragene Inhaber ist dabei grundsätzlich selbst Eigentümer und über den *Private Key* unmittelbarer Besitzer des Kryptowertpapiers in

---

330 *Sickinger/Thelen*, AG 2020, S. 862, Rn. 6 (S. 863).
331 *Lehmann*, NJW 2021, S. 2318, 2321.
332 *Lieder* in: Segna/Möslein/Omlor/von Buttlar, eWpG, § 17 Rn. 18.
333 *Sickinger/Thelen*, AG 2020, S. 862, Rn. 20 (S. 865); *Lehmann*, NJW 2021, S. 2318, 2321.
334 Siehe Kapitel 5: II. Eigentumsübertragung.

Einzeleintragung. Eine genauere Darstellung der einzutragenden Informationen folgt im nächsten Abschnitt.[335]

3. Allgemeine Registerangaben – wesentlicher Inhalt der Registereintragung

In § 17 Abs. 1 eWpG findet sich eine Aufzählung allgemeiner Registerangaben, die für alle Kryptowertpapiere einzutragen sind. Die Eintragungspflicht folgt der Sachfiktion nach § 2 Abs. 3 eWpG, denn die Angaben dienen der (sachenrechtlichen) Bestimmbarkeit.[336] Durch ihre Publizierung bieten sie einen Anknüpfungspunkt für den Schutz des redlichen Rechtsverkehrs.[337]

Im Rahmen der Eintragung nach § 17 Abs. 1 Nr. 1 eWpG muss der wesentliche Inhalt des Rechts aufgenommen werden, den das Kryptowertpapier verkörpert.[338] Darüber hinaus muss es eindeutig als Wertpapier gekennzeichnet werden, um es von anderen Forderungen unterscheiden zu können.

a) Rechtsinhalt

Bei der Eintragung einer Inhaberschuldverschreibung als Kryptowertpapier ist der Inhalt der schuldrechtlichen Verpflichtung des Schuldners – regelmäßig der Emittent – zu beschreiben.[339] Dabei genügt es gemäß § 7 Abs. 1 S. 2 eWpRV, wenn auf die niedergelegten Emissionsbedingungen Bezug genommen wird.[340] Technisch wäre also in der Information des *Tokens* ein Hinweis auf die Emissionsbedingungen, etwa über einen Link denkbar. Wird davon nicht Gebrauch gemacht, sind nach § 7 Abs. 1 S. 2 eWpRV alle Angaben aufzunehmen, die aus Sicht eines verständigen Anlegers für die

---

335 Siehe 3. Allgemeine Registerangaben – wesentlicher Inhalt der Registereintragung – g) Inhaber.

336 Begr. RegE, BT-Drucks. 19/26925, S. 40 f.; *Lieder* in: Omlor/Möslein/Grundmann, Elektronische Wertpapiere, 2021, S. 103, 109; *Lieder* in: Segna/Möslein/Omlor/von Buttlar, eWpG, § 17 Rn. 5.

337 Begr. RegE, BT-Drucks. 19/26925, S. 40 f.; *Lieder* in: Omlor/Möslein/Grundmann, Elektronische Wertpapiere, 2021, S. 103, 109; *Lieder* in: Segna/Möslein/Omlor/von Buttlar, eWpG, § 17 Rn. 5.

338 *Lieder* in: Omlor/Möslein/Grundmann, Elektronische Wertpapiere, 2021, S. 103, 109 ff.; *Lieder* in: Segna/Möslein/Omlor/von Buttlar, eWpG, § 17 Rn. 6.

339 *Lieder* in: Segna/Möslein/Omlor/von Buttlar, eWpG, § 17 Rn. 7.

340 Dazu auch Begr. RegE, BT-Drucks. 19/26925, S. 55; *Lieder* in: Segna/Möslein/Omlor/von Buttlar, eWpG, § 17 Rn. 7.

Anlageentscheidung relevant sind, darunter die Laufzeit, Höhe und Art der Verzinsung einschließlich ihrer Berechnungsmethode, die Fälligkeit sämtlicher Zahlungen, ordentliche und außerordentliche Kündigungsrechte sowie Rangrücktrittsvereinbarungen.

Für elektronische Anteilsscheine nach § 95 Abs. 1 KAG erfolgt die Angabe des wesentlichen Inhalts nach § 7 Abs. 2 S. 1 eWpRV ausschließlich durch Bezugnahme auf die Anlagebedingungen. Änderungen des Zugangs zu den Anlagebedingungen (z.B. über einen Link) sind rechtzeitig und in geeigneter Weise bekannt zu machen und die Bezugnahme auf die Anlagebedingungen ist unverzüglich zu aktualisieren, § 7 Abs. 2 S. 2, 3 eWpRV. Die Aktualisierung der Bezugnahme auf die Anlagebedingungen könnte wieder durch Aktualisierung eines externen Links umgesetzt werden. Die Anforderungen an den wesentlichen Inhalt für Anteilsscheine weichen deshalb von denen an Inhaberschuldverschreibungen ab, weil sich die Anlagebedingungen eines Investmentfonds nicht sinnvoll auf wenige relevante Informationen reduzieren lassen.[341]

b) Wertpapierkennnummer

Dem Kryptowertpapier ist bei Eintragung nach § 7 Abs. 3 eWpRV eine Internationale Wertpapierkennnummer (ISIN)[342] zuzuordnen. Diese ist laut Gesetzesbegründung notwendig, um das Wertpapier eindeutig nach anerkannten Standards (ISO 6166) identifizieren zu können und eine effektive Aufsicht durch die BaFin zu ermöglichen.[343] Diese Kennnummer wird aktuell in Deutschland von der Herausgebergemeinschaft Wertpapiermitteilungen, Keppler, Lehmann GmbH & Co. KG vergeben.[344] Um der Publizitätsfunktion des Kryptowertpapierregisters zu genügen, muss jeder Berechtigte in der Lage sein, die Wertpapierkennnummer dauerhaft abzurufen und mittels elektronischer Hilfsmittel zur Kenntnis zu nehmen.[345]

Es ist notwendig, die Kryptowertpapiere international zu standardisieren, um ihre Handelbarkeit und das Vertrauen des Rechtsverkehrs zu fördern.

---

341 Begr. eWpRV, S. 5; *Lieder* in: Segna/Möslein/Omlor/von Buttlar, eWpG, § 17 Rn. 8.
342 Weiterführend zu verschiedenen Standards: https://www.isin.net/deutsche-isin/.
343 Begr. eWpRV, S. 5; so auch *Lieder* in: Segna/Möslein/Omlor/von Buttlar, eWpG, § 17 Rn. 8.
344 *Lieder* in: Segna/Möslein/Omlor/von Buttlar, eWpG, § 17 Rn. 9.
345 *Lieder* in: Segna/Möslein/Omlor/von Buttlar, eWpG, § 17 Rn. 9.

Es dürfte aber technisch keine große Herausforderung sein, dem *Token* automatisiert eine solche ISIN zuzuordnen. Diese wäre dann auch auf der Blockchain in den entsprechenden Blöcken sichtbar.

c) Emissionsvolumen und Nennbetrag

Im Kryptowertpapierregister ist das Emissionsvolumen als Produkt von Nennbetrag und Anzahl der ausgegebenen Inhaberschuldverschreibungen anzugeben, § 17 Abs. 1 Nr. 2 eWpG.[346] Als Teil eines Realfoliensystems, das jederzeit die aktuelle Rechtslage akkurat darstellen soll, ist daher bei einer Aufstockung des Emissionsvolumens das zusätzliche Volumen unter Angabe der Wertpapierkennnummer aufzuführen.[347] Diese Zuordnung ergibt sich aus dem sachenrechtlichen Bestimmtheitsgrundsatz. Für eine Höchstbetragsemission sind sowohl das gegenwärtige Emissionsvolumen als auch ihr Höchstbetrag festzuhalten.[348] Sofern die Kryptowertpapiere auf einen Nennbetrag lauten, ist dieser auf den Inhaber der Schuldverschreibung entfallende Teil festzuhalten.[349] Ein nennbetragsloses Kryptowertpapier ist dagegen als solches zu kennzeichnen.

d) Der Emittent

Der Emittent des Kryptowertpapiers ist als Aussteller und Verpflichteter nach § 17 Abs. 1 Nr. 4 eWpG zu vermerken.[350] Ist der Emittent eines Kryptowertpapiers Schuldner einer Inhaberschuldverschreibung, ist er als solcher eindeutig und zutreffend zu bezeichnen. Ausdrücklich empfohlen wird dabei die Bezeichnung als Legal Entity Identifier (LEI).[351]

e) Personenbezogene Registerangaben

Nach § 8 eWpRV ist die registerführende Stelle verpflichtet, zur Angabe des Emittenten einige personenbezogene Registerangaben aufzunehmen. Für natürliche Personen bedeutet das die Aufnahme des Vornamens, Familiennamens, Geburtsdatums, Wohnortes sowie gegebenenfalls akademischen

---

[346] Begr. RegE, BT-Drucks. 19/26925, S. 56.
[347] *Lieder* in: Segna/Möslein/Omlor/von Buttlar, eWpG, § 17 Rn. 10.
[348] *Lieder* in: Segna/Möslein/Omlor/von Buttlar, eWpG, § 17 Rn. 10.
[349] Vgl. *Lieder* in: Segna/Möslein/Omlor/von Buttlar, eWpG, § 17 Rn. 11.
[350] Begr. RegE, BT-Drucks. 19/26925, S. 56.
[351] Begr. RegE, BT-Drucks. 19/26925, S. 56.

Grades oder früherer Familiennamen, § 8 Abs. 1 S. 1 Nr. 1 eWpRV. Zu juristischen Personen, Handels- oder Partnerschaftsgesellschaften sind der Name oder die Firma und der Sitz oder die gültige Kennung für Rechtsträger anzugeben, § 8 Abs. 1 S. 1 Nr. 2 eWpRV. Zudem sollen das Registergericht und das Registerblatt der Eintragung in das Handels-, Genossenschafts-, Partnerschafts- oder Vereinsregister angegeben werden, sofern sich diese Angaben aus den der registerführenden Stelle vorliegenden Aufzeichnungen ergeben oder der registerführenden Stelle anderweitig bekannt sind, § 8 Abs. 1 S. 2 eWpRV. Dagegen ist dieser Zusatz nicht erforderlich, wenn für die juristische Person, Handels- oder Partnerschaftsgesellschaft die gültige Kennung für Rechtsträger angegeben worden ist.

Bei einer BGB-Gesellschaft können zur Bezeichnung der Gesellschafter die Merkmale nach § 8 Abs. 1 S. 1 Nr. 1 und 2 eWpRV aufgenommen werden und zur Bezeichnung der Gesellschaft ihr Sitz und Name eingetragen werden. Letztere sind jedoch fakultativ („können zusätzlich […] angegeben werden").[352] Der Reform des Personengesellschaftsrechts durch das MoPeG[353] ist eine entsprechende Regelung im eWpRV geschuldet, dass eine BGB-Gesellschaft ausschließlich in ein elektronisches Wertpapierregister (Kryptowertpapierregister) eingetragen werden kann, und nur Änderungen vorgenommen werden können, wenn die Gesellschaft in das Gesellschaftsregister eingetragen ist (vgl. §§ 707 ff. BGB-MoPeG).[354] Dazu wurden entsprechende Regelungen für das Aktienregister (vgl. § 67 Abs. 1 S. 3 AktG-MoPeG) sowie Gesellschafterlisten (vgl. § 40 Abs. 1 S. 3 GmbH-MoPeG) normiert.[355]

f) Kennzeichnung der Sammeleintragung

Bei der Registereintragung ist zum jeweiligen Kryptowertpapier nach § 17 Abs. 1 Nr. 5 eWpG zu vermerken, ob es sich um eine Sammeleintragung im Sinne des § 8 Abs. 1 Nr. 1 oder eine Einzeleintragung nach § 8 Abs. 1 Nr. 2 eWpG handelt. Diese Information ist für den Rechtsverkehr essenziell,

---

352 Vgl. *Lieder* in: Segna/Möslein/Omlor/von Buttlar, eWpG, § 17 Rn. 14.

353 Gesetz zur Modernisierung von Personengesellschaften (MoPeG), 10.08.2021, BGBl. 2021, Teil I Nr. 53, https://www.bmj.de/SharedDocs/Downloads/DE/Gesetzgebung/BGBl/Bgbl_MoPeG.pdf?__blob=publicationFile&v=3, zuletzt abgerufen am: 13.04.2024.

354 *Lieder/Hilser,* NotBZ 2021, S. 401, 402 ff.

355 *Lieder* in: Omlor/Möslein/Grundmann, Elektronische Wertpapiere, 2021, S. 103, 106 f.

denn die Art der Eintragung wirkt sich grundlegend auf die Rechtsstellung des Inhabers des Kryptowertpapiers aus mit weitreichenden Folgen für die Besitzstellung und die Übertragungsmöglichkeiten des Kryptowertpapiers.[356]

g) Inhaber

Die Eintragung des Inhabers des Kryptowertpapiers nach § 17 Abs. 1 Nr. 6 eWpG ist deshalb zwingend und wichtig. Nach der Definition des eWpG ist derjenige Inhaber eines elektronischen Wertpapiers, der als Inhaber eines elektronischen Wertpapiers (Einzeleintragung) oder eines bestimmten Anteils an einer Gesamtemission (Sammeleintragung) in ein elektronisches Wertpapierregister eingetragen ist, vgl. § 3 Abs. 1 eWpG.

Bei der Sammeleintragung sind für Sammelbanken und Verwahrer als einzutragender Inhaber die gleichen personenbezogenen Registerangaben aufzunehmen wie für den Emittenten, vgl. auch § 8 Abs. 1 eWpRV.[357]

Für eine Einzeleintragung wird als Inhaber die natürliche oder juristische Person oder die rechtsfähige Personengesellschaft eingetragen, die das Kryptowertpapier als Berechtigte (vgl. § 3 Abs. 2 eWpG) hält, § 8 Abs. 1 Nr. 2 eWpG. Die Eintragung des Inhabers setzt in Einzeleintragung den notwendigen Rechtsschein für die Eigentumsvermutung nach § 27 eWpG sowie für den Anknüpfungspunkt der Gutgläubigkeit nach § 26 S. 1 eWpG.[358] Zudem muss die registerführende Stelle schon aus Gründen der Geldwäscheprävention die Identität des Inhabers einzeleingetragener Kryptowertpapiere führen.[359] Für die Bezeichnung des Emittenten, des Inhabers sammeleingetragener Wertpapiere oder einzeleingetragener Zentralregisterwertpapiere sind personenbezogene Registerangaben in Form von Klarnamen aufzuführen. Dagegen muss die Bezeichnung des Inhabers in Einzeleintragungen durch Zuordnung einer eindeutigen Kennung erfolgen, § 17 Abs. 2 S. 2 eWpG i.V.m. § 8 Abs. 2 S. 3 eWpRV. Der Gesetzgeber hat damit zum einen eine Regelung getroffen, die der bisher gängigen Praxis für Kryptotoken entspricht, zum anderen

[356] Vgl. *Lieder* in: Segna/Möslein/Omlor/von Buttlar, eWpG, § 17 Rn. 16, siehe auch Kapitel 5: II. Eigentumsübertragung.
[357] Siehe e) Personenbezogene Registerangaben.
[358] Begr. RegE, BT-Drucks. 19/26925, S. 56; *Lieder* in: Segna/Möslein/Omlor/von Buttlar, eWpG, § 17 Rn. 19.
[359] Begr. RegE, BT-Drucks. 19/26925, S. 56.

schafft er einen Kompromiss zwischen Datenschutz und Geldwäscheprävention.[360] Für Kryptowertpapiere in Einzeleintragung erfolgen personenbezogene Registerangaben also ausschließlich in pseudonymisierter Form durch eine dem Inhaber exklusiv zugeordnete Identifikationsnummer, durch die der Inhaber eindeutig dem jeweiligen Kryptowertpapier zugeordnet werden kann. Auf gängigen Blockchains wie Ethereum werden zur Zuordnung von *Token* aktuell *Public Keys* verwendet. Dadurch können Benutzeridentitäten authentifiziert und pseudonymisiert dargestellt werden.[361] Die Aufnahme einer solchen Identifikationsnummer im Kryptowertpapierregister zum Inhaber des Kryptowertpapiers dürfte daher technisch keine Probleme bereiten. Gleichzeitig sind personenbezogene Daten wie Namen und Anschrift nicht für alle unmittelbar sichtbar, sondern pseudonymisiert. Dies bietet einen gewissen Datenschutz und gleichzeitig die Möglichkeit für Behörden, zur Geldwäscheprävention den wirtschaftlich Berechtigten zu ermitteln (vgl. §§ 11, 11a, 3 GwG).

h) Kennzeichnung zu Mischbestand nach § 9 Abs. 3 eWpG

Im Rahmen der Ausgabe von Kryptowertpapieren ist grundsätzlich auch die Emission eines Mischbestandes an unterschiedlichen Wertpapierarten denkbar. Soll eine Emission als Mischbestand von Sammeleintragung, effektiven Stücken oder Einzeleintragungen erfolgen, ist eine entsprechende Regelung in den Emissionsbedingungen notwendig sowie eine Kennzeichnung als solche im Kryptowertpapierregister.[362] Mit entsprechender Eintragung gilt der gesamte Mischbestand als Wertpapiersammelbestand und kann als solcher verwahrt werden.[363] Dennoch sind alle Bestände im Register aufzuführen, um dem sachenrechtlichen Bestimmtheitsgrundsatz gerecht zu werden.

---

[360] *Lieder* in: Segna/Möslein/Omlor/von Buttlar, eWpG, § 17 Rn. 20; vgl. Begr. eWpRV, S. 6; Begr. RegE, BT-Drucks. 19/26925, S. 61.

[361] Das Ethereum-Netzwerk bietet inzwischen eine Vielzahl von technischen Lösungen zur dezentralen Identität, u.a. zum KYC-Prozess in der Geldwäscheprävention. Ausf. zur *Public Key Infrastructure (PKI)* und zu weiteren Authentifizierungsmöglichkeiten: https://ethereum.org/de/decentralized-identity/.

[362] Begr. RegE, BT-Drucks. 19/26925, S. 56.

[363] Dazu und zum Folgenden: Begr. RegE, BT-Drucks. 19/26925, S. 56; *Lieder* in: Segna/Möslein/Omlor/von Buttlar, eWpG, § 17 Rn. 21.

4. Besondere Registerangaben

Die Emission von Kryptowertpapieren in Einzeleintragung, die sich besonders für den privaten Kapitalmarkt anbietet, erfordert einige zusätzliche Registerangaben nach § 17 Abs. 2 S. 1 eWpG. Die Eintragung von Verfügungshindernissen und Rechten Dritter im Kryptowertpapierregister soll zum einen zur Transparenz und Publizität von Kryptowertpapieren beitragen und zum anderen die Sicherheit und Leichtigkeit des Rechts- und Handelsverkehrs gewährleisten.[364] Wie auch die Eintragung des Inhabers werden die besonderen Angaben vor allem in der Verfügung über das Kryptowertpapier und beim gutgläubigen Erwerb relevant.[365] Zu den Personen, zu deren Gunsten ein Recht oder eine Verfügungsbeschränkung einzutragen ist, sind die gleichen personenbezogenen Registerangaben wie zum Emittenten aufzunehmen, § 8 Abs. 2 S. 1 eWpRV.

a) Verfügungsbeschränkungen zugunsten einer bestimmten Person

Nach § 17 Abs. 2 S. 1 Nr. 1 eWpG können bei der Einzeleintragung auch Verfügungsbeschränkungen zugunsten einer Person eingetragen werden. Als Person kommen dabei einzelne oder mehrere natürliche Personen sowie Personenvereinigungen in Betracht.[366] Damit sind auch juristische Personen und rechtsfähige Personengesellschaften erfasst.[367] Diese umfassende Definition ist notwendig, um einen Gleichlauf zum Inhaberbegriff im Hinblick auf die Eigentumsvermutung nach § 27 eWpG und den Gutglaubensschutz des § 26 eWpG herzustellen. Dem Finanzausschuss entspringt diese endgültige Fassung des § 17 Abs. 2 S. 1 Nr. 1 eWpG, der dabei weitgehend Vorschlägen von *Lieder* in einem Referat am 26.02.2021 in Berlin folgte.[368] Danach wurde in Anlehnung an § 892 Abs. 1 S. 2 BGB eine Regelung geschaffen, nach der der Erwerber des einzeleingetragenen Kryptowertpapiers auf die Vollständigkeit des Kryptowertpapiers bezüglich der Verfügungsbeschränkungen vertrauen

---

364 *Lieder* in: Segna/Möslein/Omlor/von Buttlar, eWpG, § 17 Rn. 22.

365 So bereits *Lieder* in: Segna/Möslein/Omlor/von Buttlar, eWpG, § 17 Rn. 22.

366 Finanzausschuss, BT-Drucks. 19/29372, S. 56, 54.

367 *Lieder* in: Segna/Möslein/Omlor/von Buttlar, eWpG, § 17 Rn. 23.

368 Finanzausschuss, BT-Drucks. 19/29372, S. 56; *Lieder* in: Segna/Möslein/Omlor/von Buttlar, eWpG, § 17 Rn. 24; *Lieder* in: Omlor/Möslein/Grundmann, Elektronische Wertpapiere, 2021, S. 103, 111 ff.; abweichend namentlich mit Blick auf § 80 InsO *Linardatos*, ZBB 2020, S. 329, 345.

darf und er somit, redlich, das verfügungsbeschränkungsfreie Eigentum am Kryptowertpapier nach § 26 S. 2 eWpG erwerben kann.[369] Danach ist die Eintragung der Verfügungsbeschränkung konstitutiv für die Wirksamkeit gegenüber dem Erwerber nach § 26 S. 2 eWpG.

(i) Das Vorbild des § 892 Abs. 1 S. 2 BGB

Zur Frage, welche Verfügungsbeschränkungen also von §§ 17 Abs. 2 S. 1 Nr. 1, 26 S. 2 eWpG erfasst werden, können die zu § 892 Abs. 1 S. 2 BGB durch Rechtsprechung und Literatur entwickelten Grundsätze herangezogen werden, soweit die Besonderheiten von Kryptowertpapieren keine Abweichung verlangen.[370] Eintragungsfähig sind grundsätzlich ausschließlich relative Verfügungsbeschränkungen, denn ihre Überwindbarkeit durch gutgläubigen Erwerb ergibt sich aus positivrechtlicher Anordnung.[371] Relative Verfügungsbeschränkungen entfalten ihre Wirkung zugunsten bestimmter Personen.[372] Da sie ohne diese gesetzliche Anordnung nicht durch gutgläubigen Erwerb überwunden werden könnten, muss diese gesetzlich angeordnete Verfügungsbeschränkung auch ins Register eingetragen werden und damit das Publizitätsprinzip erfüllen. Zu den nach § 892 Abs. 1 S. 2 BGB eintragungsfähigen Verfügungsbeschränkungen zählen die §§ 135 Abs. 2, 136, 1984 Abs. 1 S. 2, 2113 Abs. 3, 2211 Abs. 2 BGB, §§ 81 Abs. 1 S. 2, 91 Abs. 2 InsO und § 938 Abs. 2 ZPO. Allerdings beziehen sich viele dieser Vorschriften dem Wortlaut nach klar nur auf Grundstücke und Grundstücksrechte, sodass die Anwendbarkeit von §§ 1984 Abs. 1 S. 2, 2113 Abs. 3 BGB, §§ 81 Abs. 1 S. 2, 91 Abs. 2 InsO, § 938 Abs. 2 ZPO auf Kryptowertpapiere fraglich ist. Der Vorschlag von *Lieder*, diese Vorschriften in ihrer Anwendbarkeit auf Verfügungen über elektronische Wertpapiere zu erweitern, hat der Gesetzgeber bisher nicht umgesetzt.[373] Zudem wird aus den Gesetzesbegründungen ersichtlich, dass nach dem Willen des Gesetzgebers nur solche Verfügungsbeschränkungen im Sinne des § 892 Abs. 1 S. 2 BGB auch für Kryptowertpapiere eintragungsfähig

---

[369] *Lieder* in: Segna/Möslein/Omlor/von Buttlar, eWpG, § 17 Rn. 24.
[370] *Lieder* in: Segna/Möslein/Omlor/von Buttlar, eWpG, § 17 Rn. 25.
[371] *Lieder* in: Segna/Möslein/Omlor/von Buttlar, eWpG, § 17 Rn. 25; siehe in Abgrenzung dazu (iii) Absolute Verfügungsbeschränkungen.
[372] *Armbrüster* in: MüKo BGB, 9. Aufl. 2021, § 135 Rn. 6.
[373] So der Vorschlag von *Lieder* in: Omlor/Möslein/Grundmann, Elektronische Wertpapiere, 2021, S. 103, 113; vgl. *Lieder* in: Segna/Möslein/Omlor/von Buttlar, eWpG, § 17 Rn. 25.

sein sollen, die sich in ihrem Anwendungsbereich nicht nur auf Grundstücksrechte beschränken.[374]

(ii) Relative Verfügungsbeschränkungen für Kryptowertpapiere

Daher zählen zu den nach § 17 Abs. 2 S. 1 Nr. 2 eWpG eintragungsfähigen Verfügungsbeschränkungen gesetzliche und behördliche Veräußerungsverbote nach den §§ 135 Abs. 2, 136 BGB, wie z.B. bei Pfändung einer Geldforderung nach § 829 Abs. 1 S. 2 ZPO, bei Anordnung der Einziehung oder der Anordnung des Vorbehalts der Einziehung bis zum Übergang des Wertpapiers nach § 75 Abs. 3 StGB.[375] Wird das Kryptowertpapier unter einer aufschiebenden Bedingung übertragen, so ergibt sich auch daraus eine in das Kryptowertpapierregister eintragungsfähige Verfügungsbeschränkung nach § 161 Abs. 1 S. 1 BGB. Dazu sind die Verfügungsbeschränkungen eintragungsfähig, die aus der Entziehung der Verwaltungsbefugnis des Vorerben gemäß § 2129 Abs. 2 S. 1 BGB oder aus der Anordnung der Testamentsvollstreckung nach § 2211 Abs. 2 BGB resultieren. Ist ein Kryptowertpapier selbst streitbefangen und nicht nur ein schuldrechtlicher Anspruch auf Rechtsänderung,[376] kann ein Rechtshängigkeitsvermerk nach § 325 Abs. 1, 2 ZPO eingetragen werden.[377] Dabei handelt es sich zwar technisch betrachtet nicht um eine Verfügungsbeschränkung, § 325 Abs. 2 ZPO ermöglicht aber eine vergleichbare Wirkung, denn danach erstreckt sich die Rechtskraft auf einen redlichen Dritten.

Dagegen sind solche Verfügungsverbote nicht eintragungsfähig, die sich ausschließlich auf Grundstücksrechte beziehen, wie z.B. §§ 20, 23, 146 ZVG, §§ 830, 857 Abs. 6, 938 Abs. 2 ZPO.

---

374 Finanzausschuss, BT-Drucks. 19/29372, S. 56; *Lieder* in: Segna/Möslein/Omlor/von Buttlar, eWpG, § 17 Rn. 25.

375 Hierzu und zum Folgenden: *Lieder* in: Segna/Möslein/Omlor/von Buttlar, eWpG, § 17 Rn. 26.

376 Vgl. (zum Grundstücksrecht und zur Eintragung eines Widerspruchs gem. § 53 Abs. 1 GBO) BayObLG Rpfleger 2004, S. 691; OLG Brandenburg BeckRS 2008, S. 1270; OLG Frankfurt FGPrax 2009, S. 250, 251; *Lieder* in: Bauer/Schaub GBO, 4. Aufl. 2018, AT H. Rn. 11a.

377 *Lieder* in: Segna/Möslein/Omlor/von Buttlar, eWpG, § 17 Rn. 26.

(iii) Absolute Verfügungsbeschränkungen

Absolute Verfügungsverbote sind grundsätzlich nicht eintragungsfähig, sofern nicht eine besondere Vorschrift ihre Eintragung anordnet.[378] Nach § 17 Abs. 2 S. 1 Nr. 1 eWpG sind dem Wortlaut nach nur Verfügungsbeschränkungen zugunsten einer bestimmten Person und damit relative Verfügungsbeschränkungen einzutragen. Absolute Verfügungsbeschränkungen sind davon nicht erfasst.[379] Damit sind Verfügungsbeschränkungen des ehelichen Güterrechts nach §§ 1365, 1423 ff. BGB und des Vormundschaftsrechts nach §§ 1812 ff. BGB, gesetzliche Verbote nach § 134 BGB sowie die Vermögensbeschlagnahme nach §§ 290 ff., 443 StPO von der allgemeinen Eintragungspflicht nach § 17 Abs. 2 S. 1 eWpG nicht erfasst.[380] Gleiches gilt für Beschränkungen der Geschäftsfähigkeit und Mängel der Vertretungsmacht. Allerdings sind nach § 17 Abs. 2 S. 3 eWpG sonstige, also absolute Verfügungsbeschränkungen sowie Angaben zur Geschäftsfähigkeit des Inhabers auf Weisung eines nach § 18 Abs. 1 S. 1 Nr. 1 oder Nr. 2 eWpG Weisungsberechtigten einzutragen. Damit gehören absolute Verfügungsbeschränkungen sowie Angaben zur Geschäftsfähigkeit des Inhabers nicht zum allgemeinen Pflichtenkanon der registerführenden Stelle bei der Eintragung. Sie sind aber sehr wohl auf Weisung des Weisungsberechtigten hin einzutragen und bedürfen deshalb zu ihrer Eintragung zusätzlich der Voraussetzung des § 18 Abs. 1 S. 1 Nr. 1 oder Nr. 2 eWpG.[381]

b) Rechte Dritter

Nach § 17 Abs. 2 S. 1 Nr. 2 eWpG sind auch Rechte Dritter im Kryptowertpapierregister bei Einzeleintragung eintragungsfähig. Diese Regelung ist der Möglichkeit der Verfügung über Rechte Dritter an einem Kryptowertpapier

---

[378] BGH NJW-RR 2008, S. 760 Rn. 13; *Armbrüster* in: MüKo BGB, 9. Aufl. 2021, § 135 Rn. 8.

[379] Vgl. *Lieder* in: Segna/Möslein/Omlor/von Buttlar, eWpG, § 17 Rn. 27; Finanzausschuss, BT-Drucks. 19/29372, S. 57; zuvor bereits *Lieder* in: Omlor/Möslein/Grundmann, Elektronische Wertpapiere, 2021, S. 103, 113.

[380] *Lieder* in: Segna/Möslein/Omlor/von Buttlar, eWpG, § 17 Rn. 27; vgl. (zum Grundstücksrecht) *Lieder* in: Bauer/Schaub GBO, 4. Aufl. 2018, AT H. Rn. 13.

[381] Siehe genauer d) Sonstige Verfügungsbeschränkungen und Geschäftsfähigkeit des Inhabers.

nach § 24 Nr. 3 eWpG geschuldet.[382] Die Eintragung der Rechte Dritter am Kryptowertpapier ist konstitutiver Natur und Wirksamkeitsvoraussetzung (Eintragungsprinzip)[383]. Soll die Inhaberschuldverschreibung des Kryptowertpapiers mit einem Nießbrauch oder Pfandrecht belastet werden, muss dieses Recht folglich ins Kryptowertpapierregister eingetragen werden.[384] Die Eintragung ist auch relevant, um den gutgläubigen lastenfreien Rechtserwerb nach § 26 S. 1 eWpG beschränken zu können. Wenn schon der lastenfreie gutgläubige Erwerb des Kryptowertpapiers samt seinem Rechtsinhalt nach § 26 S. 1 eWpG möglich ist, muss erst recht ein einzelner Rechtsmangel – in Form einer Belastung – gutgläubig überwindbar sein.[385] Damit ist *Lieder*[386] zu folgen, der die Eintragungsfähigkeit von Rechten Dritter und die damit erhöhte Publizität des Kryptowertpapierregisters rechtspolitisch begrüßt.

c) Verknüpfung Verfügungsbeschränkung und Rechte Dritter mit wesentlichen Angaben

Nach § 17 Abs. 3 eWpG muss die registerführende Stelle eine Verknüpfung der Angaben nach den Absätzen 1 und 2 S. 1 eWpG sicherstellen, sodass diese im Kryptowertpapierregister nur zusammen abgerufen werden können. Damit müssen etwaige (relative) Verfügungsbeschränkungen und Rechte Dritter mit den Angaben nach § 17 Abs. 1 eWpG verknüpft sein. Diese Vorschrift dient der Publizität und Transparenz des Kryptowertpapierregisters.[387]

d) Sonstige Verfügungsbeschränkungen und Geschäftsfähigkeit des Inhabers

Anders als im grundbuchrechtlichen System[388] können nach § 17 Abs. 2 S. 3 eWpG sonstige Verfügungsbeschränkungen sowie Angaben zur Geschäftsfähigkeit

---

[382] *Lieder* in: Omlor/Möslein/Grundmann, Elektronische Wertpapiere, 2021, S. 103, 111; *Lieder* in: Segna/Möslein/Omlor/von Buttlar, eWpG, § 17 Rn. 28.

[383] Siehe 2. a) Eintragungsprinzip.

[384] *Lieder* in: Segna/Möslein/Omlor/von Buttlar, eWpG, § 17 Rn. 28; zur Dogmatik der dinglichen Belastung von Wertpapieren ausf. *Casper* in: Möslein/Omlor, FinTech-HdB § 28 Rn. 55 ff.; *Omlor* in: Omlor/Möslein/Grundmann, Elektronische Wertpapiere, 2021, S. 137, 144.

[385] *Lieder* in: Segna/Möslein/Omlor/von Buttlar, eWpG, § 17 Rn. 29.

[386] Ders.

[387] *Lieder* in: Segna/Möslein/Omlor/von Buttlar, eWpG, § 17 Rn. 36.

[388] *Lieder* in: Segna/Möslein/Omlor/von Buttlar, eWpG, § 17 Rn. 3.

des Inhabers auf Weisung eines nach § 18 Abs. 1 S. 1 Nr. 1 oder Nr. 2 eWpG Weisungsberechtigten ins Kryptowertpapierregister eingetragen werden. Damit sind auch Verfügungsbeschränkungen erfasst, die nicht durch gutgläubigen Erwerb lastenfrei überwunden werden können, also absolute Verfügungsbeschränkungen.[389] Die Regelung spiegelt sich in § 26 S. 3 eWpG wider, wonach sich der Gutglaubensschutz aus dem Kryptowertpapierregister nicht auf sonstige Verfügungsbeschränkungen nach § 17 Abs. 2 S. 3 eWpG erstreckt. Der gutgläubige Erwerber darf also nicht darauf vertrauen, dass nur eingetragene absolute Verfügungsbeschränkungen bestehen, sondern diese Beschränkungen stehen einer wirksamen Verfügung absolut, auch ohne Eintragung, entgegen.[390] Diese Ausnahme ergibt sich logisch aus der Natur der absoluten Verfügungsbeschränkung, deren Eintragung grundsätzlich nicht konstitutiv ist.[391]

(i) Absolute Verfügungsbeschränkungen

Unter den Anwendungsbereich des § 17 Abs. 2 S. 3 eWpG fallen sonstige Verfügungsbeschränkungen, deren absolute Wirkung nicht durch redlichen Erwerb überwunden werden kann.[392] Dagegen fallen unter die Regelung nicht diejenigen relativen Verfügungsbeschränkungen, die sich explizit auf Grundstücksrechte beziehen, denn diese sind bereits aufgrund ihres Normzwecks nicht eintragungsfähig.[393]

(ii) Gesetzliche Verbote

Eingetragen werden können gesetzliche Verbote nach § 134 BGB, sofern sie zur Unwirksamkeit der Verfügung über Kryptowertpapiere führen würden.[394] Aufgrund dieser Voraussetzung darf sich das Verbot dabei nicht nur auf das schuldrechtliche Verpflichtungsgeschäft, sondern muss sich auch auf das dingliche Verfügungsgeschäft beziehen.[395] Der Gesetzgeber hat sich auch bei Fassung des eWpG nicht vom deutschen Trennungs- und Abstraktionsprinzip

---

389 *Lieder* in: Segna/Möslein/Omlor/von Buttlar, eWpG, § 17 Rn. 30.
390 Vgl. *Lieder* in: Segna/Möslein/Omlor/von Buttlar, eWpG, § 17 Rn. 30.
391 *Armbrüster* in: MüKo BGB, 9. Aufl. 2021, § 135 Rn. 7 f.
392 *Lieder* in: Segna/Möslein/Omlor/von Buttlar, eWpG, § 17 Rn. 32.
393 Vgl. *Lieder* in: Segna/Möslein/Omlor/von Buttlar, eWpG, § 17 Rn. 32, siehe 4. a) (ii) Relative Verfügungsbeschränkungen für Kryptowertpapiere.
394 *Lieder* in: Segna/Möslein/Omlor/von Buttlar, eWpG, § 17 Rn. 33.
395 *Kohler* in: MüKo BGB, 9. Aufl. 2023, § 873 Rn. 56.

abgewandt, sondern es gilt mit seinen echten und unechten Ausnahmen auch für die Ausgabe und Übertragung von Kryptowertpapieren.[396] Daher kann es zu Diskrepanzen zwischen Verpflichtungs- und Verfügungsgeschäft kommen.[397] Darüber hinaus kann sich der Verstoß gegen das gesetzliche Verbot erst aus den Umständen des Verfügungsgeschäftsabschlusses ergeben, wobei eine Eintragung des gesetzlichen Verbots dann zu spät erfolgen würde.[398] Das wäre z.B. der Fall, wenn in der Verfügung über ein Kryptowertpapier eine Vollstreckungsvereitelung nach § 288 StGB läge.[399] Allerdings wirkt das absolute Verfügungsverbot ohnehin auch ohne Eintragung, sodass es auf die Rechtzeitigkeit nicht ankommt und eine Eintragung nur der Transparenz dienen würde.

(iii) Beschränkung der Geschäftsfähigkeit

Nach dem Wortlaut des § 17 Abs. 2 S. 3 eWpG sind sonstige Angaben zur Geschäftsfähigkeit des Inhabers eintragungsfähig und damit sowohl die Geschäftsunfähigkeit als auch die beschränkte Geschäftsfähigkeit.[400] Mangels besonderer Vorschriften sind die Grundsätze des BGB heranzuziehen. Nach § 104 BGB ist derjenige geschäftsunfähig, der nach Nr. 1 das siebte Lebensjahr noch nicht vollendet hat oder nach Nr. 2 sich in einem die freie Willensbestimmung ausschließenden Zustand krankhafter Störung der Geistestätigkeit befindet, sofern der Zustand seiner Natur nach nicht nur vorübergehend ist. Daher ist die vorübergehende Geistesstörung nach § 105 Abs. 2 BGB nicht eintragungsfähig, auch wenn sie zur Nichtigkeit der abgegebenen Willenserklärung führt.[401] Denn gesetzessystematisch handelt es sich nicht um einen Fall der Geschäftsunfähigkeit. Sofern dagegen eine konkrete Beendigung des gestörten Geisteszustandes aus medizinischer Sicht nicht absehbar ist, kann eine (eintragungsfähige) Dauerhaftigkeit angenommen werden.[402]

---

[396] Vgl. *Lieder* in: Segna/Möslein/Omlor/von Buttlar, eWpG, § 17 Rn. 33, ausf. *Lieder*, Die rechtsgeschäftliche Sukzession, 2015, S. 264 ff.; *Lieder/Berneith*, JuS 2016, S. 673 ff.

[397] Vgl. BGHZ 47, S. 30, 36 = NJW 1967, S. 726; BGH NJW 2013, S. 3779, 3780 Rn. 15.

[398] *Lieder* in: Segna/Möslein/Omlor/von Buttlar, eWpG, § 17 Rn. 33.

[399] *Lieder* in: Segna/Möslein/Omlor/von Buttlar, eWpG, § 17 Rn. 33; differenzierend zum Charakter des § 288 StGB als Verbotsgesetz im Sinne des § 134 BGB vgl. *Armbrüster* in: BeckOK BGB, § 134 Rn. 79.

[400] Vgl. *Lieder* in: Segna/Möslein/Omlor/von Buttlar, eWpG, § 17 Rn. 34.

[401] *Lieder* in: Segna/Möslein/Omlor/von Buttlar, eWpG, § 17 Rn. 34.

[402] Vgl. *Spickhoff* in: MüKo BGB, 9. Aufl. 2021, § 104 Rn. 45.

Personen sind beschränkt geschäftsfähig nach § 106 i.V.m. § 2 BGB, wenn sie zwar das siebte, aber noch nicht das achtzehnte Lebensjahr vollendet haben.

Die Anordnung der Betreuung eines Volljährigen nach §§ 1896 ff. BGB verändert nicht per se die Geschäftsfähigkeit des zu Betreuenden und ist deshalb nicht eintragungsfähig.[403] Weniger eindeutig gestaltet sich die Frage nach der Eintragungsfähigkeit von Vertretungsbeschränkungen. In § 17 Abs. 2 S. 3 eWpG werden Vertretungsmängel und Vertretungsbeschränkungen nicht genannt. Der Vertreter findet nun auch keine Erwähnung mehr in der Gutglaubensvorschrift des § 26 eWpG. Noch im Referentenentwurf galt der Vertreter nach § 26 Nr. 3 und Nr. 5 eWpG als bevollmächtigt. Diese Regelung wurde jedoch aufgrund der Kritik daran durch die Praxis und Literatur nicht in die endgültige Fassung übernommen.[404] Dieser Umstand und der Umkehrschluss aus § 17 Abs. 2 S. 3 eWpG führen dazu, dass Mängel der Bevollmächtigung und Geschäftsfähigkeit des Inhabers nicht eintragungsfähig sind.[405]

(iv) Rechtspolitische Einschätzung

Lieder lehnt die Eintragungsfähigkeit der genannten Beschränkungen aus rechtspolitischer Sicht klar ab.[406] Im Immobiliarsachenrecht können persönliche Verhältnisse des Eingetragenen nicht im Grundbuch veröffentlicht werden.[407] Dort sind Angaben zur Rechts- und Geschäftsfähigkeit[408] sowie über Vertretungsmacht[409] und Verfügungsbefugnis[410] gerade nicht eintragungsfähig. Laut *Lieder* spricht nicht zuletzt der Grundsatz der Übersichtlichkeit und Klarheit des Registers gegen die Eintragung solcher Tatsachen, auch weil sie nicht unter die Vermutung der Richtigkeit und Vollständigkeit des

---

[403] Vgl. *Spickhoff* in: MüKo BGB, 9. Aufl. 2021, § 106 Rn. 11.

[404] Dazu näher *Lieder* in: Omlor/Möslein/Grundmann, Elektronische Wertpapiere, 2021, S. 103, 111 f.; *Linardatos*, ZBB 2020, S. 329, 343; *Sickinger/Thelen*, AG 2020, S. 862 Rn. 33 ff.

[405] *Lieder* in: Segna/Möslein/Omlor/von Buttlar, eWpG, § 17 Rn. 35.

[406] Dazu und zum Folgenden bereits: *Lieder* in: Omlor/Möslein/Grundmann, Elektronische Wertpapiere, 2021, S. 103, 112.

[407] Vgl. RGZ 69, S. 263, 268; 84, S. 242, 245; 88, S. 83, 89; 134, S. 283, 284; OLG Düsseldorf FGPrax 2017, S. 35, 36; *Kohler* in: MüKo BGB, 9. Aufl. 2023, § 892 Rn. 15.

[408] RGZ 69, S. 263, 268.

[409] RGZ 134, S. 283, 284.

[410] RGZ 84, S. 242, 245.

Registers fallen.[411] Der Finanzausschuss begründet die Regelung dagegen mit einer Informations- und Warnfunktion der besonderen eintragungsfähigen Angaben.[412] Der Erwerber werde nach Einsicht des Kryptowertpapierregisters von einem Erwerb absehen. *Lieder* bezweifelt die Wirkung der Warnfunktion, da keine Pflicht des Erwerbers besteht, sich vor der Transaktion vom Nichtbestehen einer solchen Eintragung durch Einsichtnahme in das Kryptowertpapierregister zu überzeugen. Genau wie das Grundbuch[413] und das Handelsregister[414] vermittle das Kryptowertpapierregister einen abstrakten Vertrauensschutz, keinen konkreten.[415] Darüber hinaus hält *Lieder* es für wenig schlüssig, dass die registerführende Stelle einerseits keine Pflicht zur Überprüfung der Angaben hat, die sie auf Weisung eintragen muss, sie andererseits aber daran mitwirken soll, dass bezüglich der besonderen Beschränkungen keine Eintragungen eines (vermeintlichen) Erwerbers erfolgen.[416]

(v) Stellungnahme zu § 17 Abs. 2 S. 3 eWpG

Das Kryptowertpapier büßt durch die Eintragung der zusätzlichen Angaben nach § 17 Abs. 2 S. 3 eWpG deshalb an Übersichtlichkeit und Klarheit ein, weil diese Angaben im Gegensatz zu den anderen Verfügungsbeschränkungen nicht unter die Gutglaubensschutzfunktion des § 26 eWpG fallen. Damit wird für den Erwerber nicht auf den ersten Blick deutlich, auf welche Angaben er (negativ)[417] vertrauen darf und auf welche sich sein guter Glaube nicht erstreckt, zumal die notwendigen Angaben nach § 17 Abs. 1 eWpG und die zusätzlichen nach § 17 Abs. 2 S. 3 eWpG technisch nur zusammen abrufbar sein sollen, vgl. § 17 Abs. 3 eWpG. Dazu stellt *Lieder* zu Recht fest, dass keine

---

411 *Lieder* in: Segna/Möslein/Omlor/von Buttlar, eWpG, § 17 Rn. 31.

412 Finanzausschuss, BT-Drucks. 19/29372, S. 57.

413 Vgl. RGZ 86, S. 353, 356; BGH NJW 1980, S. 2413, 2414; NJW-RR 2013, 789 Rn. 15; *Kohler* in: MüKo BGB, 9. Aufl. 2023, § 892 Rn. 2, 4, 15; ausf. *Hager*, Verkehrsschutz durch redlichen Erwerb, 1990, S. 419 ff.

414 Vgl. BGHZ 65, S. 309, 311.

415 *Lieder* in: Segna/Möslein/Omlor/von Buttlar, eWpG, § 17 Rn. 31; vgl. allgemein *Lieder*, Die rechtsgeschäftliche Sukzession, 2015, S. 509 ff.

416 *Lieder* in: Segna/Möslein/Omlor/von Buttlar, eWpG, § 17 Rn. 31, Finanzausschuss, BT-Drucks. 19/29372, S. 57, 54.

417 Zum negativen Vertrauensschutz: Finanzausschuss, BT-Drucks. 19/29372, S. 57.

Pflicht des Erwerbers zur Einsichtnahme des Registers besteht und insofern die Warnfunktion der zusätzlichen Angaben infrage steht.[418]

Allerdings ist zu beachten, dass technisch die Einsicht in die sonstigen Angaben zum Kryptowertpapier durch Verknüpfung mit der Beschreibung (ID) des betreffenden *Tokens* einfacher gestaltet werden könnte als die aktuelle Einsichtsmöglichkeit zum Grundbuch oder Handelsregister. Insbesondere wenn die Blockchain, auf der die *Token* entstehen, auch als Kryptowertpapierregister ausgestaltet wird, wären die Informationen zum jeweiligen *Token* so einfach einzusehen, dass die Kenntnisnahme des Erwerbers und eine mögliche Entscheidung gegen den Erwerb wahrscheinlicher würden. Dennoch bleiben Pflichten der registerführenden Stelle widersprüchlich, wenn einerseits eine inhaltliche Prüfung der Eintragungen auf Weisung nicht stattfindet und andererseits keine Eintragung eines Erwerbers erfolgen soll. Die Rechtssicherheit wird durch Eintragung der zusätzlichen Angaben nach § 17 Abs. 2 S. 3 eWpG zweifelsohne nicht erhöht, da die rechtlichen Folgen der Eintragung von Angaben nach § 17 Abs. 1 und Abs. 2 S. 3 eWpG unterschiedlich ausgestaltet sind. Allerdings hinkt der Vergleich des Kryptowertpapierregisters mit dem Grundbuch und damit ein Bezug zu § 892 BGB. Zwar ist es zivilrechtlich nachvollziehbar, mit der Sachfiktion des § 2 Abs. 3 eWpG diese Parallele ziehen zu wollen. Allerdings ist das Kryptowertpapier technisch grundlegend anders ausgestaltet und dementsprechend müssen auch der Schutz des Rechtsverkehrs sowie die Handelbarkeit von Kryptowertpapieren differenziert beurteilt werden. Anders als bei § 873 BGB wird die Übertragung von Kryptowertpapieren nicht notariell beurkundet und damit fällt ein wichtiger Aspekt, die Warn- und Beweisfunktion, von außen weg. Diese Voraussetzungen muss das Kryptowertpapierregister also inhärent erfüllen. Das Register soll automatisch führbar sein durch die registerführende Stelle. Damit ist das Register einerseits weniger anfällig für menschliches Versagen, z.B. bei Ein- oder Umtragungen von Rechten (abgesehen vom Programmieren der Codes). Andererseits ist eine direkte, manuelle Einflussnahme auf das Kryptowertpapierregister schwieriger. Um diese technischen Innovationen zu fördern, ist es daher hilfreich, durch Warnfunktion und Transparenz möglichst im Vorfeld Fehler zu vermeiden und damit auch Korrekturmaßnahmen möglichst auszuschließen oder zumindest zu minimieren.

---

[418] *Lieder* in: Segna/Möslein/Omlor/von Buttlar, eWpG, § 17 Rn. 31.

Mehr Rechtssicherheit könnte eine technische Durchsetzung von Verfügungsbeschränkungen statt ihrer Publizierung im Kryptowertpapierregister schaffen. Relativ einfach umzusetzen sind Verfügungsbeschränkungen aufgrund der Geschäftsunfähigkeit oder beschränkten Geschäftsfähigkeit des Veräußerers oder Erwerbers mittels *Smart Contract*. In einem *Smart Contract* können Bedingungen kodiert und tatsächlich durchgesetzt werden. Ethereum bietet inzwischen viele Möglichkeiten einer dezentralen Authentifizierung an, sodass eine automatische, verschlüsselte Altersabfrage (*Zero Knowledge Proof*)[419] vor einer Transaktion möglich wäre.[420] Dazu werden Dezentrale Identifikatoren (DID) genutzt, die eine verschlüsselte, dezentrale Identifikation ermöglichen.[421] Dies ist vergleichbar mit der *password based encryption (PBE)*, bei der einfache Passwörter durch zufälliges Hash-Verfahren kryptographisch verschlüsselt werden.[422] Dabei wird anstelle des Passwortes ein *Hash* zur Identifizierung kreiert.

Laut *Lehmann*[423] erfordert der Schutz des Erwerbers vor den Risiken bei Mängeln der Geschäftsfähigkeit oder Verfügungsbeschränkungen ein Einsichtsrecht des Erwerbers in die Identität des Veräußerers. Zum einen könnte ein solches Einsichtsrecht unter Umständen nach § 10 Abs. 2, 3 eWpG bestehen, sofern der Erwerber ein entsprechendes Interesse darlegen kann.[424] Zum anderen wäre dem Erwerber die Nachforschung etwaiger Geschäftsfähigkeitsmängel trotz Einsichtsmöglichkeit in das Kryptowertpapierregister wahrscheinlich zu aufwendig und es gibt mit kryptographischen Mitteln des *Zero Knowledge Proofs* und der *Decentralized Identification* mehrere Möglichkeiten, solche Beschränkungen unmittelbar über einen *Smart Contract* durchzusetzen.

---

419 https://ethereum.org/en/zero-knowledge-proofs/.

420 https://ethereum.org/de/decentralized-identity/.

421 https://ethereum.org/de/decentralized-identity/#what-are-attestations.

422 Weitere Informationen zur Technologie und zum Standard PKCS #5: *Luber/Schmitz*, Security Insider vom 07.05.2021, https://www.security-insider.de/was-ist-passwortbasierte-verschluesselung-a-1044273/#:~:text=Passwortbasierte%20Verschl%C3%BCsselung%20ist%20ein%20Verfahren,zur%20Ver%2D%20oder%20Entschl%C3%BCsselung%20einsetzbar.

423 *Lehmann*, NJW 2021, S. 2318, Rn. 38.

424 Siehe dazu V. 2. Einsichts- und Auskunftsrechte § 10 eWpG.

Für Minderjährige könnte dann ein sogenanntes *Multisignature Wallet*[425] geführt werden, durch das die Erziehungsberechtigten eines Veräußerers oder Erwerbers Transaktionen signieren könnten. Möglicherweise ließen sich so technisch mittels *Smart Contract* auch Gerichtsbeschlüsse und Verfügungen unmittelbar durchsetzen. Denkbar wäre etwa ein Authentifizierungstool, mittels dessen ein Gericht sich identifizieren könnte und gewisse Verfügungen – in Form von Transaktionen auf der Blockchain – direkt durchsetzen könnte.

5. Weisung des Weisungsberechtigten

Zusätzliche Angaben zu sonstigen Verfügungsbeschränkungen sowie zur Geschäftsfähigkeit des Inhabers sind von der registerführenden Stelle nur aufgrund einer Weisung nach § 18 Abs. 1 S. 1 Nr. 1 oder Nr. 2 eWpG vorzunehmen, § 17 Abs. 2 S. 2 eWpG. Auch Änderungen des Registerinhalts nach § 17 Abs. 1 und Abs. 2 eWpG sowie die Löschung des Kryptowertpapiers und seiner niedergelegten Emissionsbedingungen sind nur auf Weisung nach § 18 eWpG möglich. Die Vorschrift soll zum einen die Integrität des Kryptowertpapiers sicherstellen, indem es Unbefugte vor einer Änderung des Registerinhalts ausschließt, und zum anderen den Inhaber des Kryptowertpapiers sowie Personen mit Ansprüchen gegen den Inhaber oder Emittenten schützen.[426]

a) Der weisungsberechtigte Inhaber

Nach § 18 Abs. 1 S. 1 Nr. 1 eWpG ist der Inhaber des Kryptowertpapiers weisungsberechtigt, es sei denn, der registerführenden Stelle ist seine Nichtberechtigung bekannt. Mit der Inhaberschaft verknüpft ist die Vermutung der formellen Berechtigung.[427] Liegen der registerführenden Stelle keine Anhaltspunkte vor, die gegen eine Berechtigung sprechen, liegt in der Weisung des Inhabers die Vermutung, dass dieser auch materiell berechtigt ist.[428]

---

[425] https://articles.whalesheaven.com/how-to-set-up-a-multisig-wallet/; zur Übersicht verschiedener *multisignature wallets*: https://articles.whalesheaven.com/whats-the-best-multisig-ethereum-wallet/; vgl. auch *Möslein/Kaulartz*, RDi 2021, S. 517, 518.

[426] Begr. RegE, BT-Drucks. 19/26925, S. 57; *Lieder* in: Segna/Möslein/Omlor/von Buttlar, eWpG, § 18 Rn. 1.

[427] Begr. RegE, BT-Drucks. 19/26925, S. 57.

[428] Begr. RegE, BT-Drucks. 19/26925, S. 57; *Lieder* in: Segna/Möslein/Omlor/von Buttlar, eWpG, § 18 Rn. 6.

Die Vermutung ist jedoch durch substantiierte Einwendung widerleglich.[429] Wird die materielle Berechtigung bestritten und hat die registerführende Stelle hiervon Kenntnis, so hängt die Bewertung der Bösgläubigkeit laut Gesetzgeber von der Substanz der Einwendung im Einzelfall ab.[430] Danach soll Bösgläubigkeit der registerführenden Stelle etwa bei Vorliegen einer gerichtlichen – nicht notwendigerweise rechtskräftigen – Entscheidung anzunehmen sein, welche gegen die materielle Berechtigung des Inhabers spricht. Die Vermutung soll auch dann nicht greifen, wenn der Nachweis gelingt, dass die registerführende Stelle bösgläubig ist, weil sie die Inhaberschaft zuvor eigenmächtig herbeiführte.[431]

(i) Bösgläubigkeit einer automatisierten registerführenden Stelle

In diesem Zusammenhang bleibt abzuwarten, wie eine technische Lösung dieser Widerlegung der Vermutung aussehen könnte. Grundsätzlich ist die automatisierte Registerführung denkbar. Daher wird eine Transaktion entweder schon deshalb bei mangelnder Berechtigung nicht durchgeführt, weil der *Smart Contract* dies verhindert. Oder aber die registerführende Stelle wird in der Regel keine Kenntnis von der mangelnden Berechtigung haben. Die Begründung zum Gesetzesentwurf liest sich eher, als hätte der Gesetzgeber beim Entwurf ein analoges Papierregister im Sinn gehabt als eine automatisierte Blockchain. Auch wenn hinter der automatisierten Form des Kryptowertpapierregisters eine juristische oder natürliche Person als registerführende Stelle für diese verantwortlich ist, sind dennoch wenige Szenarien denkbar, in denen bei einer automatischen Weisung des materiell nichtberechtigten Inhabers auf der Blockchain der registerführenden Stelle eine gegenteilige Gerichtsentscheidung vorliegt, die zur Bösgläubigkeit der registerführenden Stelle in diesem Zeitpunkt führen würde.

Ein fehlerhafter Code des *Smart Contracts* kann zu einer fehlerhaften Inhaberschaft führen. Zweifelhaft ist allerdings, ob im fehlerhaften Kodieren bereits ein solches „eigenmächtiges Herbeiführen“ durch die registerführende Stelle liegt. Verbotene Eigenmacht wird in § 858 Abs. 1 BGB definiert als

---

429 Begr. RegE, BT-Drucks. 19/26925, S. 58; *Lieder* in: Segna/Möslein/Omlor/von Buttlar, eWpG, § 18 Rn. 6.

430 Begr. RegE, BT-Drucks. 19/26925, S. 58.

431 Dies.

Besitzstörung oder Besitzentzug ohne den Willen des Besitzers, sofern das Gesetz die Entziehung oder Störung des Besitzes nicht gestattet. Dabei ist zur Erfüllung der verbotenen Eigenmacht weder das Bewusstsein über die Besitzstörung relevant noch ein Verschulden oder der gute Glaube an die Zustimmung des Besitzers.[432]

Die Tatsache, dass ein Bewusstsein über die Besitzstörung nicht notwendig ist, spricht für eine eigenmächtige Herbeiführung des fehlerhaften Inhabers im Kryptowertpapierregister durch einen fehlerhaften Code im *Smart Contract*, die dann zur Bösgläubigkeit der registerführenden Stelle führen könnte. Allerdings folgt allein aus der Übung verbotener Eigenmacht wiederum noch keine Bösgläubigkeit. Daraus, dass die Gutgläubigkeit bezüglich einer Zustimmung des Besitzers zur Besitzstörung irrelevant im Rahmen der verbotenen Eigenmacht nach § 858 Abs. 1 BGB ist, lässt sich der Umkehrschluss ziehen, dass allein die Übung verbotener Eigenmacht noch nicht zur Bösgläubigkeit im Sinne des § 932 Abs. 2 BGB bzw. § 26 eWpG führt. Die Vorschriften besitzen jeweils unterschiedliche Zielrichtungen. Im Rahmen des Besitzschutzes nach § 858 Abs. 1 BGB ist gerade die tatsächliche Einwirkung auf die Sachherrschaft entscheidend, während bei der Bösgläubigkeit das subjektive[433] Element der Kenntnis eine zentrale Rolle spielt. Bei § 858 BGB handelt es sich dagegen um einen rein objektiven Tatbestand der Widerrechtlichkeit.[434] Die Vorschrift soll dem Besitzer Schutzrechte nach § 859 BGB gewähren, mit denen er sich gegen die Besitzstörung wehren oder die tatsächliche Sachherrschaft wiedererlangen kann. Gutglaubensvorschriften nach § 932 Abs. 2 BGB oder § 26 eWpG sollen dagegen den gutgläubigen Zweiterwerb aus dem Vertrauen des Rechtsverkehrs heraus auf einen gewissen Rechtsscheinträger schützen.[435] Damit kann im fehlerhaften Code eines *Smart Contracts*, der letztlich das Kryptowertpapierregister technisch durchführt, zwar verbotene Eigenmacht liegen. Diese führt aber noch nicht automatisch zur Bösgläubigkeit der registerführenden Stelle. Dafür sind zusätzlich die Grundsätze[436] zur positiven Kenntnis und grob fahrlässigen Unkenntnis des

---

432 OLG Dresden, NJOZ 2020, S. 1115, Rn. 4; KG NJW 1967, S. 1915, 1916; *Schäfer* in: MüKo BGB, 9. Aufl. 2023, § 858 Rn. 2.

433 *Magnus*, NJW 2017, S. 1201, 1205; *Schäfer* in: MüKo BGB, 9. Aufl. 2023, § 858 Rn. 2.

434 Vgl. *Fritzsche* in: BeckOK BGB, § 858 Rn. 20.

435 *Oechsler* in: MüKo BGB, 9. Aufl. 2023, § 932 Rn. 2, 4.

436 *Oechsler* in: MüKo BGB, 9. Aufl. 2023, § 932 Rn. 39, 41 ff.

§ 932 Abs. 2 BGB heranzuziehen, soweit § 26 S. 1 eWpG wortidentisch ist („bekannt oder infolge grober Fahrlässigkeit unbekannt“).[437] Die Bösgläubigkeit der registerführenden Stelle ist daher anzunehmen, wenn diese Kenntnis oder grob fahrlässige Unkenntnis von der Fehlerhaftigkeit und/oder der verbotenen Eigenmacht hat.

(ii) Rechte des materiell Berechtigten

Handelt der Inhaber dagegen als Nichtberechtigter, hat der materiell Berechtigte grundsätzlich einen Anspruch gegen den eingetragenen Inhaber auf Weisungserteilung.[438] Damit könnte der materiell Berechtigte seine Eintragung als Inhaber bewirken oder eine andere Registerinhaltsänderung, z.B. die Eintragung einer Belastung nach § 17 Abs. 2 S. 1 Nr. 2 eWpG.[439] Ein Registerberichtigungsanspruch, der mit der Grundbuchberichtigung nach § 894 BGB vergleichbar wäre, fehlt im eWpG.[440] Ein Registerberichtigungsanspruch kann sich aber aus einem rechtsgeschäftlichen oder rechtgeschäftsähnlichen Verhältnis der Beteiligten ergeben oder sich in Ermangelung eines solchen jedenfalls als Vindikationsanspruch nach § 985 BGB i.V.m. § 2 Abs. 3 eWpG darstellen.[441] Grundsätzlich denkbar ist eine Leistungskondiktion nach § 812 Abs. 1 S. 1 Alt. 1 BGB, wenn ein wirksames Kausalgeschäft fehlt.[442] Die Anwendungsfälle ließen sich jedoch durch einen durchdachten *Smart Contract*, der mit geeigneten Authentifizierungsmitteln für ein wirksames

---

[437] Begr. RegE, BT-Drucks. 19/26925, S. 67.

[438] Begr. RegE, BT-Drucks. 19/26925, S. 58.

[439] Entgegen der Gesetzesbegründung hat der Berechtigte nicht nur einen Anspruch auf Eintragung als Inhaber. Im Falle der Sammeleintragung sind Inhaber und Berechtigter nicht identisch und der Berechtigte hätte auch einen zivilrechtlichen Anspruch auf Erteilung einer anderen Weisung zur Änderung des Registerinhalts gegen den Inhaber und Verwahrer aus dem Verwahrverhältnis.

[440] De lege ferenda für die Schaffung eines § 894 BGB nachgebildeten Registerberichtigungsanspruchs *Möslein/Omlor/Urbach*, ZIP 2020, S. 2149, 2160; *Saive*, ZRP 2020, S. 219, 221.

[441] *Lieder* in: Segna/Möslein/Omlor/von Buttlar, eWpG, § 18 Rn. 7; vgl. *Omlor*, RDi 2021, S. 371 Rn. 19; *Omlor* in: Omlor/Möslein/Grundmann, Elektronische Wertpapiere, 2021, S. 137, 153; vgl. auch *Habersack* in: Omlor/Möslein/Grundmann, Elektronische Wertpapiere, 2021, S. 83, 89; *Linardatos*, ZBB 2020, S. 329, 346; siehe ferner *Einsele* in: Omlor/Möslein/Grundmann, Elektronische Wertpapiere, 2021, S. 33, 40, 51 zu § 985 bzw. § 1004 BGB.

[442] *Lieder* in: Segna/Möslein/Omlor/von Buttlar, eWpG, § 18 Rn. 7.

Kausalgeschäft zur Transaktion des *Tokens* sorgt, reduzieren. Auch eine Eingriffskondition nach § 812 Abs. 1 S. 1, 2. Alt. BGB wäre möglich, wenn es bereits an einer Leistung fehlt. Da ein Kryptowertpapierregister mittels Blockchain jedoch grundsätzlich die Weisung z.B. durch Autorisierung einer Transaktion vorsieht, dürften die Anwendungsfälle sehr begrenzt sein. Daneben bestehen verschuldensabhängige Schadensersatzansprüche aus § 7 Abs. 2 S. 2 und Abs. 3 S. 2 eWpG sowie aus § 823 Abs. 1 i.V.m. § 2 Abs. 3 eWpG.[443]

b) Weisungsberechtigung durch Gesetz oder aufgrund eines Gesetzes

Anstatt des Inhabers können gesetzlich auch andere Personen weisungsbefugt sein, so z.B. die Eltern als gesetzliche Vertreter für Minderjährige (§§ 1626, 2629 BGB), der Vormund für den Mündel (§ 1793 BGB) sowie Betreuer (§ 1902 BGB) und Pfleger (§ 1915 BGB) nach ihren gesetzlichen Vertretungsbefugnissen.[444] Zu den gesetzlichen Weisungsrechten zählen auch Vertretungsbefugnisse des Testamentsvollstreckers (§§ 2205, 2206 BGB), des Verwalters einer Wohnungseigentümergemeinschaft (§ 9b WEG) und des Insolvenzverwalters (§ 80 Abs. 1 InsO).[445] Diese werden ergänzt durch die organschaftliche Vertretung juristischer Personen und rechtsfähiger Personengesellschaften.[446] Zusätzlich können untergesetzliche Weisungsrechte bestehen; die BaFin könnte etwa aufgrund eines Gesetzes weisungsberechtigt sein.[447]

Dazu muss die registerführende Stelle neben der Identifizierung des Inhabers die gesetzlichen Voraussetzungen für eine ordnungsgemäße Weisung prüfen.[448] Wie weit diese Überprüfungspflicht geht, ist nicht konkret festgelegt. Denkbar ist jedoch neben der Identitätsprüfung mittels dezentraler Identifikatoren[449] die automatisierte und verschlüsselte Überprüfung von Berechtigungen, z.B. wirksamer Bevollmächtigung oder gerichtlicher

---

443 Vgl. *Einsele* in: Omlor/Möslein/Grundmann, Elektronische Wertpapiere, 2021, S. 40, 53.

444 *Lieder* in: Segna/Möslein/Omlor/von Buttlar, eWpG, § 18 Rn. 8.

445 *Lieder* in: Segna/Möslein/Omlor/von Buttlar, eWpG, § 18 Rn. 8; zum Insolvenzverwalter und Vertreter juristischer Personen: Begr. RegE, BT-Drucks. 19/26925, S. 58.

446 Begr. RegE, BT-Drucks. 19/26925, S. 58.

447 Vgl. Begr. RegE, BT-Drucks. 19/26925, 58; *Lieder* in: Segna/Möslein/Omlor/von Buttlar, eWpG, § 18 Rn. 9.

448 Begr. RegE, BT-Drucks. 19/26925, S. 58.

449 Siehe zur DID Kapitel 4: I. 4. d) (v) Stellungnahme.

Bestellung mittels Attestierung (auch bekannt als nachprüfbare Berechtigungsnachweise/*Credentials*).[450] Damit könnten Bevollmächtigungen oder Gerichtsentscheidungen dezentral und verschlüsselt als Berechtigungsnachweise gespeichert und von einem *Smart Contract* vor Durchführung einer Weisung verwertet werden.

c) Rechtsgeschäftliches Weisungsrecht

Den Gesetzesmaterialien zufolge kann auch jede Form der rechtsgeschäftlichen Abrede oder Bevollmächtigung bei entsprechendem Nachweis gegenüber der registerführenden Stelle zur Weisungsberechtigung im Sinne des § 18 Abs. 1 S. 1 Nr. 2 c) eWpG führen.[451] Darunter fallen alle Arten der gewillkürten Vollmacht, von der Spezialvollmacht, über die Art- und Gattungsvollmacht, bis hin zur Generalvollmacht, sowie die Prokura (§ 48 HGB) und die Handlungsvollmacht (§ 54 HGB) als handelsrechtliche Vertretungsmacht.[452] Gleich dem Inhaber können natürliche und juristische Personen sowie rechtsfähige Personengesellschaften Geschäftsherren des rechtsgeschäftlichen Vertreters sein.[453] Dazu zählt auch der gemeinsame Vertreter der Schuldverschreibungsgläubiger nach § 7 SchVG.[454]

d) Weisungsrecht durch Gerichtsentscheidung

Ein Weisungsrecht kann nur aus einer Gerichtsentscheidung entstehen, sofern es sich um ein staatliches Gericht handelt und sich die Entscheidung ausdrücklich auf das betreffende, eingetragene Kryptowertpapier bezieht.[455] Relevant ist in diesem Zusammenhang insbesondere die gerichtliche Vollstreckungs- und Sicherungsmaßnahme, z.B. wenn die Weisung des Inhabers nach § 894 ZPO durch ein rechtskräftiges Gerichtsurteil ersetzt wird.[456] Ein weiterer Anwendungsfall kann sich aus dem Erbfall ergeben. Ist eine Person

---

[450] Ausf. zu nachprüfbaren Berechtigungsnachweisen: https://www.w3.org/TR/vc-data-model/.

[451] Begr. RegE, BT-Drucks. 19/26925, S. 58.

[452] *Lieder* in: Segna/Möslein/Omlor/von Buttlar, eWpG, § 18 Rn. 10; ausf. zu den Vollmachtsarten vgl. *Schubert* in: MüKo BGB, 9. Aufl. 2021, § 167 Rn. 65.

[453] *Lieder* in: Segna/Möslein/Omlor/von Buttlar, eWpG, § 18 Rn. 10.

[454] Begr. RegE, BT-Drucks. 19/26925, S. 58; BGH NZI 2016, S. 1014 Rn. 12 ff.; *Borowski*, SchVG 2019, § 7 Rn. 3 f.

[455] Begr. RegE, BT-Drucks. 19/26925, S. 58.

[456] Begr. RegE, BT-Drucks. 19/26925, S. 58.

im Wege der Gesamtrechtsnachfolge nach § 1922 Abs. 1 BGB Erbe geworden und lässt sich nach § 2353 BGB einen Erbschein ausstellen, so kann er sich damit gegenüber der registerführenden Stelle legitimieren und eine Umtragung anweisen.[457]

Diese Möglichkeit der Weisungsberechtigung ist vor allem in Fällen relevant, in denen ein Berechtigter die Berichtigung des Kryptowertpapierregistereintrags durchsetzen möchte, indem er die Weisung des Inhabers nach § 18 Abs. 1 S. 1 Nr. 1 eWpG durch eine gerichtliche Entscheidung ersetzt.[458] Dieser Anspruch des Berechtigten ist nach der bisherigen gesetzlichen Regelung nicht gesichert. Zur Abgabe einer Willenserklärung nach § 894 ZPO ist das Urteil in der Hauptsache abzuwarten.[459] Dazu ist im eWpG keine Möglichkeit vorgesehen, im Kryptowertpapierregister einen Widerspruch gegen die Richtigkeit einzutragen, wie dies vergleichsweise im Grundbuch nach § 899 BGB oder bei der Gesellschafterliste nach § 16 Abs. 3 S. 3 GmbHG möglich ist.[460] Eine solche Widerspruchsmöglichkeit würde allerdings den Pflichtenkatalog der registerführenden Stelle sprengen und sie sollte auch nicht notwendig werden, sofern der Berechtigte seinen *Private Key* als Authentifizierungsmittel ausreichend schützt und damit seine Weisungsmöglichkeit.

e) Weisungsrecht durch vollstreckbaren Verwaltungsakt

Ebenso wie aus einem rechtskräftigen Gerichtsurteil kann aus einem vollstreckbaren Verwaltungsakt ein Weisungsrecht erwachsen, § 18 Abs. 1 S. 1 Nr. 2 e) eWpG.[461]

---

457 *Omlor* in: Omlor/Möslein/Grundmann, Elektronische Wertpapiere, 2021, S. 137, 145; *Lieder* in: Segna/Möslein/Omlor/von Buttlar, eWpG, § 18 Rn. 12.

458 Vgl. *Sickinger/Thelen,* AG 2020, S. 862 Rn. 45 (S. 868); *Lieder* in: Segna/Möslein/Omlor/von Buttlar, eWpG, § 18 Rn. 12.

459 Vgl. OLG Hamburg NJW-RR 1991, S. 382; *Drescher* in: MüKo ZPO, 6. Aufl. 2020 § 938 Rn. 43; a.A. *Lackmann* in: Musielak/Voit ZPO, 20. Aufl. 2023, § 894 Rn. 7.

460 Vgl. *Habersack* in: Omlor/Möslein/Grundmann, Elektronische Wertpapiere, 2021, S. 83, 89; *Sickinger/Thelen* AG 2020, S. 862 Rn. 46 (S. 869); *Lieder* in: Segna/Möslein/Omlor/von Buttlar, eWpG, § 18 Rn. 12.

461 Begr. RegE, BT-Drucks. 19/26925, S. 58; *Lieder* in: Segna/Möslein/Omlor/von Buttlar, eWpG, § 18 Rn. 14.

f) Weisungsrecht bei Verfügungsbeschränkungen

Zur Eintragung einer relativen Verfügungsbeschränkung nach § 17 Abs. 1 S. 1 Nr. 1 eWpG muss der Inhaber zusätzlich zur Weisung gegenüber der registerführenden Stelle versichern, dass die Zustimmung der durch die Verfügungsbeschränkung begünstigten Person zur Änderung vorliegt. Die begünstigte Person ergibt sich jeweils aus dem Regelungszweck der Verfügungsbeschränkung, so z.B. der Pfändungsgläubiger als Begünstigter bei der Pfändung einer Geldforderung nach § 829 Abs. 1 S. 2 ZPO.[462] Die begünstigte Person ist laut Finanzausschuss nicht selbst weisungsbefugt, weil sie nicht im Register eingetragen werden muss und ihre Identifizierung auch nicht durch die registerführende Stelle überprüft werden kann.[463] Eine diesbezügliche Nachforschungspflicht der registerführenden Stelle wäre unverhältnismäßig.[464] Auch wenn eine solche Überprüfung durch Identifizierung und Authentifizierung eines Nachweises technisch sicherlich möglich wäre, ist dieser Umweg über die Versicherung des Inhabers zu begrüßen, denn dadurch wird der Kreis der Akteure am Kryptowertpapierregister beschränkt auf diejenigen, die ohnehin Beteiligte an der Blockchain sind oder jedenfalls ins Kryptowertpapierregister eingetragen werden müssen nach § 17 eWpG.[465] Außerdem soll sich nach den Ausführungen des Finanzausschusses die registerführende Stelle auf die Versicherung des Inhabers verlassen dürfen.[466] Ansprüche aus fehlerhaften Versicherungen sollen daher ausschließlich im Verhältnis zwischen dem Inhaber und der begünstigten Person bestehen. Dadurch wird laut *Lieder* der Schutz der begünstigten Person erheblich eingeschränkt, denn der Inhaber befindet sich grundlegend in einem Interessenkonflikt zwischen seiner Verfügungsbefugnis und dem Schutz der zu begünstigenden Person mit einer einschränkenden Weisung.[467] Deshalb plädiert *Lieder* für eine Berechtigung der registerführenden Stelle,

---

462 Vgl. *Smid* in: MüKo ZPO, 6. Aufl. 2020, § 829 Rn. 1; *Flockenhaus* in: Musielak/Voit ZPO, 20. Aufl. 2023, § 829 Rn. 19; ausf. dazu *Lieder* in: Segna/Möslein/Omlor/von Buttlar, eWpG, § 18 Rn. 17.

463 Finanzausschuss, BT-Drucks. 19/29372, S. 54, 55.

464 Finanzausschuss, BT-Drucks. 19/29372, S. 54, 55.

465 Vgl. *Lieder* in: Segna/Möslein/Omlor/von Buttlar, eWpG, § 18 Rn. 15.

466 Dazu und zum Folgenden: Finanzausschuss, BT-Drucks. 19/29372, S. 55.

467 Dazu und zum Folgenden: *Lieder* in: Segna/Möslein/Omlor/von Buttlar, eWpG, § 18 Rn. 16.

zumindest bei erheblichen Zweifeln an der Versicherung, zusätzliche Nachweise vom Inhaber zu fordern. Für unzulässig hält er dagegen das routinemäßige Verlangen der Vorlage von Unterlagen ohne konkrete Hinweise auf Unzulänglichkeiten der Versicherung.[468] Dagegen lässt sich anführen, dass das Anfordern von Nachweisen weder gesetzlich verboten ist noch in den Gesetzesmaterialien ausgeschlossen wird. Die Regelung soll die registerführende Stelle entlasten. Wenn diese jedoch in einem automatisierten Verfahren etwa die Bestätigung der Zustimmung der begünstigten Person durch einen kryptographischen überprüfbaren Berechtigungsnachweis verlangt, spricht grundsätzlich nichts dagegen. Diese Gestaltungsfreiheit ist Ausdruck der Privatautonomie. Weder das eWpG noch das eWpRV normieren konkrete Vorgaben für die Ausgestaltung der Versicherung. Nur die gesetzgeberische Intention der Entlastung der registerführenden Stelle ist deutlich.[469] Eine automatisierte Abfrage böte die effiziente und einfache Methode, die Integrität der Weisung sicherzustellen und materielle Fehler zu reduzieren. Auch gegen die Berechtigung der registerführenden Stelle zu Nachforderungen von Unterlagen bei erheblichen Zweifeln spricht grundsätzlich nichts. Nach *Lieder* können diese Zweifel dann erheblich sein, wenn die Versicherung offenkundig unwahr oder unglaubwürdig ist oder der Inhaber schon einmal eine falsche Versicherung abgegeben hat.[470] Allerdings sind diese erheblichen Zweifel bei einem automatisierten Verfahren auf Blockchain-Grundlage des Kryptowertpapierregisters, bei dem etwa durch einen Klick eine Versicherung abgegeben werden muss, in der Praxis eher fernliegend.

Nach der Ansicht *Lieders* soll der registerführenden Stelle konsequenterweise die Befugnis eingeräumt werden, die Ausführung einer Weisung zu verweigern, wenn die erheblichen Zweifel an der Versicherung auch durch weitere Nachweise nicht ausgeräumt werden können. Gegen eine solche Verweigerungsbefugnis der registerführenden Stelle ist nichts einzuwenden, schließlich hat diese auch gemäß § 7 Abs. 2 S. 1 eWpG jederzeit die bestehende Rechtslage im Kryptowertpapierregister wiederzugeben.

---

[468] *Lieder* in: Segna/Möslein/Omlor/von Buttlar, eWpG, § 18 Rn. 16.
[469] Finanzausschuss, BT-Drucks. 19/29372, S. 55.
[470] *Lieder* in: Segna/Möslein/Omlor/von Buttlar, eWpG, § 18 Rn. 16.

g) Weisungsrecht bei Dritten

Sollen an dem Kryptowertpapier Rechte Dritter gemäß § 17 Abs. 2 S. 1 Nr. 2 eWpG eingetragen werden, ist der Dritte anstatt des Inhabers weisungsberechtigt nach § 18 Abs. 1 S. 3 eWpG. Das Weisungsrecht des Dritten kann jedoch nur so weit reichen, wie sein Recht an dem Kryptowertpapier reicht. Technisch ist dabei ein *Smart Contract* denkbar, der die Regeln des Drittweisungsrechts festlegt und dem Inhalt des Rechts entsprechen lässt.

h) Das Prioritätsprinzip

Die registerführende Stelle hat den Eingang der Weisungen nach § 18 Abs. 1 S. 4 mit einem Zeitstempel zu versehen und gemäß § 18 Abs. 3 S. 1 eWpG Änderungen des Registerinhalts nur in der Reihenfolge vorzunehmen, in der die entsprechende Weisung bei der registerführenden Stelle eingegangen ist. Danach hat die registerführende Stelle auch die Änderungen des Registerinhalts, insbesondere hinsichtlich des Inhabers, nach § 18 Abs. 3 S. 2 eWpG mit einem Zeitstempel zu versehen, um die Änderung für alle Teilnehmer nachvollziehbar zu gestalten. Dieses Prioritätsprinzip[471] dient der Transparenz und Integrität des Registerinhalts. Insbesondere hinsichtlich der Änderungen, die den Inhaber betreffen, ist diese Transparenz von Bedeutung, da sie vor allem die Umtragung nach § 4 Abs. 8 eWpG betrifft.[472] Die Regelung steht auch im Einklang mit der Funktionsweise der Blockchain nach dem aktuellen Stand der Technik. Danach werden Änderungen, also Transaktionen auf der Blockchain nicht zwingend chronologisch nach der Zeitabfolge ihrer Transaktionssignatur, also Anweisung, protokolliert, sondern nach dem Zeitpunkt ihrer Validierung.[473] Ein Unterschied zwischen den beiden Zeitpunkten kann deshalb bestehen, weil die signierten Transaktionsanweisungen auf der Blockchain häufig erst in *Pools* gesammelt und dann validiert werden, bevor sie gebündelt als validierter Datenblock der Blockchain hinzugefügt werden.

Ein Gleichlauf des Kryptowertpapierregisters mit der Blockchain ist zwar rechtlich nicht zwingend trotz der Vorschrift des § 7 Abs. 2 S. 1 eWpG. Allerdings ist er praktikabel. Grundsätzlich ist der *Time Stamp* im neuen Block der Blockchain, also nach der Validierung und Durchführung der Transaktion,

---

[471] *Lieder* in: Segna/Möslein/Omlor/von Buttlar, eWpG, § 18 Rn. 2, Rn. 36.
[472] Vgl. *Lieder* in: Segna/Möslein/Omlor/von Buttlar, eWpG, § 18 Rn. 36.
[473] Siehe Kapitel 1: III. 5. Time Stamp.

vorgesehen. Die registerführende Stelle müsste jedoch auch die Weisung mit einem Zeitstempel versehen. Dabei lässt sich die Weisung gleichsetzen mit der Autorisierung der Registeränderung (*Transaction*) durch den Berechtigten mittels *Private Key*.[474] Unabhängig vom Konsensmechanismus muss die registerführende Stelle die Transaktion dann nach ihrer Validierung erneut mit einem Zeitstempel als erfolgt versehen, § 18 Abs. 3 S. 2 eWpG. Dieser zweite Zeitstempel kann erst nach Validierung der Transaktion erfolgen, weil die registerführende Stelle nach § 18 Abs. 4 eWpG sicherstellen muss, dass eine erfolgte und im Kryptowertpapierregister aufgezeichnete Änderung (Transaktion) nicht mehr ungültig werden kann.

Auch wenn die Verwendung der Distributed-Ledger-Technologie nicht vorgeschrieben ist, ist ein Gleichlauf der Abbildung auf der Blockchain und derjenigen im Kryptowertpapierregister wünschenswert, insbesondere wenn die Blockchain selbst aus Effektivitäts- und Kostengründen gleichzeitig die Funktion des Kryptowertpapierregisters übernehmen soll. Die Blockchain bildet in diesem Fall den technischen Unterbau der registerführenden Stelle. Das Prioritätsprinzip aus § 18 Abs. 3 S. 1 eWpG soll widersprechende Verfügungen vermeiden und die ordnungsgemäße Registerführung gewährleisten.[475] Daher sollten auch widersprüchliche Definitionen von Transaktionsanweisung und Weisung an die registerführende Stelle vermieden werden, um die Reihenfolge der Transaktionen zweifelsfrei und rechtssicher nachvollziehen zu können.[476]

6. Die unautorisierte Änderung

Für den Fall einer unautorisierten Änderung sieht § 18 Abs. 5 S. 1 eWpG vor, dass die registerführende Stelle diese unverzüglich rückgängig machen muss. Das gilt sowohl für Änderungen des Registerinhalts ohne Weisung nach § 18 Abs. 1 eWpG als auch für Änderungen ohne Zustimmung des Emittenten nach § 18 Abs. 2 eWpG. Dem Wortlaut nach bezieht sich Abs. 5 bereits auch auf die fehlende Zustimmung des Emittenten und damit nicht nur auf Registerangaben nach § 17 Abs. 1 oder Abs. 2 eWpG, sondern auch

---

[474] So auch *Dubovitskaya*, ZIP 2020, S. 2551, 2560; vgl. auch *Habersack* in: Omlor/Möslein/Grundmann, Elektronische Wertpapiere, 2021, S. 92; *Linardatos*, ZBB 2020, S. 329, 341.

[475] *Lieder* in: Segna/Möslein/Omlor/von Buttlar, eWpG, § 18 Rn. 2.

[476] Vgl. dazu auch *Lieder* in: Omlor/Möslein/Grundmann, Elektronische Wertpapiere, 2021, S. 103 115.

auf die Löschung von Kryptowertpapieren sowie die Änderungen der Emissionsbedingungen. Sinn und Zweck der Vorschrift ist zudem, jederzeit die zutreffende Rechtslage im Kryptowertpapierregister abzubilden (als Pflicht der registerführenden Stelle, § 7 Abs. 2 S. 1 eWpG).[477] Auch systematisch bezieht sich Abs. 5 auf den gesamten sachlichen Anwendungsbereich des § 18 eWpG.

a) Die fehlende Weisung

Die registerführende Stelle ist zur Rückgängigmachung verpflichtet, wenn es an der Weisung als tatbestandliche Voraussetzung zur wirksamen Änderung des Registerinhalts fehlt.[478] Diese Tatbestandsvoraussetzung fehlt auch, wenn es sich um die Weisung eines anderen Weisungsberechtigten als den Inhaber handelt.[479] Die Pflicht zur Rückgängigmachung besteht etwa auch dann, wenn die Weisung derjenigen Person fehlt, zu deren Gunsten ein Recht an einem Kryptowertpapier eingetragen ist.

b) Die fehlende Zustimmung des Begünstigten

Für eine Verfügungsbeschränkung nach § 17 Abs. 2 S. 1 Nr. 1 eWpG verlangt § 18 Abs. 1 S. 2 eWpG über die Weisung des Inhabers hinaus seine Versicherung, dass die Zustimmung der durch die Verfügungsbeschränkungen begünstigten Person zu der Änderung vorliegt. Nach *Lieder* gilt die Pflicht zur Rückgängigmachung gemäß § 18 Abs. 5 eWpG auch für den Fall, dass die vom Inhaber abgegebene Versicherung über die Zustimmung der durch die Verfügungsbeschränkung begünstigten Person zur Änderung nach § 18 Abs. 1 S. 2 eWpG fehlt.[480] Dazu ist eine extensive Auslegung des § 18 Abs. 5 S. 1 eWpG notwendig, denn der Wortlaut nennt ausdrücklich nur die Weisung nach Abs. 1. Die Zustimmung bezieht sich ausschließlich auf diejenige des Emittenten nach § 18 Abs. 2 eWpG. Die Weisung nach § 18 Abs. 5 eWpG beinhaltet die Zustimmung des durch die Verfügungsbeschränkung Begünstigten auch nicht tatbestandlich. Dagegen spricht der Wortlaut des § 18 Abs. 1 S. 2 eWpG, wonach der Inhaber „über seine Weisung hinaus" der

---

[477] Begr. RegE, BT-Drucks. 19/26925, S. 59.

[478] *Lieder* in: Segna/Möslein/Omlor/von Buttlar, eWpG, § 18 Rn. 38.

[479] Siehe 5. b) Weisungsberechtigung durch Gesetz oder aufgrund eines Gesetzes sowie g) Weisungsrecht bei Dritten.

[480] *Lieder* in: Segna/Möslein/Omlor/von Buttlar, eWpG, § 18 Rn. 38.

registerführenden Stelle die Zustimmung der durch die Verfügungsbeschränkung begünstigten Person zu versichern hat. Diesbezüglich spricht auch der Finanzausschuss in seiner Beschlussempfehlung von einer Versicherung des Inhabers „neben der Weisung".[481] Damit ist die Zustimmung eine zusätzliche Voraussetzung zur Änderung des Registerinhalts.

Die Gesetzesmaterialien ergeben zu dieser Problematik keinerlei Erläuterung. Eine extensive Auslegung des § 18 Abs. 5 eWpG unterstützt allerdings das Telos der Vorschrift. Dieser dient der Fortsetzung der Pflicht der registerführenden Stelle aus § 7 Abs. 2 S. 1 eWpG, jederzeit die bestehende Rechtslage zutreffend wiederzugeben.[482] Zwar nennt Abs. 5 wörtlich nur die fehlende Weisung, nicht auch die fehlende Zustimmung zur Weisung im Rahmen der Versicherung des Inhabers. Allerdings verweist § 18 Abs. 5 eWpG vollumfänglich auf Abs. 1, beschränkt den Verweis also nicht nur auf Satz 1 des Abs. 1. Damit ist systematisch auch die Zustimmung des durch die Verfügungsbeschränkung Begünstigten in § 18 Abs. 1 S. 2 eWpG erfasst.

c) Vertrauensschutz der registerführenden Stelle

Eine solche extensive Auslegung widerspricht auch nicht dem vom Finanzausschuss geforderten Schutz der registerführenden Stelle gemäß § 18 Abs. 1 S. 2 eWpG, wonach sich diese auf die Versicherung des Inhabers verlassen darf und Ansprüche bei fehlerhafter Versicherung auf das Innenverhältnis zwischen Inhaber und Begünstigtem nach § 17 Abs. 2 S. 1 Nr. 1 eWpG beschränken sollen.[483] In der Beschlussempfehlung des Finanzausschusses bezieht sich diese Forderung auf den Zeitpunkt der Änderung des Registerinhalts aufgrund einer Weisung des Inhabers. In diesem Zeitpunkt soll sich die registerführende Stelle auch auf die Versicherung des Inhabers über die vorliegende Zustimmung des durch die Verfügungsbeschränkung Begünstigten nach § 18 Abs. 1 S. 2 eWpG verlassen können, um die Effektivität der Registerführung zu erhöhen. Eine Prüfung und Nachforschung durch die registerführende Stelle wäre dieser nicht zumutbar.[484] Dieser Grundsatz wird auch durch eine Pflicht zur Rückgängigmachung nach § 18 Abs. 5 eWpG

---

481 Finanzausschuss, BT-Drucks. 19/29372, S. 55.

482 Begr. RegE, BT-Drucks. 19/26925, S. 59.

483 Finanzausschuss, BT-Drucks. 19/29372, S. 55; siehe 5. f) Weisungsrecht bei Verfügungsbeschränkungen.

484 Finanzausschuss, BT-Drucks. 19/29372, S. 55.

nicht negiert, denn diese Pflicht knüpft an einen späteren Zeitpunkt an. Bei der Ausführung einer Weisung soll sich die registerführende Stelle zunächst einmal auf die Versicherung des Inhabers verlassen können und wird insofern von einer speziellen Prüfungspflicht befreit. Erhält sie jedoch später Kenntnis von der fehlenden oder fehlerhaften Zustimmung des durch die Verfügungsbeschränkung Begünstigten, soll sie den Registerinhalt gemäß § 18 Abs. 5 eWpG berichtigen, die Änderung im weitesten Sinne „rückgängig machen". Diese Berichtigung ist auch notwendig, um einen Gleichlauf zu § 7 Abs. 2 S. 1 eWpG herzustellen, wonach die registerführende Stelle die bestehende Rechtslage jederzeit zutreffend wiedergeben muss.

d) Vertrauensschutz des begünstigten Dritten

Der Schutz der registerführenden Stelle vor übermäßig hohen Anforderungen an die Registerführung steht letztlich im Spannungsverhältnis zum Schutz des durch eine Verfügungsbeschränkung begünstigten Dritten. Wenn der Begünstigte grundsätzlich nur Ansprüche aus der fehlerhaften Weisung gegenüber dem Inhaber des Kryptowertpapiers haben soll,[485] bedeutet dies insoweit eine Haftungsfreistellung der registerführenden Stelle. Diese spricht jedoch nicht gegen eine Pflicht der registerführenden Stelle zur Berichtigung des Kryptowertpapiers bei Kenntnis der tatsächlichen Rechtslage. Wie diese Kenntnis in der Praxis aussehen könnte, wird sich zeigen. In Betracht kommt zum einen die Beweisführung durch den begünstigten Dritten direkt gegenüber der registerführenden Stelle oder ein Anspruch des Dritten gegenüber dem Inhaber auf Abgabe einer Weisung zur Berichtigung des Registerinhalts (z.B. im Rahmen von Ansprüchen aus §§ 985, 249 Abs. 1, 812 Abs. 1 BGB)[486]. Letzteres wäre jedoch auch ohne die Pflicht zur Rückgängigmachung bereits nach § 18 Abs. 1 eWpG möglich. Daher zielt § 18 Abs. 5 eWpG auf den Fall ab, dass die registerführende Stelle direkt Kenntnis von der fehlenden Zustimmung erhält. Obwohl die Kenntnis nicht in § 18 Abs. 5 eWpG wörtlich verankert ist, wird sie notwendig sein, um die Tatsache der fehlenden Weisung, der Zustimmung des Emittenten oder eben der fehlenden Zustimmung des durch die Verfügungsbeschränkung Begünstigten zur Weisung

---

485 Finanzausschuss, BT-Drucks. 19/29372, S. 55.

486 Vgl. *Lieder* in: Segna/Möslein/Omlor/von Buttlar, eWpG, § 18 Rn. 7; *Einsele* in: Omlor/Möslein/Grundmann, Elektronische Wertpapiere, 2021, S. 40, 53.

des Inhabers zu manifestieren. Im Falle der fehlenden Weisung oder der fehlenden Zustimmung des Emittenten ist dies (technisch) einfacher nachzuvollziehen, weil es sich um eine echte Voraussetzung für die Änderung des Registerinhalts nach § 18 Abs. 1, 2 eWpG handelt. Unproblematisch lässt sich § 18 Abs. 5 eWpG anwenden, wenn eine Änderung ohne eine Weisung nach Abs. 1 oder die Zustimmung des Emittenten nach Abs. 2 aufgrund eines technischen Fehlers oder Versehens der registerführenden Stelle selbst durchgeführt wurde. Für inhaltliche Fehler, wie das Fehlen der Zustimmung des durch die Verfügungsbeschränkung Begünstigten als inhaltlichen Fehler der Versicherung des Inhabers, wird man auf eine gerichtliche Klärung der Rechtslage und damit auf eine Weisung durch gerichtliche Entscheidung gemäß § 18 Abs. 1 S. 1 Nr. 2 d) eWpG zurückgreifen müssen.

Die praktische Relevanz einer extensiven Ausdehnung des § 18 Abs. 5 eWpG bleibt daher abzuwarten. Überdies wäre eine gesetzgeberische Klarstellung wünschenswert, wie diese Vorschrift ausgelegt und angewendet werden soll. Im Zuge der Rechtssicherheit ist anzuraten, § 18 Abs. 5 eWpG lediglich auf das tatsächliche (technische) Fehlen einer Weisung oder Zustimmung des Emittenten anzuwenden und die registerführende Stelle nur in diesen Fällen unmittelbar zur Korrektur zu verpflichten. In allen anderen Fällen empfehlen sich die gerichtliche Klärung der Rechtslage und eine Weisung durch gerichtliche Entscheidung nach § 18 Abs. 1 S. 1 Nr. 2 d) eWpG.

e) Technische Ausgestaltung

Zu beachten ist dabei, dass ein Registereintrag auf einer Blockchain technisch nicht im Sinne des Löschens von Daten rückgängig gemacht werden kann, denn die Datensätze eines Blocks werden auf der Blockchain unveränderlich festgeschrieben. Eine Datenverarbeitung durch einen *Smart Contract* muss je nach Konsensmechanismus durch die *Nodes* auf der Blockchain validiert werden und wird dann als Datensatz im Block der Chronologie der Blockchain hinzugefügt. Jeder Block erhält einen Zeitstempel und alle validierenden Rechner des Systems überprüfen bei jeder Transaktion die Zeitstempel sowie die Transaktionshistorie ab. Daher kann eine Transaktion und damit ein Block auf der Blockchain nicht rückgängig gemacht werden.[487] Stattdessen kann eine Berichtigung nur durch einen neuen Datenblock, also

[487] Siehe genauer Kapitel 1: III. 5. Time Stamp.

eine neue Transaktion erfolgen. Systematisch ist § 18 in den speziellen Vorschriften zum Kryptowertpapierregister in Abschnitt 3 des eWpG geregelt. Der Gesetzgeber hatte grundsätzlich beim Entwurf dieses Gesetzes die Distributed-Ledger-Technologie vor Augen, daher sind die Gründe für eine solche Formulierung nicht ersichtlich. In diesem Zusammenhang ist es treffender, von einer Berichtigung oder einer Korrektur zu sprechen. § 15 eWpRV gibt dazu Aufschluss über die technische Ausgestaltung der Verpflichtung nach § 18 Abs. 5 eWpG. Danach ist das Register technisch bereits so auszugestalten, dass die registerführende Stelle eine Rückgängigmachung von Änderungen des Registerinhalts vornehmen kann. Mit Blick auf die derzeitige technische Ausgestaltung der gängigen Blockchain-Netzwerke ist dies schwer vorstellbar.

Die Begründung zu § 15 Abs. 2 eWpRV stellt klar, dass die Rückgängigmachung nicht im Sinne einer „vollständigen und unwiederbringlichen Unkenntlichmachung" eines bestimmten Registerinhalts zu verstehen ist.[488] Nach § 15 Abs. 2 eWpRV muss die Rückgängigmachung so erfolgen, dass der Inhalt der weisungslos erfolgten Änderung weiterhin feststellbar ist. Zudem müssen alle Änderungen den Zeitpunkt erkennen lassen, zu welchem sie vorgenommen wurden. Damit ist nicht etwa eine „Überschreibung" von Registerinhalten vorgesehen,[489] sondern eine Art Korrekturbuchung, wie sie etwa auch für die Führung von Handelsbüchern vorgesehen ist (vgl. hierzu § 239 Abs. 3 HGB).[490] Genauso werden Änderungen im Grundbuch und im Handelsregister vorgenommen, durch Fortschreibung, sodass der Verlauf der Änderungen sichtbar bleibt. Eine konkrete technische Umsetzungsvorgabe gibt die Verordnung wiederum nicht. Dies ist auch sehr im Sinne der technischen Innovation und Flexibilität zu begrüßen.

Es liegt im pflichtgemäßen Ermessen der registerführenden Stelle, welche technische Umsetzung sie zur Erfüllung dieser Anforderungen wählt.[491] Im Hinblick auf die Distributed-Ledger-Technologie wäre eine direkte Einflussnahme der registerführenden Stelle als zentraler Instanz, etwa über eine Art Generalschlüssel, nicht mit der dezentralen Natur einer Blockchain

488 Begr. eWpRV, S. 8.
489 Diese wären nicht zulässig, vgl. Begr. eWpRV, S. 8.
490 *Lieder* in: Segna/Möslein/Omlor/von Buttlar, eWpG, § 18 Rn. 39.
491 *Lieder* in: Segna/Möslein/Omlor/von Buttlar, eWpG, § 18 Rn. 40.

vereinbar.[492] Dagegen ist eine Korrekturbuchung durch einen neuen Datensatz möglich, wenn diese vom Netzwerk nach ihrem Konsensmechanismus durch alle *Nodes* validiert wird.

Habersack ist der Auffassung, das Problem ließe sich gegebenenfalls über den Einsatz einer *permissioned* anstatt einer *permissionless* Blockchain lösen, in der die Transaktion nur durch einen bestimmten Kreis an Teilnehmern validiert wird.[493] Dies stelle jedoch keine dezentrale Blockchain dar; die Daten würden nur noch dezentral gespeichert werden. Tatsächlich wäre auch die Validierung in einer *permissioned* Blockchain dezentral. Allerdings wäre die Anzahl der *Nodes* begrenzt und von vornherein bestimmt, sodass die Technologie sicherlich zu einem gewissen Grad an dezentraler Unabhängigkeit einbüßt. Problematisch bleibt dennoch, dass sowohl die Formulierung des § 18 Abs. 5 eWpG als auch die des § 15 Abs. 1 eWpRV den Anschein erwecken, als ob sich der Gesetzgeber eine zentrale Einflussnahme der registerführenden Stelle auf das Kryptowertpapierregister vorstellen würde. Soll das Kryptowertpapierregister allerdings nach dem aktuellen Stand der Technik mittels Blockchain geführt werden, kommen zwei Szenarien in Betracht. Entweder werden Fehler wie die unautorisierte Änderung des Registerinhalts durch den richtigen Code der Blockchain beziehungsweise des ausführenden *Smart Contracts* vermieden. Oder aber eine solche Korrekturtransaktion müsste zunächst durch den *Private Key* signiert und dann durch alle nach dem Konsensmechanismus relevanten *Nodes* validiert werden.

Zu beachten ist allerdings, dass die Anwendungsfälle der unautorisierten Änderung in der Praxis eher unwahrscheinlich sind, denn technisch ist eine unautorisierte Transaktion unwahrscheinlich und nichts anderes ist letztlich eine unautorisierte Änderung des Registerinhalts. Handelt es sich beim Kryptowertpapierregister gleichzeitig um eine Blockchain, ist allenfalls ein Fehler im Code der Blockchain oder des *Smart Contracts* denkbar, der zu einer unautorisierten Änderung des Registerinhalts führen könnte. Dieser Fehler ist zwar zu beheben, eine Änderung des Inhalts aber nur für die Zukunft zu

---

[492] So auch *Lieder* in: Segna/Möslein/Omlor/von Buttlar, eWpG, § 18 Rn. 40; etwas anders dazu *Habersack* in: Omlor/Möslein/Grundmann, Elektronische Wertpapiere, 2021, S. 83, 92.

[493] *Habersack* in: Omlor/Möslein/Grundmann, Elektronische Wertpapiere, 2021, S. 92.

berichtigen, nicht rückgängig zu machen. Abzugrenzen sind hiervon die Fälle der unberechtigten Weisung, die in der Praxis wahrscheinlicher erscheinen.

7. Verantwortlichkeit der registerführenden Stelle

Die registerführende Stelle ist nach Maßgabe des § 18 eWpG verantwortlich für den Vollzug der Weisung, genauer für die Änderung des Kryptowertpapierregisterinhalts. Nach § 18 Abs. 4 eWpG muss sie daher sicherstellen, dass Umtragungen eindeutig sind, innerhalb einer angemessenen Zeit erfolgen und die Transaktion auf dem Aufzeichnungssystem nicht wieder ungültig werden kann. Dabei definiert der Gesetzgeber nicht, welchen Zeitraum er für eine Umtragung im Kryptowertpapierregister angemessen hält. Aus den Materialien ist jedoch ersichtlich, dass er zu Recht annimmt, dass sich Anbieter mit einer unangemessen langen Umtragungszeit nicht am Markt werden durchsetzen können. Diese Annahme wird durch die Tatsache gestützt, dass Ethereum im Jahr 2022 bereits auf einen anderen Konsensmechanismus (*proof of stake*) umgestellt hat, um neben dem Energieaufwand auch die Transaktionszeit zu verringern.[494] Nach § 12 Abs. 1 eWpRV teilt die registerführende Stelle dazu den Teilnehmern in elektronisch lesbarer Form den als angemessen geltenden Zeitraum für Umtragungen und die Anforderungen an die Gültigkeit der Umtragungen mit. Stellt man für den Zeitpunkt der Weisung auf die Signatur der Transaktion durch den *Private Key* ab, kommt als Anforderung für die Gültigkeit der Umtragung z.B. die Validierung der Transaktion durch das Netzwerk sowie eine automatisierte Abfrage des Alters des Anweisenden, seiner Geschäftsfähigkeit oder etwaiger Verfügungsbeschränkungen in Betracht. Diese könnten als aufschiebenden Bedingungen für den Vollzug der Weisung gestaltet und durch einen *Smart Contract* automatisiert werden.

Diese Festlegungen müssen für die Teilnehmer jederzeit im Internet abrufbar und nachvollziehbar sein, § 12 Abs. 1 S. 2, 3 eWpRV. Bei der Festlegung der Anforderungen hat die registerführende Stelle nach § 12 Abs. 2 eWpRV die Besonderheiten eines für das Aufzeichnungssystem nach § 4 Abs. 11 eWpG verwendeten Konsensmechanismus zu berücksichtigen und zu gewährleisten, dass eine einmal gültige Eintragung oder Umtragung auch an jedem

[494] Blog „Proof of Stake", 12.05.2023, https://ethereum.org/en/developers/docs/consensus-mechanisms/pos/.

späteren Zeitpunkt gültig bleibt. Aus der Natur der Blockchain ergibt sich die Unveränderlichkeit einer einmal eingetragenen Transaktion. Im Vollzug der Weisung ist freilich zu berücksichtigen, dass die Transaktion im Kryptowertpapierregister durch die registerführende Stelle nicht vor der Validierung auf der Blockchain bereits aufgenommen wird. Zusätzlich sind der Ablauf einer Transaktion, die Validierung durch einen bestimmten Konsensmechanismus und die übrigen Wirksamkeitsvoraussetzungen oder Bedingungen einer Änderung des Registerinhalts nachvollziehbar und transparent für die Teilnehmer zu gestalten.[495]

8. Dokumentationspflicht und Publizität

Zusätzlich zur Dokumentation der Vollzugsbedingungen für die Teilnehmer hat die registerführende Stelle gemäß § 2 Abs. 1 Nr. 2, 3 eWpRV die Einzelheiten der Verfahrensanforderungen zur Übermittlung und Vollziehung einer Weisung oder Übermittlung einer Zustimmung nach § 18 Abs. 1–4 eWpG sowie den angemessenen Zeitraum für Umtragungen und Anforderungen an die Gültigkeit der Umtragungen nach § 18 Abs. 4 eWpG in einer nachvollziehbaren, aussagefähigen und für einen sachkundigen Dritten leicht verständlichen Art und Weise zu dokumentieren. Die Dokumentation ist nach § 2 Abs. 2 eWpRV der BaFin auf deren Anforderung elektronisch zur Verfügung zu stellen und nach § 2 Abs. 4 S. 1 eWpRV für mindestens zehn Jahre aufzubewahren. Diese Dokumentationspflicht dient zum einen der effektiven Aufsicht durch die BaFin und soll zum anderen die Durchsetzung zivilrechtlicher Ansprüche erleichtern.[496] Die BaFin kann nach § 3 Abs. 3 S. 1 eWpRV Anordnungen bezüglich der Dokumentation sowie der Festlegungen gegenüber der registerführenden Stelle treffen, sofern die Festlegungen die gesetzlichen Anforderungen nicht erfüllen. Änderungen an den an die Teilnehmer mitzuteilenden Festlegungen sind nach § 12 Abs. 1 S. 3 eWpRV fortlaufend nummeriert und zeitlich protokolliert zu dokumentieren.

Im Rahmen der Information der Teilnehmer über den Zeitraum und die Anforderungen an die Gültigkeit von Umtragungen kann die registerführende

---

[495] Vgl. ebenso zur Einspeisung angewiesener Transaktionen in einen *pool* zur Verifizierung: *Lieder* in: Segna/Möslein/Omlor/von Buttlar, eWpG, § 18 Rn. 31; *Dubovitskaya*, ZIP 2020, S. 2551, 2560; siehe ferner *Habersack* in: Omlor/Möslein/Grundmann, Elektronische Wertpapiere, 2021, S. 83 92; *Linardatos,* ZBB 2020, S. 329, 341.

[496] Begr. eWpRV, S. 4.

Stelle nach freiem Ermessen über die konkrete Ausgestaltung der elektronischen Zurverfügungstellung der Informationen entscheiden.[497] In Bezug auf die BaFin stellt der Gesetzgeber klar, dass eine postalische Übersendung der Festlegungen in Papierform durch die registerführende Stelle nicht erforderlich ist.[498] Gleiches gilt selbstverständlich für die Information der Teilnehmer nach § 12 Abs. 1 S. 1 eWpRV, die in elektronisch lesbarer Form erfolgt.

Zu den Teilnehmern zählen nach § 2 Abs. 1 eWpRV der Emittent, der Inhaber, jede Person, zugunsten derer eine Verfügungsbeschränkung im Kryptowertpapierregister nach § 17 Abs. 2 S. 1 Nr. 1 eWpG eingetragen ist, jeder Dritte mit einem eingetragenen Recht am Kryptowertpapier nach § 17 Abs. 2 S. 1 Nr. 2 eWpG sowie nach § 2 Abs. 2 eWpRV jeder, der aufgrund einer Vereinbarung mit der registerführenden Stelle Zugang zu den Funktionen des Registers erhält.

9. Technische Anforderungen an Identifizierung und Autorisierung

Zum Vollzug einer Weisung durch die registerführende Stelle ist die Identifizierung des Weisungsberechtigten essenziell. Dies gilt insbesondere im Hinblick auf das Telos des § 18 i.V.m. § 7 Abs. 2 S. 1 eWpG: die Integrität des Kryptowertpapiers über die gesamte Bestehensdauer hinweg und die damit verbundene rechtssichere Dokumentation.[499]

a) Authentifizierungsinstrument

Die registerführende Stelle darf grundsätzlich eine Weisung nur ausführen, wenn die Weisung mittels eines geeigneten Authentifizierungsinstruments erteilt wurde. Die Anforderungen an die Identifizierung des Weisungsberechtigten und an das Authentifizierungsinstrument werden auf Grundlage des § 23 Abs. 1 S. 1 Nr. 9 eWpG in § 11 eWpRV näher bestimmt. Nach § 11 Abs. 6 eWpRV ist eine kryptographische Signatur oder ein vergleichbares Authentifizierungsinstrument als geeignet im Sinne des § 18 Abs. 1 S. 5 eWpG anzusehen, wenn die verwendeten Verfahren dem Stand der Technik entsprechen und die registerführende Stelle die verwendete Signatur oder das

[497] *Lieder* in: Segna/Möslein/Omlor/von Buttlar, eWpG, § 18 Rn. 33.
[498] Begr. eWpRV, S. 4.
[499] *Lieder* in: Segna/Möslein/Omlor/von Buttlar, eWpG, § 18 Rn. 19.

verwendete vergleichbare Authentifizierungsinstrument derjenigen natürlichen oder juristischen Person oder Personengesellschaft, die die Weisung erteilt hat, zuverlässig zuordnen kann. Für ein blockchainbasiertes Kryptowertpapierregister kommt grundsätzlich ein kryptographisches Signaturverfahren in Betracht.[500] Dabei signiert der *Private Key* eine Transaktion und authentifiziert sich dadurch.

Zusätzlich besteht die Möglichkeit der erweiterten Identitätsprüfung mittels Dezentraler Identifikatoren[501] oder die automatisierte und verschlüsselte Überprüfung von Berechtigungen, z.B. wirksamer Bevollmächtigung oder gerichtlicher Bestellung mittels Attestierung (auch bekannt als nachprüfbare Berechtigungsnachweise/*Credentials*).[502] Damit könnten Bevollmächtigungen oder Gerichtsentscheidungen dezentral und verschlüsselt als Berechtigungsnachweise gespeichert und von einem *Smart Contract* vor Durchführung einer Weisung verwertet werden.

Im Zuge einer möglichst technologieneutralen Normierung hat der Gesetzgeber darauf verzichtet, die technischen Standards genauer zu definieren.[503] Daher sind auch andere Technologien möglich. Deshalb wäre auch der Einsatz der bisher in der Finanzdienstleistungsindustrie bekannten Zwei-Faktoren-Identifikation (2FA) denkbar.[504] Diese verwendet allerdings zusätzlich biometrische Merkmale wie Fingerabdruck oder Gesichtserkennung.[505] Damit ist bei jedem Authentifizierungsprozess eine aufwendige Verwertung von sensiblen privaten Daten notwendig. Alternativ schlägt *Siadat* eine einmalige Authentifizierung zu Beginn der Geschäftsbeziehung mittels 2FA und unter Verwendung von biometrischen Merkmalen nach § 12 i.V.m. § 13 GwG vor und bei jeder Weisung im Verlauf lediglich eine Zuordnung mittels 2FA-Verfahren und unter Bezugnahme auf die biometrischen Merkmale.[506] Laut Gesetzesmaterialien ist nicht bei jeder einzelnen Weisung eine erneute Identifikation erforderlich, sofern das genutzte Authentifizierungsinstrument der

---

500 Begr. eWpRV, S. 7.

501 Siehe zur DID: 4. d) (v) Stellungnahme.

502 Ausf. zu nachprüfbaren Berechtigungsnachweisen: https://www.w3.org/TR/vc-data-model/, zuletzt abgerufen am: 04.12.2025.

503 Begr. eWpRV, S. 7.

504 *Lieder* in: Segna/Möslein/Omlor/von Buttlar, eWpG, § 18 Rn. 20.

505 Näher dazu *Siadat*, RDi 2021, S. 466, 472, Rn. 25.

506 *Siadat*, RDi 2021, S. 466, 472, Rn. 25.

identifizierten Person zuverlässig zuzuordnen ist.[507] Dabei bleibt fraglich, wie groß der Effektivitätsgewinn durch die Nutzung des 2FA-Verfahrens mittels biometrischen Abgleichs ist. Der Vorteil der kryptographischen Verfahren wie DID oder *Credentials*[508] lieg sicherlich darin, dass der Nachweis (*proof*) der Identität oder anderer Merkmale flexibler gestaltet werden kann (von einfachen *true/false*-Abfragen bis hin zu komplexen Inhalten) und ohne Offenlegung von persönlichen Daten abgerufen und verwendet werden kann.[509]

b) Authentifizierungsverfahren

Derjenige, der eine Weisung nach § 18 Abs. 1 S. 1 eWpG erteilt, hat nach § 11 Abs. 1 S. 1 eWpRV seine Identität durch geeignete Nachweise gegenüber der registerführenden Stelle zu belegen. Bezüglich des Umfangs und Verfahrens der von der registerführenden Stelle vorzunehmenden Identifizierung orientiert sich der Gesetzgeber an den Vorgaben zum Geldwäschegesetz.[510] Natürliche Personen haben nach § 11 Abs. 2 S. 1 Nr. 1 eWpRV den Vor- und Nachnamen, den Geburtsort, das Geburtsdatum, die Staatsangehörigkeit sowie die Anschrift zu erheben. Für juristische Personen und rechtsfähige Personengesellschaften zählen zu den Angaben die Firma, der Name oder die Bezeichnung, die Rechtsform, die Registernummer (soweit vorhanden), die Anschrift des Sitzes oder der Hauptniederlassung sowie die Vor- und Nachnamen der Mitglieder des Vertretungsorgans oder der gesetzlichen Vertreter. Sofern es sich bei dem Mitglied oder gesetzlichen Vertreter selbst um eine juristische Person handelt, sind von dieser Person die relevanten Angaben zu erheben.

Diese personenbezogenen Daten darf die registerführende Stelle nach § 11 Abs. 1 S. 2 eWpRV speichern, sofern dies zur Erfüllung ihrer Aufgaben nach § 11 eWpRV notwendig ist. Darüber hinaus hat die registerführende Stelle nach § 11 Abs. 3 S. 1 eWpRV die Angaben anhand geeigneter Nachweise zu überprüfen. Die Überprüfung erfolgt dabei nach § 11 Abs. 4 S. 1 eWpRV i.V.m. § 13 GwG, also grundsätzlich durch angemessene Prüfung

507 Begr. eWpRV, S. 7.

508 Vgl. https://ethereum.org/de/decentralized-identity/, https://ethereum.org/de/decentralized-identity/#what-are-attestations; https://www.w3.org/TR/vc-data-model/.

509 https://www.w3.org/TR/vc-data-model/; https://www.societybyte.swiss/2021/12/16/ersetzen-kuenftig-verifiable-credentials-x-509-zertifikate/.

510 Begr. eWpRV, S. 7.

des vor Ort vorgelegten Dokuments oder mittels eines gleichwertigen, zur geldwäscherechtlichen Überprüfung der Identität geeigneten Verfahrens. Dabei müssen die erhobenen Daten mit den in dem verwendeten Dokument abgebildeten Daten abgeglichen werden.[511] Bei einer Überprüfung anhand einer qualifizierten elektronischen Signatur nach § 12 Abs. 1 S. 1 Nr. 3 GwG ist die Validierung der Signatur nach Art. 32 Abs. 1 der Verordnung (EU) Nr. 910/2014 (eIDAS-VO)[512] zu beachten, § 12 Abs. 1 S. 2 GwG i.V.m. § 11 Abs. 4 S. 2 eWpRV. Darüber hinaus können sich zivilrechtliche Sorgfaltsanforderungen ergeben.[513] Zusätzlich muss die registerführende Stelle sicherstellen, dass eine Transaktion unmittelbar von einem Zahlungskonto erfolgt, das die Voraussetzungen nach § 12 Abs. 1 S. 3 GwG i.V.m. § 11 Abs. 4 S. 2 eWpRV erfüllt. Die registerführende Stelle kann sich zur Erhebung und Überprüfung der Angaben zwar eines Dritten bedienen gemäß § 17 GwG i.V.m. § 11 Abs. 5 eWpRV, gleichzeitig gelten die Vorschriften des § 11 Abs. 4 eWpRV aber auch für diesen. Hierdurch soll eine Umgehung der durch die eWpRV aufgestellten Standards durch Bedienung eines Dritten im Ausland vermieden werden.[514]

Der Gesetzgeber möchte durch die Regelungen ein hohes Vertrauensniveau an die Identitätsfeststellung erreichen und empfiehlt daher die Einhaltung der Kriterien der BSI TR-03147 und der BSI TR-03107.[515] In Betracht kommen die bisher gängigen kryptographischen Signaturmöglichkeiten wie die DID und *Credentials*.[516] Ob diese Verfahren den gesetzlichen Standards genügen, bleibt abzuwarten. Dabei sind in § 11 eWpRV lediglich aufsichtsrechtliche Mindeststandards normiert.[517] Sofern die registerführende Stelle zugleich ein Finanzdienstleistungsinstitut darstellt – und das wird nach § 1 Abs. 1a KWG

---

511 Dazu näher *Frey* in: BeckOK GwG, § 12 Rn. 11; *Figura* in: Herzog/Achtelik GwG, 2023, § 12 Rn. 2; *Lieder* in: Segna/Möslein/Omlor/von Buttlar, eWpG, § 18 Rn. 22.

512 Verordnung (EU) Nr. 910/2014 des Europäischen Parlaments und des Rates vom 23.07.2014 über elektronische Identifizierung und Vertrauensdienste für elektronische Transaktionen im Binnenmarkt und zur Aufhebung der Richtlinie 1999/93/EG, ABl. L 257 v. 28.08.2014, S. 73.

513 Begr. eWpRV, S. 7.

514 Dies.

515 Begr. eWpRV, S. 7.

516 Vgl. https://ethereum.org/de/decentralized-identity/, https://ethereum.org/de/decentralized-identity/#what-are-attestations; https://www.w3.org/TR/vc-data-model/.

517 Begr. eWpRV, S. 7.

zumeist der Fall sein –, sind auch die allgemeinen Regeln und Grundsätze des Geldwäscherechts anzuwenden, § 2 Abs. 1 Nr. 2 GwG.[518]

Das bedeutet nach § 11 Abs. 3 S. 2 Nr. 1 eWpRV für natürliche Personen ein Nachweis nach § 12 Abs. 1 S. 1 Nr. 1–5 GwG durch einen gültigen amtlichen Ausweis mit Lichtbild des Inhabers, der die Pass- und Ausweispflicht im Inland erfüllt.[519] Dazu zählen auch ein elektronischer Identitätsnachweis nach § 18 PAuswG, nach § 12 eIDKG oder nach § 78 Abs. 5 AufenthG (elektronischer Aufenthaltstitel), eine qualifizierte elektronische Signatur nach Art. 3 Nr. 12 eIDAS-VO, sowohl aus dem Inland als auch aus dem Ausland[520], ein nach Art. 8 Abs. 2 c) i.V.m. Art. 9 eIDAS-VO notifiziertes elektronisches Identifizierungssystem mit dem Sicherheitsniveau „hoch" sowie Dokumente nach § 1 Abs. 1 ZIdPrüfV.[521] Bei Letzteren handelt es sich um solche Dokumente, die zur Identifizierung einer nach dem GwG zu identifizierenden Person zum Zweck des Abschlusses eines Zahlungskontovertrages zugelassen sind.[522]

Juristische Personen und rechtsfähige Personengesellschaften sind nach § 11 Abs. 3 S. 2 Nr. 2 eWpRV i.V.m. § 12 Abs. 2 Nr. 1–3 GwG durch einen Auszug aus dem Handels-, Genossenschafts- oder einem vergleichbaren amtlichen Register oder Verzeichnis, durch Gründungsdokumente oder gleichwertige beweiskräftige Dokumente oder durch eine eigene dokumentierte Einsichtnahme der registerführenden Stelle in die Register- oder Verzeichnisdaten zu überprüfen. In der Literatur wird das von der BaFin[523] zum Geldwäscherecht aufgestellte Stufenverhältnis der drei Überprüfungsvarianten zu Recht

---

518 Begr. eWpRV, S. 7; *Lieder* in: Segna/Möslein/Omlor/von Buttlar, eWpG, § 18 Rn. 22.

519 Hierzu und zum Folgenden: *Lieder* in: Segna/Möslein/Omlor/von Buttlar, eWpG, § 18 Rn. 23.

520 Vgl. *Frey* in: BeckOK GwG, § 12 Rn. 19.

521 *Lieder* in: Segna/Möslein/Omlor/von Buttlar, eWpG, § 18 Rn. 23.

522 *Lieder* in: Segna/Möslein/Omlor/von Buttlar, eWpG, § 18 Rn. 23; Verordnung über die Bestimmung von Dokumenten, die zur Überprüfung der Identität einer nach dem Geldwäschegesetz zu identifizierenden Person zum Zwecke des Abschlusses eines Zahlungskontovertrags zugelassen werden (Zahlungskonto-Identitätsprüfungsverordnung – ZIdPrüfV) vom 05.07.2016, Banz AT 06.07.2016 V1, abrufbar unter: https://www.gesetze-im-internet.de/zidpr_fv/BJNR618800016.html.

523 BaFin, Auslegungs- und Anwendungshinweise zum Geldwäschegesetz, Oktober 2021, S. 38; abrufbar unter: https://www.bafin.de/SharedDocs/Downloads/DE/Auslegungsentscheidung/dl_ae_auas_gw.pdf?__blob=publicationFile&v=17.

abgelehnt.[524] Eine solche Abstufung ergibt sich weder aus dem Wortlaut des § 12 Abs. 2 GwG noch ist ein sachlicher Grund für diese Abstufung ersichtlich. Es leuchtet nicht ein, warum ein Gründungsdokument weniger aussagekräftig oder zum Nachweis der Identität geeignet sein soll als der Handelsregisterauszug. Stattdessen steht es im freien Ermessen der registerführenden Stelle, welche Informationen sie zur Überprüfung der Identität heranzieht.[525] Dagegen ist die Einsichtnahme in oder ein Auszug aus dem Transparenzregister nicht geeignet.[526] Technisch wäre hier wiederum eine kryptographische Abfrage der Informationen, z.B. aus dem Handelsregister, als *Credentials* durch Attestierung denkbar.[527]

Etwas anders gestaltet sich die Authentifizierung von Rechtsformen, die nicht in ein Register eingetragen sein müssen.[528] Für eine GbR gab es bis zum Inkrafttreten des MoPeG[529] kein Register, in das die Gesellschaft eingetragen werden kann, sodass auch kein Registerauszug zur Authentifizierung dienen kann. Nach § 8 Abs. 1 S. 1 Nr. 3 eWpRV sind im elektronischen Wertpapierregister alle Angaben nach § 8 Abs. 1 S. 1 Nr. 1 eWpRV zur Bezeichnung aller Gesellschafter der GbR zu machen. Diese Wertung lässt sich allerdings nicht übertragen, denn sie gilt nur für personenbezogene Registerangaben, noch dazu nur für elektronische Wertpapiere in Sammeleintragung.[530] Da diese Vorschrift auf Transparenz des elektronischen Wertpapierregisters abzielt und dafür die notwendigen Angaben normiert, ist für Kryptowertpapiere in Einzeleintragung nach § 8 Abs. 2 S. 3 eWpRV der Inhaber pseudonymisiert durch Zuordnung einer eindeutigen Kennnummer zu registrieren. Dagegen zielt § 11 Abs. 1 S. 2 eWpRV auf die Identitätsüberprüfung hinter

---

[524] *Frey* in: BeckOK GwG, § 12 Rn. 24; *Lieder* in: Segna/Möslein/Omlor/von Buttlar, eWpG, § 18 Rn. 24.

[525] Dies.

[526] *Lieder* in: Segna/Möslein/Omlor/von Buttlar, eWpG, § 18 Rn. 24; *Frey* in: BeckOK GwG, § 12 Rn. 23; *Figura* in: Herzog/Achtelik GwG, 2023, § 12 Rn. 17.

[527] Vgl. https://ethereum.org/de/decentralized-identity/#what-are-attestations; https://www.w3.org/TR/vc-data-model/.

[528] Hierzu und zum Folgenden: *Lieder* in: Segna/Möslein/Omlor/von Buttlar, eWpG, § 18 Rn. 25 f.

[529] Gesetz zur Modernisierung von Personengesellschaften (MoPeG), 10.08.2021, in Kraft getreten am 01.01.2024, BGBl. 2021, Teil I Nr. 53, https://www.bmj.de/SharedDocs/Downloads/DE/Gesetzgebung/BGBl/Bgbl_MoPeG.pdf?__blob=publicationFile&v=3.

[530] Vgl. *Lieder* in: Segna/Möslein/Omlor/von Buttlar, eWpG, § 18 Rn. 25 f.

der Registereintragung ab und fordert deshalb eine Verifizierung der Angaben und den Berechtigungsnachweises auch für diese auftretende Person . Daher dürfte, ähnlich wie im Geldwäscherecht[531], eine Identifizierung der im Außenverhältnis für die GbR vertretungsberechtigten Personen genügen, ohne die personenbezogenen Daten aller Gesellschafter oder die Gesellschafterliste erfassen zu müssen.[532]

Die Angaben einer Wohnungseigentümergesellschaft kann die registerführende Stelle anhand des Protokolls der Versammlung der Wohnungseigentümer identifizieren.[533] Nach § 11 Abs. 1 S. 2 eWpRV muss dazu auch die Vertretungsberechtigung im Außenverhältnis überprüft werden.[534] Da die Wohnungseigentümergesellschaft nach § 9b Abs. 1 S. 1 WEG grundsätzlich durch den Verwalter vertreten wird, ist eine Überprüfung seiner personenbezogenen Daten angezeigt.[535] Auch hier ist, ähnlich wie zur GbR, nicht die Erfassung und Überprüfung aller Wohnungseigentümer oder die Vorlage von Eigentümerlisten notwendig[536]. Dies wäre nur dann erforderlich, wenn die Wohnungseigentümergesellschaft keinen Verwalter hat und deshalb gemäß § 9b Abs. 1 S. 2 WEG durch alle Wohnungseigentümer gemeinschaftlich vertreten wird.[537]

II. Niederlegung

Die Niederlegung der Emissionsbedingungen bei der registerführenden Stelle nach § 5 eWpG ist ein wesentlicher Schritt in der Emission von Kryptowertpapieren. Sie dient als Skripturakt und ersetzt damit die urkundliche Verkörperung des Gedankeninhalts des Wertpapiers (als Recht aus der Sache).[538] Der Gedankeninhalt eines Wertpapiers besteht in dem (vermögenswerten)

---

531 Vgl. *Figura* in: BeckOK GwG, § 12 Rn. 19.

532 *Lieder* in: Segna/Möslein/Omlor/von Buttlar, eWpG, § 18 Rn. 25 f.

533 Vgl. *Figura* in: BeckOK GwG, § 12 Rn. 19; *Lieder* in: Segna/Möslein/Omlor/von Buttlar, eWpG, § 18 Rn. 27.

534 *Lieder* in: Segna/Möslein/Omlor/von Buttlar, eWpG, § 18, Rn. 27.

535 Vgl. *Lieder* in: Segna/Möslein/Omlor/von Buttlar, eWpG, § 18 Rn. 27.

536 Vgl. *Figura* in: BeckOK GwG, § 12 Rn. 19; *Lieder* in: Segna/Möslein/Omlor/von Buttlar, eWpG, § 18 Rn. 27.

537 *Lieder* in: Segna/Möslein/Omlor/von Buttlar, eWpG, § 18 Rn. 27.

538 Begr. RegE, BT-Drucks. 19/26925, S. 44.

Recht, das sich aus dem Begebungsvertrag ergibt.[539] Da dieses Recht aus einem Kryptowertpapier lediglich in einem Datensatz als *Token* auf der Blockchain verkörpert wird, fehlt es insoweit an einem für den Rechtsverkehr sichtbaren Bezugsobjekt. Die Verkörperung des Rechtsinhalts dient aber der Bestimmbarkeit des Inhalts des Kryptowertpapiers. Die Darstellung des Rechts ist bei elektronisch begebenen Wertpapieren daher eine normative Entscheidung.[540] Die Emissionsbedingungen werden in § 4 Abs. 7 eWpG definiert als der niedergelegte Inhalt des Rechts, für das ein elektronisches Wertpapier eingetragen wird, einschließlich der Nebenbestimmungen. Darin sind also die Details und der Inhalt der Inhaberschuldverschreibung darzustellen. Dabei wurde der Begriff Emissionsbedingungen für den verkörperten Rechtsinhalt gewählt anstatt des für die Inhaberschuldverschreibung üblichen Begriffs der „Anleihebedingung".[541] Durch den Überbegriff, der die Anleihebedingung mit umfasst, wird die Einführung der elektronischen Aktie durch das ZuFinG erleichtert. Um jedoch die Integrität des Kryptowertpapiers zu gewährleisten, benötigt der Skripturakt einen Vertrauensträger. Dieser Vertrauensträger ist die registerführende Stelle, welche die Authentizität und Integrität des von ihr registrierten Kryptowertpapiers während der gesamten Existenz sicherstellt, § 4 Abs. 1 S. 2 eWpRV.[542]

1. Anforderungen an die Niederlegung

Die Niederlegung wird in § 5 Abs. 1 S. 1 eWpG legaldefiniert. Danach macht der Emittent vor Eintragung des Kryptowertpapiers im Kryptowertpapierregister die Emissionsbedingungen bei der registerführenden Stelle als beständiges elektronisches Dokument jedermann zur beliebig wiederholbaren unmittelbaren Kenntnisnahme zugänglich. Aus den Gesetzesmaterialien ergibt sich, dass dazu die registerführende Stelle den Gedankeninhalt in einem gegen unbefugte Veränderung gesicherten Datenformat aufnehmen und zeitlich zugeordnet als den bei Begebung maßgeblichen Rechtsinhalt kennzeichnen muss.[543] Im Übrigen ist die Formulierung technikoffen und

---

539 Begr. RegE, BT-Drucks. 19/26925, S. 44.
540 Begr. RegE, BT-Drucks. 19/26925, S. 45.
541 Hierzu und zum Folgenden: Begr. RegE, BT-Drucks. 19/26925, S. 44.
542 Begr. RegE, BT-Drucks. 19/26925, S. 44.
543 Begr. RegE, BT-Drucks. 19/26925, S. 44.

die Erfordernisse der elektronischen Form nach § 126a BGB gelten nicht.[544] Nach der gesetzgeberischen Intention ist vor allem entscheidend, dass die Sequenzen der Informationen im Herrschaftsbereich der registerführenden Stelle unverändert überdauern. Die technischen Anforderungen an die Niederlegung der Emissionsbedingungen nach § 5, einschließlich der Darstellung von Änderungen und des Datenzugangs, sowie die Bedingungen für die Beschränkung des Zugangs zu den Emissionsbedingungen nach § 5 Abs. 1 S. 2 eWpG werden in § 4 eWpRV i.V.m. § 23 Abs. 1 S. 1 Nr. 2 eWpG geregelt. Für ein beständiges Dokument hat die registerführende Stelle die Informationen nachweisbar derart zu speichern, dass sie jederzeit unveränderbar wiedergegeben werden können. Die Gesetzesmaterialien verwiesen die registerführende Stelle dazu auf die technische Richtlinie des BSI TR-03125 zur Beweiserhaltung kryptographisch signierter Dokumente.

Die beliebig wiederholbare unmittelbare Kenntnisnahme der Emissionsbedingungen durch jedermann gemäß § 5 Abs. 1 eWpG soll durch die registerführende Stelle gewährleistet werden, indem sie diese jederzeit im Internet grundsätzlich frei zugänglich und über gängige Verfahren leicht auffindbar zur Verfügung stellt. Denkbar ist die Darstellung der Emissionsbedingung in einem elektronischen Dokument, das offen im Internet abrufbar ist, als eine Art *White Paper*.[545] Allein die öffentliche Zurverfügungstellung der Emissionsbedingungen soll dabei noch kein öffentliches Angebot von Wertpapieren im prospektrechtlichen Sinn darstellen.[546] Schließlich sollen die Emissionsbedingungen nur den Inhalt des Rechts aus dem Kryptowertpapier transparent darlegen und erläutern.

Zu beachten ist, dass der Quellcode des Aufzeichnungssystems, also z.B. der Blockchain, nicht Bestandteil der Emissionsbedingungen ist. Der Quellcode ist zwar nach § 14 eWpRV unter Umständen der BaFin oder den staatlichen Aufsichts-, Ordnungs- und Strafverfolgungsbehörden zur Verfügung zu stellen. Er beschreibt allerdings die Funktionsweise des

---

[544] Dazu und zum Folgenden: Begr. RegE, BT-Drucks. 19/26925, S. 45; anders zur elektronischen Form nach § 126a BGB: *Casper* in: Möslein/Omlor, FinTech-Hdb., 2. Aufl. 2021, § 28 Rn. 33.

[545] Vgl. hierzu das Ethereum White Paper 2014, abrufbar unter https://ethereum.org/669c9e2e2027310b6b3cdce6e1c52962/Ethereum_Whitepaper_-_Buterin_2014.pdf, dieses wiederum ist leicht aufzufinden unter: https://ethereum.org/en/whitepaper/.

[546] Begr. eWpRV, S. 4.

Kryptowertpapierregisters und nicht den Rechtsinhalt des Kryptowertpapiers und fällt damit nicht unter § 5 eWpG. Dennoch bleibt es der registerführenden Stelle überlassen, ob sie den Quellcode von sich aus offenlegen möchte, etwa zur Steigerung des Vertrauens in das Aufzeichnungssystem nach § 4 Abs. 11 eWpG oder im Interesse verbesserter Sicherheit und Interoperabilität mit anderen Systemen.[547]

Richtet sich das Angebot von Kryptowertpapieren nur an einen beschränkten Personenkreis, kann die registerführende Stelle auf Veranlassung des Emittenten den Zugang zu den Emissionsbedingungen auf diesen Personenkreis in Abweichung von § 4 Abs. 2 eWpRV beschränken, § 5 Abs. 1 S. 2 eWpG i.V.m. § 4 Abs. 5 eWpRV. Anders als die Einsicht in das Kryptowertpapierregister nach § 10 eWpG betrifft die Zurverfügungstellung der Emissionsbedingungen keine sensiblen Informationen über die Teilnehmer des Netzwerkes oder die Inhaber der Kryptowertpapiere.[548] Daher ist auch kein berechtigtes Interesse zur Einsicht der Informationen notwendig.

Die Niederlegung stellt einen Teil des Skripturakts vor der Eintragung dar. Für einen vollständigen Skripturakt bedarf es aber immer beider Schritte, sodass allein die Niederlegung keine Form der *„incorporation by reference“* darstellt.[549] Allein durch die Veröffentlichung des Rechtsinhalts ist dieser also noch nicht (digital) verkörpert. Die Verkörperung in digitaler Form geschieht dann durch Eintragung in das Kryptowertpapierregister (und technisch durch Ausgabe oder *issuance* eines Kryptotoken). Daher können der Zeitpunkt der Niederlegung der Emissionsbedingungen und derjenige der Eintragung des entsprechenden Kryptowertpapiers auseinanderfallen. Wird das Kryptowertpapier nicht spätestens drei Monate nach der Niederlegung eingetragen, ist die registerführende Stelle zur Löschung der niedergelegten Emissionsbedingungen nach § 5 Abs. 1 S. 3 eWpG verpflichtet. Diese Pflicht wurde deshalb normiert, weil trotz des zweistufigen Skripturaktes die Niederlegung der Emissionsbedingungen beim betreffenden Rechtsverkehr bereits einen über eine bloße Vorbereitungshandlung hinausgehenden Anschein einer Emissionsabsicht setzt.[550] Laut Gesetzesbegründung ist dieser Anschein auch nicht

---

[547] Begr. eWpRV, S. 8.
[548] Vgl. Begr. RegE, BT-Drucks. 19/26925, S. 46.
[549] Begr. RegE, BT-Drucks. 19/26925, S. 46.
[550] Begr. RegE, BT-Drucks. 19/26925, S. 46.

einseitig durch den Emittenten rückgängig zu machen.[551] Diese Feststellung betrifft freilich nur den Fall, dass der Emittent nicht auch zugleich registerführende Stelle ist, andernfalls könnte er ohne Weiteres die niedergelegten Emissionsbedingungen einfach selbst entfernen. Das Löschen ist gemäß § 4 Abs. 9 eWpG untechnisch zu verstehen.[552] Die Emissionsbedingungen sollen schlicht nicht mehr als niedergelegte Informationen zu einem in Entstehung begriffenen Kryptowertpapier abrufbar sein. Dagegen ist eine endgültige Vernichtung der Daten nicht erforderlich.

2. Bezugnahme auf die Emissionsbedingungen (Beweisfunktion)

Der Skripturakt muss unter Bezugnahme auf die Emissionsbedingungen erfolgen. Dies ergibt sich aus dem zweistufigen Ansatz des Gesetzgebers.[553] Für den Umlauf des Kryptowertpapiers reicht es aus, wenn die notwendigen Registerangaben nach § 17 eWpG erkennbar sind.[554] Dabei entsprechen die Registerinformationen den Angaben des Depotauszugs, die sich für den Wertpapierhandel am Kapitalmarkt als geeignet erwiesen haben.[555] In einem zweiten Schritt muss zur umfassenden Information des Rechtsverkehrs der vollständige Inhalt der Emissionsbedingungen abrufbar sein, denn nur zusammen ist eine Beurteilung des Kryptowertpapiers möglich.[556] Jeder, der Einsicht in das Kryptowertpapierregister nimmt, muss unmittelbar Kenntnis von den Informationen zum Kryptowertpapier und den entsprechenden Emissionsbedingungen nehmen können.[557] Das bedeutet konkret, dass jeder Einsichtnehmende die elektronisch niedergelegten Emissionsbedingungen mit Hilfe eines Standard-Anwendungsprogramms auf dem Bildschirm lesen können muss, als lägen sie in Schriftzeichen auf Papier vor.[558] Diese Bezugnahme des Kryptowertpapiers auf die Emissionsbedingungen könnte durch eine technische Verknüpfung der Wertpapierkennnummer mit den

---

551 Begr. RegE, BT-Drucks. 19/26925, S. 46.
552 Dazu und zum Folgenden: Begr. RegE, BT-Drucks. 19/26925, S. 46.
553 Begr. RegE, BT-Drucks. 19/26925, S. 45.
554 Dies.
555 Dies.
556 Vgl. Begr. RegE, BT-Drucks. 19/26925, S. 45.
557 Begr. RegE, BT-Drucks. 19/26925, S. 45.
558 Dies.

Emissionsbedingungen erfolgen, die z.B. in Form eines *White Papers* außerhalb des Kryptowertpapierregisters als Link hinterlegt wurden.[559]

3. Änderung der Emissionsbedingungen

Die registerführende Stelle darf weder eigenmächtig Emissionsbedingungen ändern noch Dritten eine unbefugte Änderung ermöglichen.[560] Nach § 5 Abs. 2 S. 1 eWpG ist eine Änderung der niedergelegten Emissionsbedingungen daher nur (1) durch Gesetz, (2) aufgrund eines Gesetzes, (3) aufgrund eines Rechtsgeschäfts, (4) aufgrund einer gerichtlichen Entscheidung oder (5) aufgrund eines vollstreckbaren Verwaltungsakts zulässig. Dabei sind Änderungen aufgrund eines Rechtsgeschäfts z.B. durch Klauseln zur Schuldnerersetzung möglich, wenn diese Änderungen in den Emissionsbedingungen selbst vorgesehen sind.[561]

Dagegen können offenbare Unrichtigkeiten in den Emissionsbedingungen wie z.B. Schreibfehler nach § 5 Abs. 2 S. 2 eWpG i.V.m. § 4 Abs. 6 eWpRV mit Zustimmung des Emittenten korrigiert werden. Die Zustimmung des Emittenten ist deshalb erforderlich, weil er in der Regel derjenige ist, der die Emissionsbedingungen festlegt. Daher ist es nur konsequent, wenn der Emittent die registerführende Stelle auch auf offenbare Unrichtigkeiten hinweisen und die Berichtigung einfordern kann.[562] Zu beachten ist im Rahmen des Pflichtenprogramms der registerführenden Stelle nach § 7 Abs. 2 eWpG, dass auch eine Pflicht zur Berichtigung offenbarer Unrichtigkeiten bestehen kann.[563]

Auch die Änderungen der Emissionsbedingungen bedürfen zu ihrer Wirksamkeit der Niederlegung nach § 5 Abs. 3 eWpG. Der Emittent muss die geänderten Emissionsbedingungen nach § 5 Abs. 4 eWpG wiederum niederlegen, wobei in den geänderten Emissionsbedingungen die Änderungen nachvollziehbar sein müssen. Nach § 4 Abs. 3 eWpRV sind die Änderungen dazu nachvollziehbar niedergelegt, wenn die verschiedenen Versionen fortlaufend nummeriert und zeitlich protokolliert gemäß den Absätzen 1 und 2 zugänglich sind.

---

559 Begr. RegE, BT-Drucks. 19/26925, S. 45.
560 Begr. RegE, BT-Drucks. 19/26925, S. 46.
561 Dies.
562 Begr. eWpRV, S. 4.
563 Begr. eWpRV, S. 4.

Änderungen des Zugangs zu den Emissionsbedingungen sind nach § 4 Abs. 4 eWpRV rechtzeitig und in geeigneter Weise bekannt zu machen. Sofern zum wesentlichen Inhalt des Kryptowertpapiers auf die Emissionsbedingungen Bezug genommen wird gemäß § 7 Abs. 1 S. 1 eWpRV, ist auch diese Bezugnahme nach § 4 Abs. 4 S. 2 eWpRV unverzüglich entsprechend zu aktualisieren.

III. Veröffentlichung im Bundesanzeiger

Die Eintragung eines Kryptowertpapiers in das Kryptowertpapierregister sowie die Änderung der Angaben nach § 20 Abs. 2 eWpG, namentlich (1) des Emittenten, (2) der Informationen zum Kryptowertpapierregister, (3) der registerführenden Stelle, (4) des wesentlichen Inhalts des Rechts, einschließlich der eindeutigen Kennnummer und der Kennzeichnung als Wertpapier, (5) des Datums der Eintragung des Kryptowertpapiers in das Kryptowertpapierregister sowie das Datum einer Änderung und (6) ob es sich um eine Eintragung oder Änderung der Angaben nach den Nummern 2 bis 4 handelt, sind nach § 20 Abs. 1 eWpG unverzüglich im Bundesanzeiger zu veranlassen. Ein Nachweis der Veröffentlichung ist im Bundesanzeiger der BaFin nach § 23 Abs. 1 S. 1 Nr. 21 eWpG i.V.m. § 17 Abs. 2 S. 3 eWpRV auf elektronischem Wege zu übermitteln. Die Veröffentlichung hat dabei die genannten Angaben nach Abs. 2 zu enthalten. Weder die Veröffentlichung des Kryptowertpapiers im Bundesanzeiger noch die Mitteilung an die BaFin nach § 20 eWpG i.V.m. § 16 eWpRV sind konstitutiv für die Entstehung des Kryptowertpapiers.[564]

Zusätzlich muss der Emittent nach § 17 Abs. 1 eWpRV der BaFin zur Führung einer öffentlichen Liste nach § 20 Abs. 3 eWpG folgende Angaben elektronisch übermitteln: (1) die Firma, Anschrift und Rechtsträgererkennung der registerführenden Stelle, (2) die Firma, die Anschrift und die Rechtsträgerkennung des Emittenten, (3) die Bezeichnung und Internationalen Wertpapierkennnummer des Kryptowertpapiers, (4) das Datum der Eintragung des Kryptowertpapiers im Kryptowertpapierregister sowie (5) das Datum und den wesentlichen Inhalt einer Änderung der Angaben nach § 20 Abs. 2 des eWpG.

---

[564] Begr. RegE, BT-Drucks. 19/26925, S. 30.

IV. Löschung des Kryptowertpapiers

Zur Löschung eines Eintrags im Kryptowertpapierregister mit den niedergelegten Emissionsbedingungen bedarf die registerführende Stelle der Zustimmung des Emittenten nach § 18 Abs. 2 eWpG. Der Definition und Auslegung der Löschung nach § 4 Abs. 9 eWpG folgend, ist die Löschung untechnisch zu verstehen. Es genügt, wenn im Kryptowertpapier (auf der Blockchain durch eine neue Transaktion) ein neuer Dateneintrag das Kryptowertpapiers und seine niedergelegten Emissionsbedingungen als gegenstandslos kenntlich macht. Diese Kenntlichmachung als gegenstandslos ähnelt der Kraftloserklärung nach §§ 799 f. BGB. Die Distributed-Ledger-Technologie erlaubt grundsätzlich keine nachträgliche Veränderung der Daten. Durch einen neuen Datenblock, der die Löschung des Kryptowertpapiers dokumentiert, ist aber ein Rückschluss auf die vorgelagerte Eintragung des zu löschenden Kryptowertpapiers möglich und gleichzeitig das Kryptowertpapier als gegenstandslos kenntlich gemacht. Die Kritik *Lehmanns*, wie die Löschungsmöglichkeit mit der Unveränderlichkeit der Blockchain vereinbar sein soll, ist daher nicht berechtigt.[565] Denn nach der Definition des § 4 Abs. 9 eWpG ist die nachgelagerte Dokumentation der Änderung des Rechtszustands ausreichend.[566]

Zusätzlich zur Zustimmung des Emittenten ist die grundlegende Weisung des Inhabers nach § 18 Abs. 1 S. 1 Nr. 1 eWpG erforderlich. Diese entfällt nur dann, wenn der Emittent selbst weisungsberechtigt ist, also etwa nach Zahlung das Kryptowertpapier auf ihn selbst umgetragen wurde.[567]

Unabhängig von der Löschung eines Kryptowertpapiers nach § 18 Abs. 2 eWpG und etwaiger Korrekturpflichten nach § 18 Abs. 5 S. 1 eWpG können nach § 18 Abs. 5 S. 2 eWpG i.V.m. Art. 17 DSGVO Löschungspflichten der registerführenden Stelle bezüglich der bei ihr gespeicherten personenbezogenen Daten bestehen.[568]

---

[565] *Lehmann*, NJW 2021, S. 2318, 2321.
[566] *Linardatos*, ZBB 2020, S. 329, 345.
[567] *Lieder* in: Segna/Möslein/Omlor/von Buttlar, eWpG, § 18 Rn. 30.
[568] *Lieder* in: Segna/Möslein/Omlor/von Buttlar, eWpG, § 18 Rn. 41.

V. Registerpublizität

Die registerführende Stelle treffen nach dem eWpG mehrere Publizitätspflichten. Dazu zählen auch die Pflicht zur Zurverfügungstellung von Registerauszügen nach § 19 eWpG sowie Einsichtnahme- und Auskunftsrechte in das Kryptowertpapierregister von Berechtigten nach § 10 eWpG.

1. Registerauszüge

Die Pflicht der registerführenden Stelle besteht im Grundsatz nach § 19 Abs. 1 eWpG daraus, dass sie dem Inhaber eines einzeln eingetragenen Kryptowertpapiers auf Verlangen einen Registerauszug in Textform zur Verfügung stellen muss, sofern dies zur Wahrnehmung seiner Rechte erforderlich ist. Dieses Recht auf Erteilung eines Registerauszugs besteht also nur für den Inhaber eines Kryptowertpapiers in Einzeleintragung.

a) Systematik

Für Zentralregisterwertpapiere fehlt eine entsprechende Regelung. Für Wertpapiere in Sammeleintragung (auch Zentralregisterwertpapiere) gibt es nach § 6 Abs. 2 eWpG die Möglichkeit des Hinterlegers, einen schriftlichen Depotauszug zu verlangen (Depotbescheinigung zur Rechtsausübung). Allerdings besteht damit eine Regelungslücke für Zentralregisterwertpapiere in Einzeleintragung nach § 8 Abs. 1 Nr. 2, 13 Abs. 1 Nr. 5, Abs. 2 eWpG. Für diese ist keine Regelung über einen Registerauszug vorgesehen. Die Ursache für diese Regelungslücke könnte darin liegen, dass im Referentenentwurf die Einzeleintragung nur für Kryptowertpapiere, nicht jedoch für Zentralregisterwertpapiere vorgesehen war.[569] Indizien für eine absichtlich anderweitige Regelung für einzeln eingetragene Zentralregisterwertpapiere fehlen in den Gesetzesmaterialien. Daher ist davon auszugehen, dass es sich insoweit um eine planwidrige Regelungslücke handelt, die aufgrund ihrer vergleichbaren Interessenlage durch eine Analogie zu § 19 eWpG für Zentralregisterwertpapiere in Einzeleintragung geschlossen werden könnte.[570]

Der Gesetzgeber begründet die Vorschrift vor allem mit der Entmaterialisierung der Inhaberschaft, wonach der Nachweis über die Inhaberschaft an einem elektronischen Wertpapier nur über das Wertpapierregister geführt

569 Vgl. § 8 Abs. 2 eWpG-RefE; Begr. eWpG-RefE, S. 49.
570 So auch *Lieder* in: Segna/Möslein/Omlor/von Buttlar, eWpG, § 19 Rn. 8

werden kann. Zu Recht schlussfolgert *Lieder* daher ein Rechtsbewahrungsinteresse, das sich vor allem in einem Klageverfahren zeigt.[571] Eine Inhaltsänderung des Kryptowertpapierregisters ist für den Inhaber oftmals mit einem Rechtsverlust verbunden (vgl. §§ 18, 26 eWpG).[572] Daraus ergibt sich das Bedürfnis nach dem Zugang der Rechtsdokumentation, um die eigenen Rechte wahren und durchsetzen zu können.

Das Publizitätsprinzip ergibt sich in diesem Zusammenhang wiederum aus dem durch die Sachfiktion des § 2 Abs. 3 eWpG anwendbaren sachenrechtlichen Grundsatz, wonach die Rechtsverhältnisse an einem Gegenstand für den Rechtsverkehr sichtbar sein sollen.[573] In Bezug auf Kryptowertpapiere sind die Rechtsverhältnisse ausschließlich an den Blockdaten auf der Blockchain beziehungsweise am Kryptowertpapierregister sichtbar.

b) Tatbestand Abs. 1 eWpG

Die Zurverfügungstellung des Registerauszugs setzt zunächst ein Verlangen des Inhabers gegenüber der registerführenden Stelle voraus, § 19 Abs. 1 eWpG. Dieses Verlangen ist dabei an keine besondere Form geknüpft (Textform), sodass auch ein elektronisches Verlangen, etwa durch Abfrage des Auszugs mittels *Private Key* des Inhabers, denkbar wäre. Anders als für die Depotbescheinigung nach § 6 Abs. 2 S. 1 DepotG löst das Verlangen des Inhabers auch keinen angemessenen Aufwendungsersatzanspruch der registerführenden Stelle aus.[574] Darüber hinaus muss der Registerauszug zur Wahrnehmung der Rechte des Inhabers für diesen erforderlich sein. Der Inhaber muss also die Erforderlichkeit des Registerauszugs begründen und substanziiert darlegen. Diese gesetzliche Voraussetzung „erforderlich" bedarf mangels genauerer Bestimmung der Gesetzesauslegung. Dem Sinn und Zweck der Norm folgend, ist zur „Wahrnehmung der Rechte" nicht erst ein Klageverfahren erforderlich, sondern bereits jedes Auskunftsersuchen zur Einschätzung

---

571 Begr. RegE, BT-Drucks. 19/26925, S. 62; *Lieder* in: Segna/Möslein/Omlor/von Buttlar, eWpG, § 19 Rn. 1.

572 Begr. RegE, BT-Drucks. 19/26925, S. 62; *Lieder* in: Segna/Möslein/Omlor/von Buttlar, eWpG, § 19 Rn. 1.

573 *Lieder* in: Omlor/Möslein/Grundmann, Elektronische Wertpapiere, 2021, S. 126; *Linardatos,* ZBB 2020, S. 329, 332; *Segna*, Bucheffekten, 2018, S. 491; allgemein zum Publizitätsprinzip im Privatrecht: *Merkt,* Unternehmenspublizität 2001, S. 17 ff.

574 *Lieder* in: Segna/Möslein/Omlor/von Buttlar, eWpG, § 19 Rn. 9.

oder Vorbereitung eines (auch außergerichtlichen) Rechtsstreits oder der Rechtswahrung.[575] Damit müsste es ausreichen, dass der Inhaber eine Rechtsverletzung gegenüber der registerführenden Stelle geltend macht, auch wenn diese Rechtsverletzung nur droht und noch nicht eingetreten ist. Denn auch zu den Abwehrrechten aus Besitz und Eigentum (etwa nach § 859, 903 BGB) ist es erforderlich, dass der Inhaber den Sachverhalt überhaupt nachvollziehen kann. Mangels Verkörperung des Rechts aus dem Kryptowertpapier kann er eine Verletzung seines Rechts nur durch Einsicht in das Kryptowertpapierregister nachvollziehen. Eine Rechtsverletzung kann dabei bereits bei einer Änderung des Kryptowertpapierregisterinhalts im Sinne des § 18 eWpG drohen, sodass die registerführende Stelle dem Inhaber schon dann einen Registerauszug gewähren müsste, wenn dieser eine Änderung des Registerinhalts aufgrund von konkreten Anhaltspunkten vermutet. Konsequent ist es dann, den Anspruch des Inhabers nach § 19 Abs. 1 eWpG abzulehnen, wenn seit dem letzten Auskunftsersuchen keine Änderung des Kryptowertpapierregisters stattgefunden hat.[576]

§ 19 eWpG selbst schweigt zu Form und Inhalt des Registerauszugs. Aus §§ 17, 7 Abs. 1, 2 eWpG ergibt sich, dass der Registerauszug zumindest die Registerangaben nach § 17 eWpG enthalten muss.[577] Die Emissionsbedingungen sind dagegen nach §§ 4 Abs. 7, 5 Abs. 1 S. 1 eWpG nicht Teil der Registerangaben und davon unabhängig abrufbar. Diese sind also nicht Bestandteil des Kryptowertpapierregisterauszugs. Zur Textform genügt nach § 126b BGB jede lesbare Erklärung auf einem dauerhaften Datenträger, in der die Person des Erklärenden genannt ist. Die Art, das Format und der Inhalt des Registerauszugs nach § 19 eWpG können nach § 23 Abs. 1 S. 1 Nr. 29 eWpG untergesetzlich geregelt werden. Dazu findet sich bisher nur in § 13 Abs. 1 Nr. 5 eWpRV die Vorschrift, wonach Art, Format und Inhalt des Registerauszugs von der registerführenden Stelle zu dokumentieren sind.

---

575 So auch *Lieder* in: Segna/Möslein/Omlor/von Buttlar, eWpG, § 19 Rn. 10 f.
576 *Lieder* in: Segna/Möslein/Omlor/von Buttlar, eWpG, § 19 Rn. 11.
577 So auch *Lieder* in: Segna/Möslein/Omlor/von Buttlar, eWpG, § 19 Rn. 12.

c) Tatbestand Abs. 2 eWpG

Eine Sonderregelung sieht § 19 Abs. 2 eWpG für den Inhaber eines einzeln eingetragenen Kryptowertpapiers als Verbraucher vor.[578] Diesem hat die registerführende Stelle, unabhängig von einem Auszugsverlangen, (1) nach Eintragung eines Kryptowertpapiers in das Register zugunsten des Inhabers, (2) bei jeder Veränderung des Registerinhalts, die den Inhaber betrifft, und (3) einmal jährlich einen Registerauszug zur Verfügung zu stellen. Diese Erleichterung für den Inhaber ergibt sich aus dessen Verbraucherstellung. Ihm wird dadurch weniger zugemutet, die Rechtslage ständig selbst zu überwachen.[579] Der jährliche Auszug soll dem Verbraucher die Dokumentation erleichtern und ihn in die Lage versetzen, geeignete Sicherungs- oder Gegenmaßnahmen zu treffen.[580] Diesem Rechtsschutzziel folgend sind nur Eintragungen zugunsten des Inhabers relevant, § 19 Abs. 2 Nr. 1 eWpG, oder eine den Inhaber betreffende Änderung, § 19 Abs. 2 Nr. 2 eWpG. Zu den Inhaber betreffenden Änderungen zählen eine Änderung des wesentlichen Inhalts des Rechts einschließlich der Kennnummer sowie Änderungen des Emissionsvolumens, Nennbetrags, des Emittenten oder Inhabers selbst, Verfügungsbeschränkungen und Rechte Dritter.[581] Als Gegenstück dazu lösen rein redaktionelle Änderungen des Kryptowertpapierregisterinhalts schon nach dem Rechtschutzgedanken keine Pflicht der registerführenden Stelle zur Bereitstellung eines Registerauszugs aus.[582] Die Rechte des Inhabers können durch rein redaktionelle Änderungen am Kryptowertpapierregister nicht beeinträchtigt werden.

Da auch hierbei die Form und der Inhalt des Registerauszugs nicht speziell geregelt sind, reicht die Textform nach § 126b BGB aus. Die jährliche Pflicht der registerführenden Stelle ist in § 19 Abs. 2 Nr. 3 eWpG so formuliert, dass sie dem Wortlaut nach, durch Verbindung der Varianten mit „und“ sowie

---

578 Ausf. zur Verbrauchereigenschaft des Inhabers: *Lieder* in: Segna/Möslein/Omlor/von Buttlar, eWpG, § 19 Rn. 16–21.

579 Begr. RegE, BT-Drucks. 19/26925, S. 63; *Lieder* in: Omlor/Möslein/Grundmann, Elektronische Wertpapiere, 2021, S. 131.

580 Begr. RegE, BT-Drucks. 19/26925, S. 63.

581 Finanzausschuss, BT-Drucks. 19/29372, S. 56; *Lieder* in: Segna/Möslein/Omlor/von Buttlar, eWpG, § 19 Rn. 23.

582 Finanzausschuss, BT-Drucks. 19/29372, S. 56; *Lieder* in: Segna/Möslein/Omlor/von Buttlar, eWpG, § 19 Rn. 24.

nach der Systematik und dem Sinn und Zweck der Norm zusätzlich zu den Änderungsvarianten besteht.[583] Der Zeitpunkt des jährlichen Registerauszugs ist dagegen nicht genau festgelegt und steht, bis zu einer untergesetzlichen Regelung, im Ermessen der registerführenden Stelle.[584]

d) Erweiterung auf Sammeleintragung

Bemerkenswert ist, dass in der Gesetzesbegründung zu § 19 Abs. 2 eWpG auf elektronische Wertpapiere in Sammeleintragung Bezug genommen wird.[585] § 19 eWpG befindet sich aber systematisch unter den speziellen Vorschriften über Kryptowertpapiere in Einzeleintragung. Auch dem Wortlaut nach regelt § 19 eWpG eindeutig das Recht des Inhabers eines einzeln eingetragenen Kryptowertpapiers. Sofern man eine planwidrige Regelungslücke des Gesetzgebers zu einzeln eingetragenen Zentralregisterwertpapieren noch relativ leicht mit dem Referentenentwurf begründen konnte,[586] in dem die Einzeleintragung ursprünglich nur für Kryptowertpapiere vorgesehen war, fehlt eine entsprechende Erklärung für den Sammelbestand elektronischer Wertpapiere. Zwar kennt § 6 Abs. 2 DepotG keine dem § 19 Abs. 2 eWpG entsprechende Regelung für Verbraucher von Wertpapieren im Sammelbestand und der Gesetzgeber kommentiert zu Recht, die registerführende Stelle kenne bei Sammeleintragungen regelmäßig die Verbraucher nicht. Dann wäre allerdings eine entsprechende Regelung für alle elektronischen Wertpapiere wünschenswert, etwa im Anschluss an § 10 eWpG. Stattdessen setzte der Gesetzgeber in seiner Begründung zum Kryptowertpapier in Einzeleintragung eine Pflicht der registerführenden Stelle voraus, bei Sammeleintragungen durch entsprechende Maßnahmen sicherzustellen, dass die Registerinformationen an die Verbraucher weitergeleitet werden.[587] Dabei fehlt es gänzlich an einer Gesetzesgrundlage zur Bereitstellung eines Registerauszugs in Bezug auf elektronische Wertpapiere in Sammeleintragung.

---

583 *Lieder* in: Segna/Möslein/Omlor/von Buttlar, eWpG, § 19 Rn. 25.
584 *Lieder* in: Segna/Möslein/Omlor/von Buttlar, eWpG, § 19 Rn. 26.
585 Begr. RegE, BT-Drucks. 19/26925, S. 63; hierzu und zum Folgenden: *Lieder* in: Segna/Möslein/Omlor/von Buttlar, eWpG, § 19 Rn. 7.
586 Vgl. § 8 Abs. 2 eWpG-RefE; Begr. eWpG-RefE, S. 49.
587 Begr. RegE, BT-Drucks. 19/26925, S. 63.

e) Kritik am Publizitätserfordernis

Die umfassenden Publizitätserfordernisse wurden bereits stark kritisiert.[588] Zu den Besonderheiten der Blockchain zähle, dass sie ohne Register und ohne besondere Publizitätspflichten auskomme. Zudem werde die Berechtigung einer Person mittels *Private Key* überprüft und nicht durch Einsichtnahme in das Register. Soweit die Identität des Wertpapierinhabers relevant ist für die Bekämpfung von Geldwäsche, Terrorismusfinanzierung, Steuerhinterziehung und anderen Straftaten, solle die registerführende Stelle die bei ihr hinterlegten Daten direkt an die Aufsichts- und Strafverfolgungsbehörden weitergeben. Dagegen merkt zum einen *Lieder* an, diese Auffassung führe letztlich zu einem Sonderrecht für Blockchain-Wertpapierregister.[589] Das stünde im Widerspruch zum technikneutralen und innovationsoffenen eWpG. Die Anwendung der Distributed-Ledger-Technologie sei nicht obligatorisch und es solle gerade kein Blockchain-Wertpapier entstehen. Zudem seien die Anforderungen an die Publizitätspflichten aufgrund der technischen Möglichkeiten der Blockchain ohne großen Mehraufwand für die registerführende Stelle umsetzbar.

Zum anderen argumentiert die Kritik an den Publizitätspflichten in eine ganz andere Zielrichtung als der Gesetzgeber zu § 19 eWpG. Die Distributed-Ledger-Technologie ist zwar in der Lage, alle relevanten Informationen zu den Wertpapieren auf der Blockchain abzubilden beziehungsweise Identitätsinformationen direkt an Strafverfolgungsbehörden weiterzuleiten. Die Publizitätspflichten der registerführenden Stelle entspringen jedoch nicht nur dem Allgemeininteresse an der Einhaltung der Rechtsordnung und der Vermeidung und Aufklärung von Straftaten, sondern sie sollen ganz konkret individuelle Rechtspositionen schützen und die Rechtswahrung und Rechtsdurchsetzung des individuell Berechtigten erleichtern. Darüber hinaus ist im Hinblick auf die Blockchain ein gesonderter Registerauszug entweder nicht notwendig, weil die Blockchain per se bereits § 19 eWpG erfüllt, oder der Registerauszug kann durch einen *Smart Contract* ohne großen Mehraufwand generiert und zur Verfügung gestellt werden. Die registerführende Stelle

---

588 *Lehmann*, BKR 2020, S. 431, 437, *Lieder* in: Omlor/Möslein/Grundmann, Elektronische Wertpapiere, 2021, S. 126.

589 Dazu und zum Folgenden: *Lieder* in: Omlor/Möslein/Grundmann, Elektronische Wertpapiere, 2021, S. 127.

könnte dem Inhaber z.B. jährlich oder bei Änderungen durch einen Automatismus und mittels Authentifizierung (*Private Key*) den Kryptowertpapierregisterinhalt zugänglich machen. Insoweit ist es richtig, dass die Berechtigung über den *Private Key* erfolgt. Das schließt jedoch nicht aus, dass mittels *Private Key* auch die unter Umständen ohnehin transparent auf der Blockchain sichtbaren Informationen zu den Kryptowertpapieren abgerufen werden können. Damit erfüllt § 19 eWpG mehrere Funktionen. Dem individuellen Rechtsschutzbedürfnis des Inhabers wird Rechnung getragen, die vielfältige technologische Ausgestaltungsmöglichkeit des Kryptowertpapierregisters bleibt erhalten und vor dem Hintergrund der derzeit gängigen Distributed-Ledger-Technologie wird eine relativ einfache Umsetzung des Publizitätserfordernisses mittels Blockchain und *Smart Contract* berücksichtigt.

2. Einsichts- und Auskunftsrechte, § 10 eWpG

a) Registereinsicht

Das Publizitätsprinzip findet auch in § 10 Abs. 1 eWpG Ausdruck, wonach die registerführende Stelle sicherstellen muss, dass eine Einsichtnahme der Teilnehmer des elektronischen Wertpapierregisters möglich ist. Grundsätzlich sollen alle Teilnehmer am elektronischen Wertpapierregister Einsicht nehmen können.[590] Zu den Teilnehmern gehört dabei jeder, der Inhaber, Berechtigter oder Betroffener (etwa der Emittent) eines im Register eingetragenen Wertpapiers ist.[591] Diese müssen kein berechtigtes Interesse an der Einsichtnahme darlegen, weil sie bereits eine formelle oder materielle Rechtsbeziehung zum eingetragenen Wertpapier aufweisen.[592] Aus dieser Rechtsbeziehung ergibt sich auch der Umfang des grundlegenden Einsichtnahmerechts.[593] Das bedeutet, dass nicht jeder Teilnehmer das Recht auf Einsicht des gesamten Registers und damit alle Informationen auf der Blockchain sowie die nach § 17 eWpG zu allen Kryptowertpapieren hat. Durch diesen Bezug zum jeweiligen Kryptowertpapier besteht auch kein entgegenstehendes Geheimhaltungsinteresse.[594] Technisch ist es nach der Intention des Gesetzgebers ausreichend, dass die

590 Begr. RegE, BT-Drucks. 19/26925, S. 51.
591 Begr. RegE, BT-Drucks. 19/26925, S. 51.
592 *Lieder* in: Omlor/Möslein/Grundmann, Elektronische Wertpapiere, 2021, S. 127.
593 Begr. RegE, BT-Drucks. 19/26925, S. 51.
594 *Lieder* in: Omlor/Möslein/Grundmann, Elektronische Wertpapiere, 2021, S. 127.

Teilnehmer mit den üblichen technischen Hilfsmitteln die Registerangaben in elektronischer Form lesen können.[595]

Neben den Teilnehmern hat jeder mit einem berechtigten Interesse Anspruch auf Einsichtnahme gegenüber der registerführenden Stelle nach § 10 Abs. 2 eWpG. Der Gesetzgeber hat dabei bewusst auf ein allgemeines öffentliches Einsichtnahmerecht verzichtet, um den verschiedenen technischen Ausgestaltungsmöglichkeiten der Systeme (offen und geschlossen) Rechnung zu tragen.[596] Die Regelung wurde an § 12 Abs. 1 GBO angelehnt. Das Grundbuch ist der Rechtsscheinträger für Eigentum und Rechte am Grundstück und wird im öffentlichen Interesse geführt.[597] Wenn der Inhalt des Grundbuchs nach dem formellen Publizitätsprinzip als richtig gelten soll, muss der Rechtverkehr auch die Möglichkeit haben, den Registerinhalt zur Kenntnis zu nehmen.[598] Dennoch ist das Grundbuch nicht öffentlich für alle einsehbar, sondern es bedarf eines rechtlichen Interesses dafür.[599] Das Erfordernis eines besonderen Interesses ergibt sich dabei aus dem Grundrecht auf informationelle Selbstbestimmung nach Art. 2 Abs. 1 i.V.m. Art. 1 Abs. 1 GG und dem daraus entspringenden schutzwürdigen Geheimhaltungsinteresse des Eingetragenen.[600]

Die Teilnehmer des Kryptowertpapiers können dabei stets ein solches berechtigtes Interesse in Bezug auf ein für sie eingetragenes Kryptowertpapier darlegen, vgl. § 10 Abs. 3 S. 2 eWpG. Daher ist der Reformvorschlag *Lieders* sehr zu begrüßen, wonach die Unterscheidung zwischen Absatz 1 und Absatz 2 aufgegeben werden sollte und stattdessen, in Anknüpfung an § 12 Abs. 1 GBO, das Einsichtnahmerecht grundsätzlich an ein berechtigtes Interesse geknüpft werden sollte.[601] Diese rein redaktionelle Anpassung würde das Einsichtnahmerecht klarer gestalten. Neben den Teilnehmern werden auch potenzielle Teilnehmer des Registers regelmäßig ein berechtigtes

595 Begr. RegE, BT-Drucks. 19/26925, S. 51.
596 Begr. RegE, BT-Drucks. 19/26925, S. 51.
597 *Wilhelm*, SachenR, 4. Aufl. 2010, Rn. 543.
598 BVerfG, Beschl. v. 28.8.2000 – 1 BvR 1307/91 = NJW 2001, S. 503, 505.
599 *Maaß* in: Bauer/Schaub GBO, 4. Aufl. 2018, § 12 Rn. 1–3.
600 BVerfG, Beschl. v. 28.8.2000 – 1 BvR 1307/91 = NJW 2001, S. 503, 505; KG, Beschl. v. 20.1.2004 – 1 W 294/03 = NJW_RR 2004, S. 1316–1318; *Wilsch* in: BeckOK GBO, § 12 Rn. 2; für § 10 eWpG: Begr. RegE, BT-Drucks. 19/26925, S. 52.
601 *Lieder* in: Omlor/Möslein/Grundmann, Elektronische Wertpapiere, 2021, S. 128.

Interesse an der Einsicht darlegen können, also Erwerber oder Veräußerer eines Kryptowertpapiers, die noch nicht oder nicht mehr als Inhaber im Kryptowertpapierregister eingetragen sind.[602] Der Begriff des berechtigten Interesses ist ein unbestimmter Rechtsbegriff, der laut Gesetzgeber allerdings keine weitere Ausführung benötigt, aufgrund der langen Rechtstradition zu § 12 GBO.[603] Diese Feststellung sowie die Formulierung „berechtigtes sachliches Interesse im Einzelfall"[604] in der Gesetzesbegründung sprechen dafür, dass dieser Begriff nicht nur ein rechtliches Interesse an der Einsicht in das Kryptowertpapierregister umfasst, sondern auch jedes tatsächliche, wirtschaftliche und öffentliches Interesse, sofern es nach dem Umständen des Einzelfalls das Geheimhaltungsinteresse überwiegt.[605] Zu beachten ist, dass im Grundbuch nach § 12 Abs. 1 GBO ein rein abstraktes Kaufinteresse nicht ausreicht, sondern bereits konkrete Vertragsverhandlungen stattgefunden haben müssen.[606] Die gleiche Wertung ist in § 10 Abs. 2 eWpG anzuwenden, damit Dritte nicht aus reiner Neugier Einsicht nehmen können.[607] Nach *Lieder* müsste sich für ein berechtigtes Interesse das anerkennenswerte Bedürfnis auf ein konkretes Kryptowertpapier beziehen und sich aus einer spezifischen Betroffenheit des Einsichtsbegehrenden ergeben.[608] Das ist insofern konsequent, als sich das berechtigte Interesse eines potenziellen Teilnehmers vor allem aus dessen Erwerbsinteresse ergibt. Ein potenzieller Erwerber eines Kryptowertpapiers dürfte sich vor allem für die Funktionsweise und Bedingungen des Distributed-Ledger-Systems, die Teilnahmebedingungen sowie etwaige Erwerbshindernisse interessieren. Für das Kryptowertpapierregister müsste sich der Maßstab des Interesses eines potenziellen Teilnehmers an der konkreten Ausgestaltung des Kryptowertpapierregisters und der zugrundeliegenden Distributed-Ledger-Technologie orientieren. Die Teilnahmebedingungen, und ob es sich beispielsweise um eine *public* oder *private* Blockchain

602 Begr. RegE, BT-Drucks. 19/26925, S. 52.
603 Begr. RegE, BT-Drucks. 19/26925, S. 52.
604 Begr. RegE, BT-Drucks. 19/26925, S. 52 – bezogen auf den potenziellen Teilnehmer am Register.
605 So auch *Lieder* in: Omlor/Möslein/Grundmann, Elektronische Wertpapiere, 2021, S. 129.
606 *Maaß* in: Bauer/Schaub GBO, 5. Aufl. 2023, § 12 Rn. 10.
607 *Maaß* in: Bauer/Schaub GBO, 5. Aufl. 2023, § 12 Rn. 3; *Lieder* in: Omlor/Möslein/Grundmann, Elektronische Wertpapiere, 2021, S. 129.
608 *Lieder* in: Omlor/Möslein/Grundmann, Elektronische Wertpapiere, 2021, S. 129.

handelt, sowie die allgemeinen Informationen zum Netzwerk können sich dabei aus den Emissionsbedingungen ergeben. Je strenger die Teilnahmebedingungen ausgestaltet sind, desto höher müssten die Anforderungen an das berechtigte Interesse sein. Ein Einsichtsrecht ist ohnehin nur bei zugangsbeschränkten, also *private* Blockchain-Systemen relevant, denn im Rahmen der unbeschränkt zugänglichen *public* Blockchains kann jedermann Einsicht nehmen. Im Fall von zugangsbeschränkten *private* Blockchains kann der Einsichtsbegehrende auch ohne Einsichtnahme die allgemeinen Bedingungen sowie die Funktionsweise des Systems über die Emissionsbedingungen erfahren. Eine Einsicht in die Details der Blockchain, also die einzelnen Transaktionsblöcke mit ihren Informationen nach § 17 eWpG, ist daher nur bei einem konkreten Erwerbsinteresse an einem bestimmten Kryptowertpapier relevant.[609] Nur dann hat der Einsichtsbegehrende ein nachvollziehbares und schützenswertes Interesse, Informationen insbesondere zu etwaigen Übertragungshindernissen, also relativen Verfügungsbeschränkungen und Rechten Dritter nach § 17 Abs. 2 eWpG, einzusehen. Eine spezifische Information über absolute Verfügungsbeschränkungen wäre grundsätzlich nicht notwendig, wenn ein *Smart Contract* diese automatisch umsetzte und somit den potenziellen Erwerber vor einer unwirksamen Transaktion schützte.[610]

b) Registerauskunft

Zusätzlich besteht in § 10 Abs. 3 eWpG ein spezifisches Auskunftsrecht, das über die Angaben zum eingetragenen Wertpapier hinausgeht, einschließlich der Informationen über die Identität und Adresse des Inhabers. Diese Auskünfte darf die registerführende Stelle allerdings nur erteilen, soweit (1) der Auskunftsersuchende ein besonderes Interesse darlegt, (2) die Auskunftserteilung zur Erfüllung dieses Interesses erforderlich ist und (3) eine Interessenabwägung zwischen dem Schutz der personenbezogenen Daten des Inhabers und dem Auskunftsverlangen zugunsten des Auskunftsverlangenden ausfällt. Diese strengeren Erfordernisse ergeben sich daraus, dass von der Auskunftspflicht auch personenbezogene Daten erfasst sind, die gleichzeitig dem Datenschutzrecht, insbesondere auch der Datenschutzgrundverordnung,

---

[609] Vgl. *Lieder* in: Omlor/Möslein/Grundmann, Elektronische Wertpapiere, 2021, S. 129.
[610] Siehe hierzu ausf. (v) Stellungnahme zu § 17 Abs. 2 S. 3 eWpG.

unterfallen.[611] Nach § 10 Abs. 3 S. 2 eWpG hat der Inhaber stets ein besonderes berechtigtes Interesse in Bezug auf ein für ihn eingetragenes Wertpapier. Aufsichts-, Ordnungs- und Strafverfolgungsbehörden ist Einsicht nach Abs. 2 beziehungsweise Auskunft nach Abs. 3 zu erteilen, soweit dies zur Erfüllung ihrer gesetzlichen Aufgaben erforderlich ist. Diese Voraussetzungen sind nach § 10 Abs. 4 S. 2 eWpG stets anzunehmen, wenn eine in § 34 Abs. 4 BMG genannte Behörde Auskunft ersucht, also unter anderem Polizeibehörden, Staatsanwaltschaften und Strafgerichte.

Nach § 10 Abs. 5 S. 1, 2 eWpG hat die registerführende Stelle die gewährten Einsichten und Auskünfte zu protokollieren, außer es handelt sich um Einsichtnahmen und Auskunftsverlangen der Teilnehmer des Registers selbst. Es wäre freilich überflüssig, dem Teilnehmer über sein eigenes Registerverlangen ein Protokoll auszuhändigen.[612]

c) Stellungnahme

Unklar bleibt in den Gesetzesmaterialien, wie ein berechtigtes Interesse an der Registereinsicht tatsächlich dargelegt werden soll. Denkbar wäre, technisch bei einer Anfrage ein schlichtes Formular anzubieten, in dem der Einsichtsbegehrende zwischen mehreren Optionen auswählen und ankreuzen kann. Das Gesetz sieht dem Wortlaut nach weder eine Beweisverpflichtung des Einsichtsbegehrenden noch eine Prüfpflicht der registerführenden Stelle vor. Allerdings gibt die Formulierung in den Gesetzesmaterialien zu denken, wonach die registerführende Stelle bei Anfragen der in § 34 Abs. 4 S. 1 BMG genannten Behörden von einer Prüfpflicht befreit sein soll. Das würde im Umkehrschluss bedeuten, dass die registerführende Stelle nach dem gesetzgeberischen Willen grundsätzlich nach § 10 eWpG verpflichtet sein soll, die Voraussetzungen zum Einsichtnahme- und Auskunftsrecht zu überprüfen. Die Eigenschaft als Teilnehmer dürfte sich technisch leicht validieren lassen. Ein berechtigtes Interesse nach Abs. 2 dagegen oder ein besonderes Interesse nach Abs. 3 im Rahmen einer Interessenabwägung nach den Umständen des konkreten Einzelfalls gestalten sich wesentlich schwieriger in ihrer automatisierten technischen Ausgestaltung. Angenommen, ein Auskunftsersuchender

---

[611] Begr. RegE, BT-Drucks. 19/26925, S. 52; *Lieder* in: Omlor/Möslein/Grundmann, Elektronische Wertpapiere, 2021, S. 130.

[612] Vgl. Begr. RegE, BT-Drucks. 19/26925, S. 53.

legt eine Rechtsverletzung an einem ihm vermeintlich gehörenden Kryptowertpapier durch einen abhanden gekommenen *Private Key* dar. Dann ist ohne *Private Key* schon keine Authentifizierung als Inhaber möglich. Zur Vorbereitung eines Rechtsstreits wäre der vermeintliche Inhaber auf den Inhalt des Kryptowertpapiers angewiesen.

Wie die registerführende Stelle dann ein solches berechtigtes Interesse prüfen soll, bleibt unklar. Auch wenn kein spezielles Blockchain-Recht geschaffen werden soll durch das eWpG, hatte der Gesetzgeber bei der Normierung dennoch die Distributed-Ledger-Technologie als derzeit gängiges dezentrales Informationssystem vor Augen. Daher lohnt sich der Blick auf die Blockchain. Die gängigen öffentlichen Blockchains wie Ethereum sind bereits transparent und öffentlich einsehbar ausgestaltet. Allerdings sind alle personenbezogenen Daten pseudonymisiert. Die Informationen nach § 17 eWpG müssen zwar nach § 10 Abs. 1, 2 eWpG für den Berechtigten sichtbar gemacht werden, allerdings sind Angaben zum Inhaber eines einzeln eingetragenen Kryptowertpapiers nach § 17 Abs. 1 Nr. 6 eWpG i.V.m. § 8 Abs. 2 S. 3 eWpRV auch pseudonymisiert durch eine Kennnummer erfasst. Damit stehen sie nach § 10 Abs. 1, 2 eWpG i.V.m. § 17 Abs. 1, 2 eWpG nicht grundsätzlich im Widerspruch zur bisher gängigen Publizität der Blockchain. Dadurch ist sowohl die Verwendung einer öffentlichen wie auch einer geschlossenen Blockchain grundsätzlich möglich.

Die Verfügung über das Kryptowertpapier

Die Anforderungen an eine Verfügung über das Kryptowertpapier können divergieren, je nach Art des Kryptowertpapiers und Art der Verfügung. Bereits die Ausgabe des Kryptowertpapiers und dessen Zuordnung zu einem Inhaber erfordern die Übertragung des Kryptowertpapiers auf den ersten Inhaber.[613]

I. Überblick

Grundsätzlich ist zu unterscheiden zwischen elektronischen Wertpapieren in Sammel- und in Einzeleintragung. Kryptowertpapiere in Sammeleintragung können aufgrund der sachenrechtlichen Fiktion des § 2 Abs. 2 und 3 eWpG nach den Vorschriften der §§ 929 ff. BGB übertragen werden. Die Verfügungen über elektronische Wertpapiere in Sammeleintragung orientieren sich im Wesentlichen an denen über Wertpapiere in Girosammelverwahrung nach § 6 Abs. 1 DepotG.[614] Darüber hinaus ist eine Übertragung nach §§ 18 Abs. 3., 24 Abs. 3 i.V.m. § 9b Abs. 1 DepotG von elektronisch begebenen Inhaberschuldverschreibungen möglich. Für Verfügungen über ein elektronisches Wertpapier in Einzeleintragung wurden allerdings die speziellen Vorschriften der §§ 24–27 eWpG normiert. Aufgrund dieser Neuerung soll im Folgenden die Verfügung über ein Kryptowertpapier in Einzeleintragung

[613] Vgl. zum Lebenszyklus des Kryptowertpapiers *Lieder* in: Segna/Möslein/Omlor/von Buttlar, eWpG, § 17 Rn. 2; *Lieder* in: Omlor/Möslein/Grundmann, Elektronische Wertpapiere, 2021, S. 103, 105 ff.

[614] Vgl. *Casper* in: Möslein/Omlor, FinTech-Hdb., 2. Aufl. 2021, § 28 Rn. 8.

dargestellt werden, mit ihren Besonderheiten zum Übertragungstatbestand sowie zum gutgläubigen Erwerb. Die Verfügungen über ein Kryptowertpapier beschränken sich nicht nur auf die Eigentumsübertragung, sondern umfassen nach § 24 eWpG (1) Verfügungen über ein elektronisches Wertpapier, (2) Verfügungen über ein Recht aus einem elektronischen Wertpapier oder über ein Recht an einem solchen Recht oder (3) Verfügungen über ein Recht an einem elektronischen Wertpapier oder über ein Recht an einem solchen Recht. Damit sind nach § 24 Nr. 2 eWpG auch Verfügungen über Rechte aus einem Kryptowertpapier (z.B. Zinsansprüche aus der Inhaberschuldverschreibung) und über Rechte an einem solchen Recht (z.B. die Verpfändung des abgetretenen Zinsanspruchs) umfasst.[615] Verfügungen über ein Recht an einer elektronischen Inhaberschuldverschreibung (z.B. durch Übertragung eines Pfandrechts an einer elektronischen Inhaberschuldverschreibung) und Verfügungen über ein Recht an einem solchen Recht (z.B. durch Verpfändung eines Nießbrauchs an einer elektronischen Inhaberschuldverschreibung) sind in § 24 Nr. 3 eWpG erfasst. § 24 eWpG legt dazu zunächst einmal die Verfügungstransparenz fest. Danach müssen alle Verfügungen zu ihrer Wirksamkeit in ein elektronisches Wertpapierregister eingetragen werden. Insoweit ist der allgemeine Verfügungsbegriff heranzuziehen, der eine Übertragung, Aufhebung, inhaltliche Veränderung oder Belastung eines Rechts umfasst.[616]

II. Eigentumsübertragung eines Kryptowertpapiers in Einzeleintragung

Die Eigentumsübertragung eines Kryptowertpapiers in Einzeleintragung ist in § 25 eWpG normiert. Die Übereignung erfordert danach grundsätzlich, dass das elektronische Wertpapier auf Weisung des Berechtigten auf den Erwerber umgetragen wird und beide sich darüber einig sind, dass das Eigentum übergehen soll.

---

[615] *Casper* in: Möslein/Omlor, FinTech-Hdb., 2. Aufl. 2021, § 28 Rn. 41.

[616] *Casper* in: Möslein/Omlor, FinTech-Hdb., 2. Aufl. 2021, § 28 Rn. 41; Begr. RegE, BT-Drucks. 19/26925, S. 66.

1. Einigung zwischen Berechtigtem und Erwerber

Ein dinglicher Vertrag zwischen dem Veräußerer und Erwerber ist in § 25 eWpG nicht explizit normiert. Auffällig ist allerdings die fast wortidentische Formulierung zu § 929 S. 1 BGB. Auch dort ist eine dingliche Einigung zwar nicht normiert, wird aber für alle Übertragungstatbestände der §§ 929 ff. BGB vorausgesetzt.[617] Auch wenn für die Übereignung eines Kryptowertpapiers die spezielle Vorschrift des § 25 eWpG geschaffen wurde und der Gesetzgeber nicht explizit auf die §§ 929 ff. BGB verweist, ist ein Heranziehen der Grundsätze zu §§ 929 ff. BGB naheliegend aufgrund der Sachfiktion des elektronischen Wertpapiers nach § 2 Abs. 3 eWpG. Dies gilt zumindest, soweit diese Grundsätze nicht den speziellen Regeln der §§ 24–27 eWpG widersprechen. Die Gesetzesmaterialien sprechen diesbezüglich sogar ausdrücklich von der Erforderlichkeit einer dinglichen Einigung zur Übertragung des Eigentums.[618] Auch das in § 25 Abs. 1 S. 1 eWpG normierte Tatbestandsmerkmal des „Einigseins" ergibt nur Sinn, wenn eine irgendwie geartete dingliche Einigung zwischen dem Veräußerer und dem Erwerber besteht. Diese dingliche Einigung kommt durch zwei überstimmende Willenserklärungen in Form von Angebot und Annahme zustande, §§ 145, 147 BGB.[619] Ein solcher dinglicher Vertrag kann grundsätzlich auch durch konkludentes Verhalten geschlossen werden.[620] Dabei sind die Willenserklärungen nach dem objektiven Empfängerhorizont dahingehend auszulegen, ob es sich um ein Angebot beziehungsweise um die Annahme der Eigentumsübertragung handelt.[621]

a) Konstruktion der dinglichen Einigung

Faktisch wird zur Übertragung eines Kryptotokens eine Transaktion durch den Inhaber des *Private Keys* mittels seiner Signatur angewiesen. Mit dieser Signatur der Transaktion wird der *Token* an eine bestimmte „Adresse" im

---

617 Oechler in: MüKo BGB, 9. Aufl. 2023, § 929 Rn. 6, 23 ff.; vgl. auch Casper in: Möslein/Omlor, FinTech-Hdb., 2. Aufl. 2021, § 28 Rn. 44.

618 Begr. RegE, BT-Drucks. 19/26925, S. 67; so auch Casper in: Möslein/Omlor, FinTech-Hdb., 2. Aufl. 2021, § 28 Rn. 44; Preuße/Wöckener/Gillenkirch, BKR 2020, S. 551, 554; *Meier*, RDi 2021, S. 1, 6; wohl auch *Sickinger/Thelen*, AG 2020, S. 862, 865 f.; *Lehmann*, BKR 2020, S. 431, 437.

619 Vgl. *Casper* in: Möslein/Omlor, FinTech-Hdb., 2. Aufl. 2021, § 28 Rn. 44.

620 *Armbrüster* in: MüKo BGB, 9. Aufl. 2021, vor § 116 Rn. 6.

621 *Armbrüster* in: MüKo BGB, 9. Aufl. 2021, vor § 116 Rn. 6 f.; vgl. *Kaulartz/Matzke*, NJW 2018, S. 3278, 3280.

Blockchain-System geschickt. Darin kann ein Angebot zur Eigentumsübertragung gesehen werden, denn nach Validierung der Transaktion wird der *Token* dem Erwerber auf seinem *Wallet* zugeschrieben. Auf die Annahmeerklärung kann nach § 151 BGB verzichtet werden, weil der Rechtsverkehr üblicherweise nicht von einer ausdrücklichen Annahmeerklärung des Erwerbers eines Kryptotokens auf der Blockchain ausgeht.[622]

Als Alternative zum Einigungserfordernis sieht *Casper* die Möglichkeit, die Weisung genügen zu lassen und dem Erwerber ein Zurückweisungsrecht gegenüber unliebsamen Gutschriften zuzuerkennen.[623] Im Hinblick auf die gesetzgeberische Intention und die oben genannten Gründe sprechen allerdings die besseren Argumente für das Erfordernis der dinglichen Einigung. Denn der Gesetzgeber will durch die Sachfiktion des Kryptowertpapiers dem Anleger den gleichen Schutz gewähren wie den Anlegern einer verbrieften Inhaberschuldverschreibung.[624] Das gilt zumindest, solange aufgrund der Sachfiktion die sachenrechtlichen Grundsätze gelten und die Kryptowertpapiere gerade nicht als Kryptowerte sui generis geregelt sind. Wagte man im Wertpapierrecht den Schritt zu einer umfassenden Reform hin zu einem rein buchungsbasierten Wertpapiermodell, wäre ein Zurückweisungsrecht sinnvoll, um den Empfänger vor aufgedrängter Bereicherung zu schützen. Denn dann wäre ein dinglicher Vertrag gerade nicht notwendig.

Im Rahmen der dinglichen Einigung wird in der Literatur auch die Widerruflichkeit des Angebots als dingliche Willenserklärung angesprochen.[625] *Casper* wirft die Frage auf, ob die einmal erteilte Weisung (bildlich gleichzusetzen mit der Autorisierung der Transaktion) bis zur Umtragung widerruflich ist.[626] Dafür könne das Erfordernis des Einigseins in § 25 eWpG sprechen. Grundsätzlich werden Willenserklärungen mit Zugang beim Empfänger wirksam, vgl. § 130 Abs. 1 S. 1 BGB. Daher wäre das Angebot grundsätzlich bis zu seinem Zugang beim Erwerber widerruflich.[627] Gegen eine solche

---

[622] Vgl. *Kaulartz/Matzke*, NJW 2018, S. 3278, 3280; siehe auch Kapitel 4: I. 1. a) (i) Anwendung auf den Kryptotoken.

[623] *Casper* in: Möslein/Omlor, FinTech-Hdb., 2. Aufl. 2021, § 28 Rn. 44; *Casper*, BKR 2019, S. 209, 215; kritisch zum Einigungserfordernis *Dubovitskaya*, ZIP 2020, S. 2551, 2559.

[624] Begr. RegE, BT-Drucks. 19/26925, S. 29.

[625] *Casper* in: Möslein/Omlor, FinTech-Hdb., 2. Aufl. 2021, § 28 Rn. 44.

[626] *Casper* in: Möslein/Omlor, FinTech-Hdb., 2. Aufl. 2021, § 28 Rn. 44.

[627] Vgl. auch *Einsele* in: MüKo BGB, 9. Aufl. 2021, § 130 Rn. 40.

Widerruflichkeit des Anweisenden einer Kryptowertpapiertransaktion spricht allerdings zum einen der § 145 BGB, wonach der Antragende grundsätzlich an seinen Antrag gebunden ist. Zum anderen gilt für Weisungen der Grundsatz des § 790 S. 1 BGB, wonach der Anweisende eine Anweisung dem Angewiesenen gegenüber nur widerrufen kann, solange der Angewiesene sie dem Anweisungsempfänger gegenüber noch nicht angenommen oder die Leistung bewirkt hat. Eine auftragsrechtliche Weisung im Sinne des § 665 BGB ist zwar grundsätzlich widerruflich. Sobald der Verwahrer angewiesen wurde, spricht sich *Casper* jedoch für eine Unwiderruflichkeit vergleichbar zum Zahlungsauftrag nach § 675p BGB aus.[628]

Dabei sollte zwischen den unterschiedlichen Adressaten unterschieden werden. Der Veräußerer weist die registerführende Stelle zur Durchführung der Transaktion an. Bis die Willenserklärung auf Eigentumsübertragung allerdings beim Erwerber in Form der Gutschrift des *Tokens* auf dem *Wallet* ankommt, prüft die registerführende Stelle bereits die Voraussetzungen der wirksamen Transaktion und gibt diese zur Validierung durch das Netzwerk frei, um anschließend die Umtragung zu vollziehen. Daher sollte das Angebot des Veräußerers bereits mit Zugang der Weisung bei der registerführenden Stelle unwiderruflich werden. Diese Lösung orientiert sich an den vergleichbaren Regeln der §§ 790 S. 1, 675p BGB.

b) Vergleich zum buchungsbasierten Wertpapiermodell

Alternativ zur Sachfiktion des Kryptowertpapiers nach § 2 Abs. 3 eWpG wäre auch ein rein buchungsbasiertes Wertpapiermodell denkbar, angelehnt an das Genfer Wertpapierübereinkommen vom 9. Oktober 2009 (GWpÜ).[629] Statt der dinglichen Rechtsposition ist es nach dem offen ausgestalteten Wertpapierübereinkommen möglich, die Depotbuchung als Dreh- und Angelpunkt einer Vermögensbewegung innerhalb eines mediatisierten Verwahrsystems

---

628 *Casper* in: Möslein/Omlor, FinTech-Hdb., 2. Aufl. 2021, § 28 Rn. 44.

629 Begr. RegE, BT-Drucks. 19/26925, S. 40; *Segna*, Bucheffekten, 2018, S. 541 ff.; Genfer Wertpapierübereinkommen vom 09.10.2009, https://www.unidroit.org/instruments/capital-markets/geneva-convention/; ausf. dazu Kapitel 6: IV. 2. Das Genfer Wertpapierübereinkommen.

zu betrachten.[630] Bei einem reinen buchungsbasierten Wertpapiersystem[631] auf der Blockchain wäre es zudem denkbar, eine Transaktion erst nach einer Einigung des Versenders und Sendungsempfänger durch einen *Smart Contract* im Distributed-Ledger-System zur Validierung freizugeben. § 25 Abs. 1 S. 2 eWpG stellt klar, dass die Eintragung des Erwerbers im Kryptowertpapierregister konstitutiv für dessen Rechtserwerb ist. Diese Vorschrift wäre in einem reinen buchungsbasierten Wertpapiermodell nach dem Vorbild des GWpÜ nicht notwendig, da sich dieses nicht an den schuldrechtlichen und dinglichen Kategorien orientiert.[632] Entweder würde eine Umbuchung nur mit Zustimmung des Buchungsempfängers im Vorfeld durch einen *Smart Contract* erfolgen oder dem Empfänger müsste ein Zurückweisungsrecht eingeräumt werden. In beiden Fällen wäre mit der Distributed-Ledger-Technologie jederzeit für den Rechtsverkehr transparent erkennbar, welchem Konto – also *Wallet* – das Kryptowertpapier in welchem Transaktionsblock gutgeschrieben wurde.

c) Stellungnahme

Das Zustandekommen der dinglichen Einigung ist am jeweiligen Einzelfall zu beurteilen, denn es gibt eine Vielzahl von Möglichkeiten, wie eine solche Transaktion auf der Blockchain zustande kommt. Die Parteien könnten sich bereits vor der Authentifizierung (Weisung) einer Transaktion gemäß § 145, 147 BGB einigen und der Erwerber würde dann den *Token* unmittelbar an den Erwerber senden. Denkbar ist die schriftliche Einigung zwischen dem Emittenten eines Kryptowertpapiers mit dem Investor am Unternehmen des Emittenten. Eine solche Einigung kann auch mündlich oder theoretisch nur in einem Onlinechat zustande kommen.[633] Es ist also eher unwahrscheinlich, dass die Parteien sich vor der Übertragung eines Kryptowertpapiers nicht ausgetauscht haben. Das Zustandekommen einer Einigung ist daher in seiner jeweiligen Form stark abhängig von der Art des *Tokens* (*Payment Token, Security Token*) und der Art und Weise, wie das Informationssystem agiert. In einem liquiden Markt, der Börse vergleichbar, generiert jeder, der seinen *Token*

---

[630] *Segna*, Bucheffekten, 2018, S. 544.

[631] Die Diskussion über eine umfassende Reform des deutschen Wertpapierrechts ist vorerst vertagt, aber nicht beendet, siehe Begr. RegE, BT-Drucks. 19/26925, S. 40.

[632] *Segna*, Bucheffekten, 2018, S. 546.

[633] Je nach Inhalt der Einigung können auch andere Formerfordernisse gelten.

verkaufen möchte (durch die Authentifizierung der Transaktion/Weisung) ein Verkaufsangebot. Genauso gibt jeder, der auf einer Exchange-Plattform einen *Token* erwerben möchte, durch Authentifizierung der Transaktion ein Kaufangebot und damit eine Annahmeerklärung ab. Beide Willenserklärungen gehen dabei entweder bereits konkludent im Zeitpunkt zu, in dem die eigene Authentifizierung die Transaktion anweist, oder spätestens im Zeitpunkt der Validierung der Transaktion durch den Konsensmechanismus. Denn gäbe es keinen entsprechenden Annahmewillen, könnte die Transaktion nicht erfolgen. Je nach Ausgestaltung der Distributed-Ledger-Technologie ist also eine Veräußerung ohne entsprechenden Annahmewillen eines anderen Teilnehmers gar nicht möglich, es sei denn, der Emittent, ein Verwahrer (Exchange-Plattformen) oder das System selbst ist zum zwischengeschalteten Rückerwerb der *Token* z.B. zu einer Bewertung von null bereit. Daher wird man in wenigen Fällen auf den Verzicht der Annahmeerklärung nach § 151 BGB zurückgreifen müssen.

d) Zwischenergebnis

Zur Übertragung eines Kryptowertpapiers nach § 25 eWpG ist eine dingliche Einigung notwendig. Diese kann viele unterschiedliche technische Formen annehmen, wird aber nach derzeitigem technischem Stand wohl in der Erfüllung eines *Smart Contracts* liegen, der die essentialia negotii des dinglichen Vertrages vereint.

2. Umtragung

Zur wirksamen Übereignung ist die Umtragung nach § 25 Abs. 1 S. 1 eWpG notwendig. Diese wird in § 4 Abs. 8 eWpG definiert als „Ersetzung des Inhabers eines im elektronischen Wertpapierregister eingetragenen elektronischen Wertpapiers durch einen neuen Inhaber“. Aus der Formulierung des § 24 eWpG, wonach die Verfügung „zu ihrer Wirksamkeit“ der Eintragung oder Umtragung bedarf, ergibt sich der konstitutive[634] Charakter der Umtragung.

[634] Vgl. auch *Casper* in: Möslein/Omlor, FinTech-Hdb., 2. Aufl. 2021, § 28 Rn. 45, der zumindest die Gutschrift beim Erwerber für konstitutiv hält.

a) Substitut der Übergabe

Im Vergleich zu herkömmlichen Papierurkunden und der Übertragung von beweglichen Sachen nach §§ 929 ff. BGB ersetzt die Umtragung dabei die Übergabe der Sache. Aus der Natur des Kryptowertpapiers ist eine Übergabe in physischer Form nicht möglich. Auch wenn man auf die physische Verkörperung des *Tokens* in einem Datensatz abstellte, änderte dies nichts an der fehlenden Übergabemöglichkeit. Der *Token* als digitale Verkörperung des Rechts wechselt auch auf der Blockchain nicht physisch den Ort, sondern wird lediglich durch einen neuen Datensatz einem anderen Nutzer auf dessen „Adresse" (*Wallet*) gutgeschrieben, also zugeordnet. Dabei ist die Umtragung auch untechnisch zu verstehen. Es reicht diesbezüglich aus, wenn das Recht in Form eines digitalen *Tokens* durch einen neuen Datensatz auf der Blockchain einem neuen Inhaber zugeordnet wird. Im Referentenentwurf des Gesetzes befand sich noch die Formulierung „Aus- und Neueintragung" des Inhabers, mit dem Ziel, eine Rechtemehrung zu vermeiden.[635] Diese Sorge war jedoch unberechtigt, da mit Vollzug einer Transaktion auf einer Blockchain das Recht unmittelbar einem neuen Inhaber zugeordnet wird und eine Rechtemehrung praktisch unmöglich ist. Die jetzige Definition der Umtragung als Ersetzung des Inhabers ist eindeutig und klar und kann technisch verschiedentlich umgesetzt werden. Damit hat sich der Gesetzgeber auch gegen Begriffe wie „Belastungsbuchung" oder „Gutschrift" entschieden, die technisch weniger neutral sind.[636]

Die Inhaberschaft ergibt sich nach § 3 Abs. 1 eWpG aus der Eintragung im Kryptowertpapierregister und damit aus der Wahrnehmbarkeit des Besitzes für den Rechtsverkehr. Diese Vorschrift dient der Vereinfachung und Klarstellung, denn andernfalls wäre die Inhaberschaft über die Besitz- oder Eigentumsverhältnisse zu definieren und damit wesentlich komplexer.

Weniger eindeutig ist allerdings, was die Ersetzung der Inhaberschaft durch Umtragung nach § 25 Abs. 1 S. 1 eWpG für die Besitzverhältnisse bedeutet. Dabei ist ausschlaggebend, nach welchem sachenrechtlichen Modell der §§ 929 ff. BGB das Kryptowertpapier übertragen wird. In der Begründung[637] zu § 25 eWpG wird ausgeführt, in § 25 Abs. 1 eWpG werde der „Modus" für

---

[635] Begr. eWpG-RefE, S. 4, 42.

[636] Vgl. *Casper* in: Möslein/Omlor, FinTech-Hdb., 2. Aufl. 2021, § 28 Rn. 45.

[637] Begr. RegE, BT-Drucks. 19/26925, S. 66.

die dingliche Übereignung als praktisch bedeutendste Art der Verfügung geregelt. Das spricht allerdings nicht dagegen, die Grundsätze der allgemeinen Übertragungsregelungen für bewegliche Sachen nach §§ 929 ff. BGB heranzuziehen.

b) Das Leitbild der Girosammelverwahrung

Die Übereignung von elektronischen Wertpapieren in Sammeleintragung weist Parallelen zur Girosammelverwahrung bei der Clearstream Banking AG als Wertpapiersammelbank nach § 1 Abs. 3 DepotG auf. Bei der Girosammelverwahrung erhalten die Depotkunden einen Miteigentumsanteil am Sammelbestand nach § 6 Abs. 1 DepotG. Auch wenn weitere Zwischenverwahrer möglich sind, begründet grundsätzlich die Depotbank an den Wertpapieren des Sammelbestands Besitz erster Stufe gegenüber der Sammelbank und der Depotkunde mittelbaren Besitz zweiter Stufe.[638] Bei einer Übertragung der Wertpapiere verfügt dabei die Depotbank über die Wertpapiere durch Umbuchung innerhalb der Verwahrkette.[639] Für die Übereignung nach §§ 929 ff. BGB wird die Übergabe durch Einräumung des Mitbesitzes ersetzt.[640] Die geschieht entweder, indem der veräußernde Depotkunde die Depotbank als mittelbare Besitzerin anweist, ein neues Besitzmittlungsverhältnis mit dem Erwerber zu vereinbaren (Geheißerwerb).[641] Oder aber der Veräußerer vereinbart mit dem Erwerber ein Besitzkonstitut nach §§ 930, 868 BGB, sofern der Depotkunde auch in Zukunft als Zwischenverwahrer fungieren soll (z.B. bei einer Sicherungsübereignung an einen neuen Gläubiger).[642] Als dritte Möglichkeit kommt eine Abtretung des Herausgabeanspruchs gegen die Depotbank in Betracht nach § 931 BGB i.V.m. § 7 Abs. 1 DepotG.

c) Besitzwechsel des Kryptowertpapiers

Eine Übereignung nach dem Vorbild des § 930 BGB käme für Kryptowertpapiere allenfalls in Betracht, wenn der Veräußerer nach Übereignung des

---

[638] *Casper* in: Möslein/Omlor, FinTech-Hdb., 2. Aufl. 2021, § 28 Rn. 8.

[639] Ders.

[640] *Casper* in: Möslein/Omlor, FinTech-Hdb., 2. Aufl. 2021, § 28 Rn. 9.

[641] So wohl auch: BGHZ 160, S. 121, 124 = WM 2004, S. 1747, 1748; *Casper* in: Möslein/Omlor, FinTech-Hdb., 2. Aufl. 2021, § 28 Rn. 9.

[642] *Casper* in: Möslein/Omlor, FinTech-Hdb., 2. Aufl. 2021, § 28 Rn. 9; *Oechsler* in: MüKo BGB, 9. Aufl. 2023, § 929 Rn. 26.

Kryptowertpapiers als eine Art Depotverwahrer den unmittelbaren Besitz am Kryptowertpapier behalten und der Erwerber im Rahmen eines Besitzmittlungsverhältnisses lediglich den mittelbaren Besitz erlangen sollte. Dann würde die Übergabe beziehungsweise Umtragung des Kryptowertpapiers durch Vereinbarung eines Besitzkonstituts zwischen Veräußerer und Erwerber ersetzt. Im Falle einer weiteren Veräußerung des Kryptowertpapiers auf den nächsten Erwerber käme dann nur noch eine Übereignung nach § 931 BGB in Betracht, wonach der Erwerber vom Veräußerer den Herausgabeanspruch gegen den Verwahrer abgetreten bekäme. Praktisch ist dies bereits der Fall bei sogenannten *Custodial Wallets*[643], bei denen ein Serviceanbieter als Verwahrer und Verwalter über gewisse Kryptowerte verfügen kann und dazu auch im Besitz des jeweiligen *Private Key* ist oder den *Private Key* zumindest verwaltet und lediglich die Eingabe eines Passworts oder einer TAN notwendig wird. Im Unterschied dazu stellt ein *Non-custodial Wallet* lediglich die Technologie z.B. in Form einer Exchange-Plattform zur Verfügung. Diese hat dann keine Zugriffsmöglichkeit auf die Kryptowerte, sondern ausschließlich der Eigentümer oder Berechtigte über den *Private Key*. Einer der bekanntesten Anbieter eines *Non-custodial Wallets* ist MetaMask.[644] Letztendlich ist zu unterscheiden, ob ausschließlich der Eigentümer des Kryptowertpapiers durch Besitz des *Private Keys* den unmittelbaren Besitz ausübt oder ob ein Verwahrer eingesetzt wird und mit diesem ein Besitzmittlungsverhältnis besteht.

Bei einem Kryptowertpapier in Einzeleintragung wird in der Regel nur der eingetragene Inhaber über den *Private Key* unmittelbaren Besitz ausüben. Danach würde der unmittelbare Besitz nach der Wertung des § 929 S. 1 BGB mit der Umtragung nach § 25 Abs. 1 S. 1 eWpG auf den neuen Inhaber übergehen. § 25 eWpG ähnelt auch im Wortlaut am ehesten § 929 S. 1 BGB, wobei der Gesetzgeber diese Übertragungsmodalität vor Augen hatte.[645] Die Umtragung ersetzt damit direkt die Übergabe nach § 929 S. 1 BGB. Der Umweg über § 931 BGB ist nicht notwendig, da der Veräußerer

---

[643] Ausf. zu *Custodial Wallets*: https://crypto.com/university/custodial-vs-non-custodial-wallets#:~:text=As%20its%20name%20suggests%2C%20a,protecting%20the%20user's%20crypto%20assets.

[644] https://support.metamask.io/hc/en-us/articles/360059952212-MetaMask-is-a-self-custodial-wallet.

[645] *Casper* in: Möslein/Omlor, FinTech-Hdb., 2. Aufl. 2021, § 28 Rn. 44.

selbst den unmittelbaren Besitz über das Kryptowertpapier ausübt, auch wenn die registerführende Stelle die Blockchain „führt".

Der Umtragungsvorgang soll zudem unabhängig von seiner rechtlichen Ausgestaltung rechtlich lückenlos geschehen und herrenlose Wertpapiere sollen vermieden werden.[646] Deshalb wurde in § 25 Abs. 1 S. 2 eWpG normiert, dass der Berechtigte sein Eigentum bis zur Umtragung auf den neuen Erwerber verliert. Diese Problematik dürfte vor allem in einem System der Umtragung durch eine Belastungsbuchung und der Gutschrift auftauchen, wie man sie im bisherigen Effektengiroverkehr kennt.[647] Bei einer Zuordnung des Kryptowertpapiers zu einem neuen Inhaber auf der Blockchain ist ein solches Buchungssystem allerdings nicht zwingend, vielmehr kann die Zuordnung zum neuen Inhaber in einem weiteren Datenblock auf der Blockchain *uno actu* erfolgen.[648] Abgesehen davon ist für die Umtragung nach dem eWpG auch nicht zwingend der technische Realakt der Tokenübertragung auf der Blockchain ausschlaggebend, sondern die Umtragung im Kryptowertpapierregister, vgl. § 4 Abs. 8 eWpG. Dieses soll zumindest in der Darstellung etwa dem Grundbuch ähneln, sodass alle Änderungen sichtbar nachvollzogen werden können und die aktuelle Rechtslage abgebildet wird. Auch wenn sich die registerführende Stelle der Blockchain zur Kryptowertpapierregisterführung bedient, wird die Darstellung der Umtragung durch Zuordnung zum neuen Inhaber regelmäßig *uno actu* erfolgen, sodass ein herrenloses Wertpapier unwahrscheinlich erscheint.[649]

3. Einigsein im Zeitpunkt der Umtragung

Das Einigsein des Veräußerers und des Erwerbers des Kryptowertpapiers wird in § 25 Abs. 1 eWpG ausdrücklich vorausgesetzt. In Anlehnung an das Übereignungsmodell nach § 929 S. 1 BGB ist es konsequent, wenn beide im

---

646 Begr. RegE, BT-Drucks. 19/26925, S. 67; *Casper* in: Möslein/Omlor, FinTech-Hdb., 2. Aufl. 2021, § 28 Rn. 45.

647 Vgl. dazu *Casper* in: Möslein/Omlor, FinTech-Hdb., 2. Aufl. 2021, § 28 Rn. 45.

648 Vgl. hierzu aber noch zum Referentenentwurf des eWpG: *Casper* in: Möslein/Omlor, FinTech-Hdb., 2. Aufl. 2021, § 28 Rn. 45.

649 Diese Problematik war im Referentenentwurf zum eWpG relevant, in dem zur Umtragung noch eine Austragung des bisherigen Inhabers und die Eintragung des neuen Inhabers vorgesehen waren, vgl. Begr. eWpG-RefE, S. 4, 42, abrufbar unter https://www.bmj.de/SharedDocs/Gesetzgebungsverfahren/Dokumente/RefE_Einfuehrung_elektr_Wertpapiere.pdf?__blob=publicationFile&v=1.

Zeitpunkt der Umtragung[650] sich über den Eigentumsübergang einig sein müssen, denn die Umtragung ersetzt die Übergabe der Sache. Das Einigsein stellt dabei gewissermaßen eine Verlängerung der dinglichen Einigung dar und ist nur deshalb notwendig, weil der Zeitpunkt von dinglicher Einigung und Eigentumsübergang durch Übergabe auseinanderfallen können. Im Falle der Übereignung eines Kryptowertpapiers in Einzeleintragung dürfte das Erfordernis selten ein Problem darstellen. Erst mit der Umtragung auf den Erwerber wird man vom Abschluss der dinglichen Einigung sprechen können, denn in diesem Zeitpunkt geht das Angebot des Veräußerers dem neuen Inhaber gemäß §§ 145, 130 Abs. 1 S. 1 BGB erst zu. In diesem Zeitpunkt wird deshalb das Einigsein regelmäßig vorliegen. Ist der Erwerber dagegen mit der Transaktion nicht einverstanden, hat er nach dem bisherigen Stand der Technik der Blockchain die Möglichkeit, den Kryptotoken in einer weiteren Transaktion an den vorigen Inhaber zurückzubuchen.

4. Weisung des Berechtigten

Als weitere Voraussetzung verlangt § 25 Abs. 11 S. 1 eWpG, dass das elektronische Wertpapier aufgrund einer Weisung des Berechtigten umgetragen wird. Der Berechtigte muss also grundsätzlich eine Weisung gegenüber der registerführenden Stelle gemäß § 18 eWpG i.V.m. § 11 eWpRV vornehmen. Dazu kann der Verfügende mittels *Private Key* die gewünschte Transaktion signieren und somit anweisen.[651] Die Weisung kann dabei auch durch gerichtliches Urteil ersetzt werden nach § 894 ZPO.[652]

a) Berechtigung

Essenziell für jeden sachenrechtlichen Übertragungstatbestand ist, dass nur ein Berechtigter das Eigentum an einer Sache übertragen können soll (vgl. insoweit §§ 929 S. 1, 873 Abs. 1 BGB, § 25 Abs. 1 S. 1 eWpG). Nach den sachenrechtlichen Grundsätzen des § 929 S. 1 BGB ist jeder verfügungsberechtigte Eigentümer und jeder von diesem Ermächtigte verfügungsbefugt. Im Wertpapierrecht ist der Inhaber der Schuldverschreibung auch der Berechtigte.[653]

---

[650] Vgl. *Oechsler* in: MüKo BGB, 9. Aufl. 2023, § 929 Rn. 23 ff.
[651] Siehe dazu Kapitel 4: I. 5. Weisung des Weisungsberechtigten.
[652] Begr. RegE, BT-Drucks. 19/26925, S. 67.
[653] *Lehmann*, NJW 2021, S. 2318, 2321.

Davon weicht § 3 Abs. 2 eWpG ab, wonach Berechtigter derjenige ist, der das Recht aus dem Wertpapier innehat. Der Inhaber des Kryptowertpapiers ist allerdings derjenige, der als solcher im Kryptowertpapierregister eingetragen ist, § 3 Abs. 1 eWpG. Daher kann es vorkommen, dass der Inhaber und der Berechtigte des Kryptowertpapiers nicht personenidentisch sind. Der Grund für diese Aufspaltung ist die Situation in der Sammelverwahrung von Wertpapieren, wobei der Verwahrer als Inhaber ins Register eingetragen wird, die Berechtigten allerdings die (Mit-) Eigentümer am Sammelbestand im Sinne des § 9 Abs. 1 DepotG sind.[654]

Diese Aufspaltung soll dem Anleger auch den gleichen Schutz in der Insolvenz gewährleisten wie bisher im Effektengiroverkehr.[655] Dort ist die Wertpapiersammelbank gerade nicht Eigentümerin der Globalurkunde, sondern sie steht im Miteigentum der Anleger. Im Falle der Insolvenz der Wertpapiersammelbank besteht dann ein Aussonderungsrecht der Anleger. Allerdings ist Inhaber nach § 3 Abs. 1 eWpG derjenige, der als Inhaber eines elektronischen Wertpapiers oder eines bestimmten Anteils an einer Gesamtemission in einem elektronischen Wertpapierregister eingetragen ist. Im Falle der Einzeleintragung wird der Inhaber nie der Emittent des Kryptowertpapiers sein, auch wenn dieser die registerführende Stelle selbst sein sollte, sondern Inhaber werden in der Regel auch die Gläubiger der Inhaberschuldverschreibung sein. Diese werden im Wege der Sammel- oder Einzeleintragung pseudonymisiert im Kryptowertpapierregister als Inhaber eingetragen werden.

Die Berechtigung ergibt sich im technischen Sinne der Distributed-Ledger-Technologie aus der Verfügungsmacht des *Private Keys*. Nach dem Verständnis der Informatik ist auf der Blockchain derjenige zu einer Transaktion berechtigt, der über den *Private Key* verfügt. Damit beruht die Verlässlichkeit und Sicherheit der Blockchain gerade auf kryptographischen Mitteln, nicht auf Publizität. Der Gesetzgeber möchte allerdings Konzepte des bisher bewährten Registerrechts auf die Distributed-Ledger-Technologie übertragen und legt daher einen großen Schwerpunkt der Rechtssicherheit auf die Transparenz

654 *Lehmann*, NJW 2021, S. 2318, 2321.
655 Hierzu und zum Folgenden: *Lehmann*, BKR 2020, S. 431, 435, 436.

und Publizität des Kryptowertpapierregisters, etwa im Einsichtnahmerecht nach § 10 eWpG.[656]

Bei einem Kryptowertpapier in Einzeleintragung können Inhaber und Berechtigter also juristisch dann auseinanderfallen, wenn nicht der Berechtigte aus der Inhaberschuldverschreibung im Kryptowertpapierregister als Inhaber nach §§ 17 Abs. 1 Nr. 6, 3 Abs. 1 eWpG eingetragen ist. Aus technischer Sicht kommt hinzu, dass ein Dritter, der im Besitz des *Private Keys* ist, als vermeintlicher Inhaber schon aufgrund seiner tatsächlichen Verfügungsmacht eine Weisung autorisieren kann nach § 18 Abs. 1 Nr. 1 eWpG. Um in diesem komplexen Zusammenspiel dreier Faktoren Rechtssicherheit zu gewährleisten, hat der Gesetzgeber zum einen die Eigentumsvermutung für den im Kryptowertpapierregister eingetragenen Inhaber in § 27 eWpG normiert und zum anderen den gutgläubigen Erwerb nach § 26 S. 1 eWpG. Das größte Risiko für ein solches Auseinanderfallen von Inhaberschaft und Berechtigung liegt in der Fehlerhaftigkeit des Blockchain-Codes und dem Diebstahl des *Private Keys*. Für die korrekte Datenverarbeitung im Distributed-Ledger-System ist die registerführende Stelle nach § 7 eWpG verantwortlich, für die Sicherheit des eigenen *Private Keys* grundsätzlich der Berechtigte des Kryptowertpapiers. Abgesehen von diesen beiden Faktoren ist eine Eintragung eines Nichtberechtigten als Inhaber bei einem Kryptowertpapier in Einzeleintragung auf der Blockchain fast unmöglich. Denn das dezentrale Validierungssystem sowie die Unveränderlichkeit der Transaktionshistorie auf der Blockchain sorgen dafür, dass die Transaktion nicht von einem Netzwerkknoten aus manipuliert werden kann. Darüber hinaus muss die Weisung nach § 18 Abs. 1 S. 5 eWpG durch ein geeignetes Authentifizierungsinstrument erteilt werden.[657] Verlangt die registerführende Stelle nun neben dem *Private Key* zusätzlich eine dezentrale Identifikationsabfrage[658], verringert sich das Risiko eines fälschlich eingetragenen Inhabers weiter.

---

[656] *Lehmann*, BKR 2020, S. 431, 437, siehe auch Kapitel 4: V. 2. Einsichts- und Auskunftsrechte § 10 eWpG.

[657] Siehe ausf. Kapitel 4: I. 9. Technische Anforderungen an Identifizierung und Autorisierung.

[658] https://ethereum.org/de/decentralized-identity/#what-are-attestations.

Ist dennoch nicht der Berechtigte als Inhaber des Kryptowertpapiers eingetragen, stehen die Interessen des Berechtigten im Spannungsverhältnis zu berechtigten Interessen eines gutgläubigen Erwerbers.[659]

b) Keine Verfügungsbeschränkung

Zur Berechtigung des Veräußerers dürften keine Veräußerungsbeschränkungen an dem Kryptowertpapier bestehen.[660] Wie bereits ausgeführt, müssen nach § 26 S. 2 eWpG die relativen Verfügungsbeschränkungen nach § 17 Abs. 2 S. 1 Nr. 1 eWpG zu ihrer Wirksamkeit im Kryptowertpapierregister eingetragen sein. Sonstige Verfügungsbeschränkungen wirken nach § 26 S. 3 i.V.m. § 17 Abs. 2 S. 3 eWpG jedoch auch unabhängig von ihrer Eintragung.

5. Gutgläubiger Erwerb nach § 26 eWpG

Die Problematik des unberechtigten Veräußerers eines Kryptowertpapiers vermag § 26 S. 1 eWpG zu überbrücken. Danach gilt der eingetragene Inhaber als Berechtigter, es sei denn, dem Erwerber war zum Zeitpunkt seiner Eintragung etwas anderes bekannt oder infolge grober Fahrlässigkeit unbekannt. Damit orientiert sich die Vorschrift an §§ 932 Abs. 2 BGB, 16 Abs. 3 S. 3 GmbHG.[661] Die Eintragung als Inhaber gemäß § 3 Abs. 1 i.V.m. § 17 Abs. 1 Nr. 6 eWpG hat Legitimationswirkung, denn nach § 26 S. 1 eWpG gilt der Inhalt des elektronischen Wertpapierregisters als vollständig und richtig.[662] Als Rechtsscheinträger fungiert hierbei das Kryptowertpapierregister.[663] Grundsätzlich ruht der Gutglaubenstatbestand auf zwei Säulen: dem überindividuellen Interesse an der Sicherheit und Leichtigkeit des Rechts- und Handelsverkehrs und auf einer besonderen Richtigkeitsgewähr des Rechtsscheinträgers.[664] Daher gilt es die sachenrechtlichen Grundsätze zum redlichen Erwerb anhand des neuen Kryptowertpapierregisters zu untersuchen. Beim Kryptowertpapierregister handelt es sich – genau wie beim Grundbuch und der

---

[659] Siehe ausf.: 5. Gutgläubiger Erwerb nach § 26 eWpG.

[660] Siehe Kapitel 4: I. 4. a) Verfügungsbeschränkungen zugunsten einer bestimmten Person.

[661] Begr. RegE, BT-Drucks. 19/26925, S. 67; *Casper* in: Möslein/Omlor, FinTech-Hdb., 2. Aufl. 2021, § 28 Rn. 52.

[662] Vgl. *Vig*, BKR 2022, S. 442, 446.

[663] Begr. RegE, BT-Drucks. 19/26925, S. 47; *Lieder* in: FS Heidinger 2023, S. 292 f.

[664] *Lieder* in: FS Heidinger 2023, S. 288 f.

Gesellschafterliste – um einen künstlichen Rechtsscheinträger, der zum Zwecke der Publizitätsfunktion geschaffen wurde.[665] Es lohnt sich also, einen vergleichenden Blick auf das Grundbuch und die Gesellschafterliste zu werfen, um den gutgläubigen Erwerb im Kryptowertpapierregister sachenrechtlich einordnen zu können.

a) Rechtsgeschäftlicher Erwerb

Erste Tatbestandvoraussetzung des redlichen Erwerbs ist, dass es sich beim Übereignungsvorgang um einen rechtgeschäftlichen Erwerb im Sinne eines Verkehrsgeschäfts handelt.[666] Nur dann werden die überindividuellen Interessen an der Sicherheit und Leichtigkeit des Rechtsverkehrs überhaupt berührt.[667] Dagegen ist der Rechtsverkehr bei einem Rechtserwerb kraft Gesetzes oder kraft Hoheitsaktes nicht betroffen. Auch der unentgeltliche Erwerb ist von der Vorschrift zum redlichen Erwerb geschützt.[668]

b) Schutz des redlichen Verkehrsinteresses

Das Kryptowertpapierregister stellt das innovative Herzstück des eWpG dar.[669] Seine primäre Funktion liegt darin, Publizität und Transparenz im überindividuellen Interesse der Sicherheit und Leichtigkeit des Rechts- und Handelsverkehrs zu gewährleisten.[670] Gleichzeitig soll der Erwerber von dem Aufwand entlastet werden, alle vorausgegangenen Erwerbsvorgänge auf ihre Wirksamkeit zu überprüfen. Darüber hinaus ist das Rechtskonstrukt des gutgläubigen Erwerbs nötig, weil selbst die technische Sicherheit der Blockchain und ihre faktische Fälschungssicherheit sowie Transparenz nicht

---

[665] *Omlor* in: Omlor/Möslein/Grundmann, Das elektronische Wertpapier, 2021, S. 140; *Lieder* in: FS Heidinger 2023, S. 287.

[666] *Lieder* in: FS Heidinger 2023, S. 302; *Müller* in: Müller/Pieper, eWpG 2022, § 26, Rn. 3 f.; *Omlor*, RDi 2021, S. 371 Rn. 28; vgl. auch *Lieder*, Die rechtsgeschäftliche Sukzession, S. 496 ff.; allgemein: *Thomale/Schüßler*, ZfPW 2015, S. 454, 463 f.

[667] Dazu und zum Folgenden: *Lieder* in: FS Heidinger 2023, S. 302.

[668] Vgl. die Wertung aus § 16 Abs. 1 S. 2 BGB, ausf. dazu: BGHZ 81, S. 395, 396; *Lieder* in: FS Heidinger 2023, S. 302 f.; *Lieder*, Die rechtsgeschäftliche Sukzession, S. 533 f.; *Kohler* in: MüKo BGB, 9. Aufl. 2023, § 892 Rn. 25 a.E.; *Oechsler* in: MüKo BGB, 9. Aufl. 2023, § 932 Rn. 34; *J. Hager*, Verkehrsschutz durch redlichen Erwerb, S. 89 ff.

[669] So auch *Litten*, BB 2021, S. 1223; *Dubovitskaya*, ZIP 2020, S. 2551, 2557; *Mittwoch*, WM 2021, S. 375, 381.

[670] Dazu und zum Folgenden: *Lieder* in: FS Heidinger 2023, S. 293.

gleichgestellt werden können mit der Rechtssicherheit für den Rechtsverkehr. Diese technischen Umstände können allenfalls den Vertrauensmaßstab am Kryptowertpapierregister definieren.[671]

Nach den Gesetzesmaterialien liegt der öffentliche Glaube der Eintragungen im elektronischen Wertpapierregister „im Interesse des redlichen Rechtsverkehrs, der Rechtssicherheit und der Umlauffähigkeit elektronischer Wertpapiere".[672] Die Möglichkeit des gutgläubigen Erwerbs ist gewissermaßen zum Ausgleich der strengen Übertragungsvorschrift des § 25 eWpG notwendig.[673] Der Erwerber ist aufgrund des Erfordernisses der dinglichen Einigung und der Berechtigung des Veräußerers dem Risiko adverser Selektion ausgesetzt.[674] Dadurch, dass die Teilnehmer der Blockchain und damit die Inhaber der Kryptotoken nur pseudonymisiert erfasst werden müssen und nicht alle Verfügungshindernisse in das Kryptowertpapierregister eingetragen werden,[675] besteht ein Risiko, dass eine Transaktion nicht rechtswirksam erfolgt. Dieser Umstand schränkt die Fungibilität von Kryptowertpapieren erheblich ein.

Zu Recht merkt *Lieder* allerdings an, dass die Möglichkeit des gutgläubigen Erwerbs nur dann gerechtfertigt sein kann, wenn das überindividuelle Verkehrsinteresse Vorrang gegenüber dem Beharrungsinteresse des wahren Berechtigten hat.[676] Das ist dann der Fall, wenn der Rechtsscheinträger durch Einhaltung eines hoheitlichen Verfahrens eine besondere Richtigkeitsgewähr der Eintragung des Rechtsinhabers gewährleistet (reines Rechtsscheinprinzip) oder der gesetzte Rechtsschein der Risikosphäre des wahren Berechtigten zugerechnet werden kann (Zurechnungsprinzip).[677] Das besondere Vertrauen auf die Publizität des Kryptowertpapierregisters ergibt sich nicht aus einem amtlichen Eintragungsverfahren. Das Kryptowertpapierregister wird, wenn auch durch eine beauftragte registerführende Stelle möglich, privat geführt. Anders ist dies z.B. im Falle des Bundesschuldbuchs, das zwar durch die

---

671 *Lieder* in: FS Heidinger 2023, S. 297.
672 Begr. RegE, BT-Drucks. 19/26925, S. 67.
673 Vgl. Begr. RegE, BT-Drucks. 19/26925, S. 67; kritisch hierzu *Lieder* in: FS Heidinger 2023, S. 293.
674 *Lehmann*, BKR 2020, S. 431, S. 437; Sickinger/Thelen, AG 2020, S. 862, Rn. 24.
675 Siehe Kapitel 4: I. 4. a) (i) Absolute Verfügungsbeschränkungen.
676 *Lieder* in: FS Heidinger 2023, S. 293.
677 *Lieder* in: FS Heidinger 2023, S. 289, 293.

„Bundesrepublik Deutschland – Finanzagentur GmbH" geführt wird.[678] Diese fungiert aber nur als Beliehene der Bundesrepublik Deutschland, sodass das Bundesschuldbuch lediglich einer Organisationsprivatisierung unterzogen wurde.[679]

Damit gilt für das Kryptowertpapierregister nicht das reine Rechtsscheinprinzip, sondern allenfalls das Zurechnungsprinzip. Der Rechtsschein einer Eintragung im Kryptowertpapierregister kann deshalb der Risikosphäre des Berechtigten zugerechnet werden, weil er mit seiner Verfügungsgewalt in Form des *Private Keys* Eintragungen und Änderungen vornehmen lassen kann, vgl. § 18 Abs. 1 eWpG. Nach *Lieder* lässt sich der gutgläubige Erwerb auch auf die zur Eintragung zwingend notwendige Weisung nach § 18 Abs. 1 eWpG stützen.[680] Danach zielt dieses Erfordernis auf den Schutz des wahren Berechtigten ab und verhindert gleichzeitig, dass Unbefugte auf das Wertpapierregister und den Registerinhalt einwirken können.[681] Grundsätzlich kann als Inhaber nur der Berechtigte nach § 8 Abs. 1 Nr. 2 eWpG eingetragen werden. Da jede Rechtsänderung an dem Kryptowertpapier nur aufgrund einer Weisung des Inhabers oder eines anderen Berechtigten nach § 18 Abs. 1 eWpG möglich ist, trägt das Weisungserfordernis erheblich zum Vertrauensschutz des Kryptowertpapierregisters bei.[682] Darüber hinaus kann der Berechtigte Verfügungsbeschränkungen nach § 17 Abs. 2 S. 1, 3 eWpG eintragen lassen und so sein Eigentum am Kryptowertpapier schützen.

Andere Stimmen werfen in die Waagschale dieser Interessenabwägung allerdings auch das Interesse der Allgemeinheit an der Leichtigkeit des Verkehrs.[683] Grundsätzlich genießt das überindividuelle Allgemeininteresse an der Sicherheit und Leichtigkeit des Rechts- und Handelsverkehrs Vorrang

---

678 *Lieder* in: FS Heidinger 2023, S. 294.

679 Ausf. dazu *Buttlar* in: Omlor/Möslein/Grundmann, Das elektronische Wertpapier, 2021, S. 157 ff.

680 *Lieder* in: FS Heidinger 2023, S. 294 f.

681 *Lieder* in: FS Heidinger 2023, S. 294 f.; Begr. RegE, BT-Drucks. 19/26925, S. 57.

682 Vgl. *Lieder* in: FS Heidinger 2023, S. 294 f.

683 *Wadle* JZ 1974, S. 689, 696; *Oechsler* in: MüKo BGB, 9. Aufl. 2023, § 932, Rn. 3.

gegenüber dem Individualinteresse des wahren Berechtigten.[684] Der Erwerber wird daher im Einzelfall im Interesse dieses geschützten Rechtsverkehrs begünstigt, ohne selbst primäres Schutzobjekt zu sein.[685] Zu diesem Schutz des Rechtsverkehrs zählt auch der ökonomische Aspekt der Reduktion etwaiger Informations- und nachvertraglicher Streitbewältigungskosten.[686] Ohne die Möglichkeit des redlichen Vollrechtserwerbs müssten die Erwerber aufwendige Nachforschungen über den Veräußerer und die bestehende Rechtslage anstellen, um eine Unwirksamkeit der Transaktion und eine daraus resultierende Rückabwicklung zu vermeiden. Die Transaktionen auf der Blockchain sind pseudonymisiert und je nach Ausgestaltung des Netzwerkes nicht für jedermann transparent einsehbar.[687] Die Nachforschung der aktuellen Rechtslage durch einen potenziellen Erwerber ist daher nur eingeschränkt und mit erheblichem Aufwand möglich. Der Erwerbsinteressent müsste ein berechtigtes Einsichtsinteresse gegenüber der registerführenden Stelle gemäß § 10 Abs. 2 eWpG geltend machen. Zugleich werden durch die Gutglaubensvorschriften nachvertragliche Streitbewältigungskosten gesenkt, wenn die Wirksamkeit der Übereignung nicht mehr mangels Berechtigung angezweifelt werden kann.[688]

c) Rechtsscheinträger

Beim gutgläubigen Erwerb von beweglichen Sachen nach § 932 BGB bildet die Besitzverschaffungsmacht des Veräußerers den Rechtsscheintatbestand.[689] Der dadurch gesetzte Rechtsschein wird dem Berechtigten zugerechnet, sofern er dem Verfügenden freiwillig den Besitz an der Sache verschafft hat

---

[684] Dazu ausf. *Lieder*, Die rechtsgeschäftliche Sukzession, 2015, S. 452 ff.; *Kindl* in: BeckOK BGB, § 935 Rn. 1; *Karner*, Gutgläubiger Mobiliarerwerb, 2006, S. 63 ff., 121 ff.; *Stadler*, Gestaltungsfreiheit und Verkehrsschutz durch Abstraktion, 1995, S. 252 f.; kritisch dagegen dargestellt bei *Heinze* in: Staudinger BGB, Buch 3, 2020, vor §§ 932 ff. Rn. 28 m.w.N..; *Peters*, Der Entzug des Eigentums an beweglichen Sachen durch gutgläubigen Erwerb, 1992, S. 11 f. m.w.N.

[685] Vgl. m.w.N. *Oechsler* in: MüKo BGB, 9. Aufl. 2023, § 932 Rn. 3; (zum Erbschein) *Grziwotz* in: MüKo BGB, 9. Aufl. 2022, § 2366 Rn. 25.

[686] *Lieder* in: FS Heidinger 2023, S. 288 f.

[687] Ausf. dazu Kapitel 4: V. 2. Einsichts- und Auskunftsrechte § 10 eWpG.

[688] Vgl. *Lieder* in: FS Heidinger 2023, S. 288 f.

[689] *Oechsler* in: MüKo BGB, 9. Aufl. 2023, § 932, Rn. 6.

(sog. Risikoprinzip, vgl. § 935 Abs. 1 BGB).[690] Bei Inhaberpapieren ist der gutgläubige Erwerb allerdings noch nicht einmal im Falle des unfreiwilligen Besitzverlustes ausgeschlossen, § 935 Abs. 2 BGB. Diese Regelung hat der Gesetzgeber getroffen, um eine hohe Fungibilität der Inhaberpapiere zu gewährleisten.[691] Aufgrund der eigenständigen Regelung des § 26 eWpG zum gutgläubigen Erwerb, unabhängig von §§ 932, 935 BGB, ist eine entsprechende Regelung im eWpG nicht notwendig. Ganz praktisch betrachtet ist auch die Wahrscheinlichkeit einer Fehlauthentifizierung oder eines abhandengekommenen Kryptowertpapiers durch das Verfahren mittels *Private Key* gering. Ohne *Private Key* hat der Inhaber keine Möglichkeit, auf das Kryptowertpapier zuzugreifen. Daher ist der Anreiz groß, den *Private Key* separiert von einem mit dem Internet verbundenen Server vor unberechtigtem Zugriff zu schützen.[692] Vor diesem Hintergrund spielt das Eintragungsprinzip des eWpG (vgl. §§ 7 Abs. 2, 17, 24, 26 eWpG) eine essenzielle Rolle im gutgläubigen Erwerb nach § 26 eWpG. Die Eintragung des Kryptowertpapiers mit den Angaben nach § 17 eWpG sowie der Verfügungen nach § 24 eWpG sind konstitutiv für ihre Wirksamkeit. Für das Kryptowertpapierregister gilt das Prinzip: „keine Verfügung außerhalb des Registers".[693] Das Kryptowertpapierregister gliedert sich mit dem Eintragungsprinzip im Realfoliensystem[694] ein und schafft so Vertrauen in die Richtigkeit des Kryptowertpapierregisters nach § 7 Abs. 2 eWpG. Es gewährleistet also die Integrität und Authentizität der Angaben im Kryptowertpapierregister nach § 7 Abs. 1 eWpG. Damit bildet das Kryptowertpapierregister eine belastbare Grundlage für einen Rechtsscheinträger mit besonderer Richtigkeitsgewähr.[695] Das Eintragungsprinzip

---

690 *Kindl* in: BeckOK BGB, § 932 Rn. 1; *Oechsler* in: MüKo BGB, 9. Aufl. 2023, § 932, Rn. 7.

691 *Kindl* in: BeckOK BGB, § 935 Rn. 1; Sickinger/Thelen, AG 2020, S. 862, Rn. 27; *Lieder* in: FS Heidinger 2023, S. 301.

692 Vgl. *Lieder* in: FS Heidinger 2023, S. 301; so auch *Kell* in: Müller/Pieper, eWpG 2022, § 28 Rn. 7: „Risiko einer Fehlauthentifizierung akzeptabel".

693 Begr. RegE, BT-Drucks. 19/26925, S. 66; *Omlor* in: Omlor/Möslein/Grundmann, Das elektronische Wertpapier, 2021, S. 140 f.; *Lieder* in: FS Heidinger 2023, S. 292 f.

694 *Lieder* in: Omlor/Möslein/Grundmann, Das elektronische Wertpapier, 2021, S. 105 f.; siehe auch Kapitel 4: I. 2. b) Realfoliensystem.

695 *Lieder* in: FS Heidinger 2023, S. 293.

führt damit grundsätzlich zu einem Gleichlauf von materieller Berechtigung und formeller Inhaberschaft.[696]

d) Zwischenfazit zum Rechtsscheinträger

Aufgrund des Eintragungsprinzips aus § 24 eWpG stellt das Kryptowertpapier im Realfoliensystem einen tauglichen Rechtsscheinträger dar. Auf das sich daraus ergebende Vertrauen des Rechtsverkehrs stützt sich der redliche Erwerb nach § 26 eWpG.

e) Guter Glaube

Neben dem Rechtsgeschäft und der Eintragung im Kryptowertpapierregister als tauglichem Rechtsscheinträger verlangt der redliche Erwerb nach § 26 S. 1 eWpG die Gutgläubigkeit des Erwerbers im Zeitpunkt der Umtragung. Der Zeitpunkt der Eintragung des neuen Erwerbers ist dabei der Zeitpunkt des Vollrechtserwerbs, vgl. §§ 24, 25 Abs. 1 S. 2 eWpG. Das Erfordernis der Gutgläubigkeit wird in der Literatur oftmals auf eine Wertung gestützt, nämlich dass der bösgläubige Erwerber sich außerhalb der Rechtsordnung stelle und deshalb keinen Rechtsschutz verdiene.[697] Nach *Lieder* spielt dafür allerdings vor allem das ökonomische Argument der Informations- und Streitbewältigungskosten eine Rolle.[698] Solche Transaktionskosten fallen bei einem Erwerber aber ohnehin nicht an, wenn er die mangelnde Berechtigung des Veräußerers kennt oder er keine bedeutenden Informationskosten aufwenden muss, um die Berechtigung zu prüfen.[699]

---

696 *Lieder* in: FS Heidinger 2023, S. 294; ähnlich auch Sickinger/Thelen, AG 2020, S. 862, Rn. 30; zum Grundbuch vgl. *Kohler* in: MüKo BGB, 9. Aufl. 2023, vor § 873 Rn. 14; *Lieder*, Die rechtsgeschäftliche Sukzession, 2015, S. 377; *Kleinert/Mayer*, EuZW 2020, S. 1059, 1062.

697 *Kohler* in: MüKo BGB, 9. Aufl. 2023, § 892 Rn. 44; *Zeranski*, JuS 2002, S. 340, 343; *Lieder* in: FS Heidinger 2023, S. 295.

698 *Lieder* in: FS Heidinger 2023, S. 288, 295; *Lieder*, Die rechtsgeschäftliche Sukzession, S. 506 f.

699 *Lieder* in: FS Heidinger 2023, S. 288, 295.

(i) Lehre vom abstrakten Vertrauensschutz

Für die Gutgläubigkeit des Erwerbers ist dabei die Lehre vom abstrakten Vertrauensschutz anzuwenden.[700] Danach knüpft das Vertrauen des Erwerbers abstrakt-potenziell an das bloße Vorliegen eines tauglichen Rechtsscheinträgers an.[701] Dagegen muss der Erwerber kein positiv-kausales Vertrauen in die Berechtigung des Veräußerers aufweisen.[702] Das bedeutet konkret, dass weder seine positive Kenntnis zum Vertrauenstatbestand erforderlich ist, noch muss dieses Vertrauen in die Berechtigung kausal für die Transaktion sein. Entscheidend ist nach § 26 S. 1 eWpG, dass der Erwerber keine Kenntnis oder grob fahrlässige Unkenntnis der fehlenden Berechtigung hat. Das ergibt sich bereits aus der negativen Formulierung des Redlichkeitserfordernisses: „gilt [...] der Inhaber als Berechtigter, es sei denn, dass dem Erwerber zum Zeitpunkt seiner Eintragung etwas anderes bekannt oder infolge grober Fahrlässigkeit unbekannt ist".

Der Erwerber muss sich bezüglich der Berechtigung des Veräußerers grundsätzlich keine Gedanken machen.[703] Im Rahmen des § 932 BGB bezieht sich der gute Glaube auf die Eigentümerstellung des Veräußerers, von der die Erwerber aufgrund der Besitzverschaffungsmacht des Veräußerers ausgehen dürfen. Über die Berechtigung oder die Rechtslage muss sich der Erwerber daher keine konkreten Vorstellungen machen.[704] Hat der Erwerber allerdings konkrete Vorstellungen, so schadet nur die positive Kenntnis oder grob fahrlässige Unkenntnis wie beschrieben.[705]

Nach *Lieder* darf der Erwerber im Rahmen des redlichen Verkehrs davon ausgehen, dass der Veräußerer Inhaber des übertragenen Gegenstands ist.[706]

---

700 *Müller* in: Müller/Pieper, eWpG 2022, § 26 Rn. 12; *Omlor*, RDi 2021, S. 371 Rn. 29; *Kleinert*/Mayer, EuZW 2020, S. 1059, 1063; *Linardatos*, ZBB 2020, S. 329, 342; ausf. zur Lehre des abstrakten Vertrauensschutzes: *Lieder*, Die rechtsgeschäftliche Sukzession, S. 507 ff.

701 *Lieder* in: FS Heidinger 2023, S. 296.

702 *Lieder* in: FS Heidinger 2023, S. 296; gegen das Tatbestandmerkmal der Kausalität auch *Thomale/Schüßler*, ZfPW 2015, S. 454, 464 ff.

703 Dazu und zum Folgenden: *Sickinger/Thelen*, AG 2020, S. 862, Rn. 27; *Oechsler* in: MüKo BGB, 9. Aufl. 2023, § 932 Rn. 33.

704 *Lieder* in: FS Heidinger 2023, S. 296 f.

705 Vgl. *Sickinger/Thelen*, AG 2020, S. 862, Rn. 27; *Oechsler* in: MüKo BGB, 9. Aufl. 2023, § 932 Rn. 33.

706 *Lieder* in: FS Heidinger 2023, S. 296 f.

Im Falle des § 26 eWpG darf der Erwerber darüber hinaus davon ausgehen, dass der Veräußerer als eingetragener Inhaber nach § 3 Abs. 1 eWpG auch der Berechtigte nach § 3 Abs. 2 eWpG ist. Das bedeutet für den Erwerber eines Kryptowertpapiers, dass es ausreicht, wenn er den Veräußerer als pseudonymisiert eingetragenen Inhaber im Kryptowertpapierregister erkennt. Dagegen muss er sich keine Gedanken zu der Frage machen, ob dieser neben seiner Eintragung auch wirklich die Berechtigung zur Veräußerung hat. Genauer müsste der Erwerber noch nicht einmal Einsicht in das Kryptowertpapierregister nehmen und den eingetragenen Inhaber überprüfen. Allein die Tatsache, dass der Veräußerer mittels *Private Key* die Transaktion, also die Übertragung an den Erwerber autorisieren kann, zeigt den Veräußerer gegenüber dem Erwerber als Inhaber des Kryptowertpapiers an. Sofern also ein Nichtberechtigter als Inhaber im Kryptowertpapierregister eingetragen ist und sich die mangelnde Berechtigung nicht aus einer absoluten oder eingetragenen relativen Verfügungsbeschränkung ergibt, reicht die autorisierte Transaktion mittels *Private Key* für die Gutgläubigkeit des Erwerbers aus. Gleiches gilt, sofern der Veräußerer den *Private Key* gestohlen hat und deshalb in der Lage ist, das Kryptowertpapier auf den Erwerber zu übertragen. Aus der Verfügungsmacht durch den *Private Key*, mit dem der Nichtberechtigte eine Weisung autorisieren kann, darf der Erwerber bereits auf die Eigentümerstellung des Inhabers schließen.

Anders liegt der Fall einer Verfügungsbeschränkung. Bei einer zugangsbeschränkten *private* Blockchain müsste der Erwerber zunächst Einsicht aufgrund eines berechtigten Erwerbsinteresses an einem konkreten Kryptowertpapier gegenüber der registerführenden Stelle verlangen und könnte sodann zumindest die eingetragenen Verfügungsbeschränkungen und Rechte Dritter gemäß § 17 Abs. 2 S. 1, 3 i.V.m. § 10 Abs. 2 eWpG sehen. Dabei besteht keine Pflicht zur Einsicht des Kryptowertpapierregisters und zur Überprüfung der Informationen des konkreten Kryptowertpapiers. Allerdings verhindern absolute Verfügungsbeschränkungen und eingetragene relative Verfügungsbeschränkungen den gutgläubigen Erwerb nach § 26 S. 2, 3 eWpG.

Diese Lehre des abstrakten Vertrauensschutzes ist auch konsequent im Hinblick auf das ökonomische Argument in der Interessenabwägung zwischen Verkehrsinteresse und Beharrungsinteresse des Berechtigten. Sollen dem Erwerber Informationskosten gerade erspart werden, kann von ihm keine positive Kenntnis der Berechtigung gefordert werden.[707] Daher muss auch dem wahren Berechtigten, wie nach § 932 BGB auch, die Darlegungs- und Beweislast der Bösgläubigkeit des Erwerbers aufgebürdet werden.[708] Auch hier wäre es inkonsequent, effektiven Verkehrsschutz und geringe Transaktionskosten zu verfolgen und gleichzeitig jedem Erwerber den schweren Beweis von „inneren Tatsachen“ wie Kenntnis und grob fahrlässiger Unkenntnis aufzubürden.[709] Für den wahren Berechtigten eines Kryptowertpapiers bedeutet dies, dass er Verfügungsbeschränkungen nach § 17 Abs. 2 S. 1 Nr. 1, S. 3 eWpG möglichst eintragen lassen sollte oder er andernfalls die positive Kenntnis des Erwerbers von der fehlenden Berechtigung des Veräußerers beweisen müsste.

(ii) Maßstab der Gutgläubigkeit

Der Erwerber eines Kryptowertpapiers ist nach § 26 S. 1 eWpG nicht nur bei positiver Kenntnis, sondern auch bei fahrlässiger Unkenntnis der fehlenden Berechtigung des Veräußerers bösgläubig. Grob fahrlässige Unkenntnis liegt grundsätzlich vor, wenn der Erwerber die im Verkehr erforderliche Sorgfalt in besonderem Maße außer Acht gelassen hat, er also nicht beachtet hat, was im konkreten Einzelfall jedem hätte einleuchten müssen.[710] Der Maßstab der Redlichkeit orientiert sich an der Intensität der Ausgestaltung und Komplexität des Rechtsscheinträgers.[711] Aus der Vertrauenszurechnung zum Rechtsscheinträger ergibt sich konsequenterweise, dass geringere Anforderungen an die Redlichkeit des Erwerbers gestellt werden, je höher die Qualität und Richtigkeitsgewähr des Vertrauenstatbestands ist.[712]

---

707 Vgl. *Lieder* in: FS Heidinger 2023, S. 296 f.

708 *Lieder* in: FS Heidinger 2023, S. 296 f.; *Müller* in: Müller/Pieper, eWpG 2022, § 26 Rn. 11; *Omlor* in: Omlor/Möslein/Grundmann, Das elektronische Wertpapier, 2021, S. 137, 151.

709 *Lieder* in: FS Heidinger 2023, S. 296 f.; vgl. *Karner*, Gutgläubiger Mobiliarerwerb, 2006, S. 391; *Heinze* in: Staudinger BGB, Buch 3, 2020, § 932 Rn. 101; *Lieder*, Die rechtsgeschäftliche Sukzession, S. 522.

710 *Oechsler* in: MüKo BGB, 9. Aufl. 2023, § 932 Rn. 48; *Kindl* in: BeckOK BGB, § 935 Rn. 16; *Lieder* in: FS Heidinger 2023, S. 298.

711 *Lieder*, Die rechtsgeschäftliche Sukzession, S. 513; ebenso *Heinze* in: Staudinger BGB, Buch 3, 2020, vor § 932 Rn. 9, 27, 37; *Karner*, Gutgläubiger Mobiliarerwerb, 2006, S. 188 f., 416 ff.

712 Vgl. *Lieder* in: FS Heidinger 2023, S. 297.

Aufgrund des Eintragungserfordernisses nach §§ 17, 24 eWpG und des Weisungserfordernisses nach § 18 eWpG müssen geringere Maßstäbe gelten als im Mobiliarsachenrecht zu § 932 BGB. Beim Mobiliarerwerb wird allein auf den Besitz des Veräußerers (vgl. dazu die Vermutung des § 1006 Abs. 1 S. 1 BGB) und die Besitzverschaffungsmacht vertraut. Für Kryptowertpapiere nach dem eWpG bedeutet eine Anknüpfung an die Eintragungsverschaffungsmacht zugleich ein Vertrauen auf die Inhaberschaft und damit Berechtigung nach §§ 26 S. 1, 3 Abs. 1, 8 Abs. 1 Nr. 2 eWpG.[713] Daher stimmt auch *Lieder* für eine moderate Interpretation der groben Fahrlässigkeit.[714] Eine Nachforschungsobliegenheit soll den Erwerber erst dann treffen, wenn aufgrund konkreter Umstände des Einzelfalls Zweifel an der Richtigkeit oder Vollständigkeit des Wertpapierregisters bestehen.[715] Der Erwerber soll daraufhin „zumutbare Nachforschungen" anstellen, um die materielle Berechtigung des im Register ausgewiesenen Inhabers zu überprüfen.[716]

Dies könnte sich bei einem automatisierten Verfahren, wie einem auf der Blockchain geführten Kryptowertpapierregister, als sehr schwer erweisen, zumal die Inhaber pseudonymisiert sind nach § 8 Abs. 2 S. 3 eWpRV. Im Rahmen der Distributed-Ledger-Technologie dürften Zweifel des Erwerbers an der Richtigkeit des Kryptowertpapiers äußerst selten vorkommen. Unabhängig von der Zugangsberechtigung zur Blockchain dürften Unregelmäßigkeiten in den Transaktionen für Laien nur schwer erkennbar sein, da solche meist aus einem fehlerhaften Code rühren dürften. Auch ein Diebstahl des *Private Keys* ist für die übrigen Teilnehmer aufgrund der Pseudonymisierung nicht ohne weiteres erkennbar. Zudem kann der *Private Key* auf einer externen Festplatte verwahrt werden, sodass ein Dieb dem Berechtigten den *Private Key* physisch entwenden oder stehlen müsste.

Etwaige Zweifel des Erwerbers zum Schutze des Verkehrsinteresses nach § 26 S. 1 eWpG müssten dann allerdings ein berechtigtes Interesse zur Einsichtnahme nach § 10 Abs. 3 S. 1 eWpG darstellen. Dazu müsste der Erwerber ein berechtigtes Auskunftsverlangen gegenüber der registerführenden Stelle stellen. Ein solches Auskunftsverlangen anlässlich der Zweifel an der

---

713 Vgl. *Sickinger/Thelen*, AG 2020, S. 862, Rn. 28.

714 *Lieder* in: FS Heidinger 2023, S. 299.

715 *Lieder* in: FS Heidinger 2023, S. 299; *Müller* in: Müller/Pieper, eWpG 2022, § 26 Rn. 10.

716 *Lieder* in: FS Heidinger 2023, S. 299.

Richtigkeit der Eintragungen im Kryptowertpapierregister könnte zudem eine originäre Prüfungspflicht der Rechtslage und der Eintragungen der registerführenden Stelle nach § 7 Abs. 1, 2 eWpG begründen. Daher geht die Ansicht zu weit, wonach eine Nachforschungsobliegenheit bei Zweifeln an der Richtigkeit und Vollständigkeit des Kryptowertpapierregisters besteht. Der Gutgläubigkeit schaden sollen nach § 26 S. 1 eWpG nur positive Kenntnis oder grob fahrlässige Unkenntnis. Aufgrund der Richtigkeitsgewähr, die das Kryptowertpapierregister für sich in Anspruch nimmt, ist dem Erwerber allerdings im Rahmen seiner Sorgfaltspflichten nicht mehr zuzumuten als der Blick in das Kryptowertpapierregister.

f) Vergleich zum Grundbuch

Der öffentliche Glaube des Grundbuchs nach § 892 BGB bezieht sich auf die materielle Richtigkeit und Verlässlichkeit der Grundbucheintragung. Diese kann sich – im Gegensatz zum Kryptowertpapierregister – auf das hoheitliche Eintragungsverfahren mit seinen Prinzipien des formellen Grundbuchrechts und der Mitwirkung des Notars im Vorfeld der Übereignung stützen.[717]

Zusätzlich stellt der Notar in seiner Warn- und Beweisfunktion die Identität der Vertragsparteien fest und schließt Mängel in der Rechts- und Geschäftsfähigkeit aus. Das Eintragungsprinzip erhöht dabei die wirtschaftliche Motivation des Erwerbers, möglichst schnell für eine ordnungsgemäße Eintragung zu sorgen, und stärkt damit die Richtigkeitsgewähr des Grundbuchs.[718] Diese besondere Richtigkeitsgewähr des Grundbuchs rechtfertigt, dass das reine Rechtsscheinprinzip gilt und auf ein institutionalisiertes Zurechnungskriterium verzichtet wird.[719] Für das Vertrauen des Rechtsverkehrs ist dabei unerheblich, ob der Berechtigte am falschen Rechtsschein mitgewirkt hat oder nicht.[720] Aufgrund des reinen Rechtsscheinprinzips braucht der Erwerber nicht im Vorfeld des Grundstückserwerbs zu verifizieren, ob

[717] *Lieder*, Die rechtsgeschäftliche Sukzession, 2015, S. 466 ff.

[718] *Lieder*, Die rechtsgeschäftliche Sukzession, 2015, S. 377, 381 ff.; *Kohler* in: MüKo BGB, 9. Aufl. 2023, vor § 873 Rn. 14.

[719] *Lieder* in: FS Heidinger 2023, S. 290, 299.

[720] *Kohler* in: MüKo BGB, 9. Aufl. 2023, § 892 Rn. 2; *Hertel* in: BeckOGK, § 892 Rn. 1; Westermann/Gursky/Eickmann/Eickmann, Sachenrecht, 8. Aufl. 2011, § 82 Rn. 1; anders: *Thomale/Schüßler*, ZfPW 2015, S. 454, 466 f., der auch beim gutgläubigen Immobiliarerwerb von einem Zurechnungselement ausgeht.

dem wahren Berechtigten die Unrichtigkeit der Eintragung zurechenbar ist.[721] Das Zurechnungskriterium entfällt gerade deshalb, weil das amtliche Grundbuchverfahren Fehler aufdecken und vermeiden soll, die in die Risikosphäre des wahren Berechtigten fallen.[722]

g) Vergleich zur Gesellschafterliste

Ein gutgläubiger Erwerb ist auch nach § 16 Abs. 3 GmbHG bezüglich eines GmbH-Geschäftsanteils eines als Inhaber in die Gesellschafterliste im Handelsregister Eingetragenen seit Einführung des MoMiG[723] möglich. Der Gesetzgeber bezweckte auch hier die Sicherheit und Leichtigkeit des Rechtsverkehrs.[724] Vergleichbar zur Regelung im eWpG soll diese Gutglaubensvorschrift verhindern, dass der Erwerber die Berechtigung des Veräußerers des Geschäftsanteils bis zur GmbH-Gründung zurückverfolgen muss oder er die übertragenen Anteile später an den wahren Berechtigten verliert.[725] Neben der erhöhten Rechtssicherheit hat die Reformvorschrift auch tatsächlich die Transaktionskosten gesenkt und so mehr Transaktionen ermöglicht.[726]

Anders als zum Grundbuch reicht jedoch der Geschäftsführer der GmbH die Gesellschafterliste zum Handelsregister ein und damit – im Gegensatz zum Notar – kein unabhängiger und unparteiischer Träger eines öffentlichen Amtes.[727] Anders ist dies, wenn der Notar bei der Veränderung der Anteilsverhältnisse mitgewirkt hat, § 40 Abs. 3 GmbHG, z.B. bei Beurkundung des Kauf- und Abtretungsvertrages. Der Geschäftsführer ist bei Erstellung der Gesellschafterliste als Gesellschaftsorgan tätig und als solches gemäß § 37 Abs. 1 GmbHG den Weisungen der Gesellschafter und somit privaten Interessen unterworfen.[728] Daraus ergibt sich zum einen die Gefahr des Interessenkonflikts und zum anderen das Risiko, dass ein Mehrheitsgesellschafter den Geschäftsführer zur Einreichung einer unrichtigen Gesellschafterliste zum

---

[721] *Lieder* in: FS Heidinger 2023, S. 299.

[722] Ders.

[723] Gesetz zur Modernisierung des GmbH-Rechts und zur Bekämpfung von Missbräuchen (MoMiG) vom 23.10.2008, BGBl. I, S. 2026.

[724] Begr. RegE, MoMiG, S. 38; *Heidinger* in: MüKo GmbHG, 4. Aufl. 2022, § 16. Rn. 29; *Omlor*, Verkehrsschutz im Kapitalgesellschaftsrecht, passim.

[725] *Lieder* in: FS Heidinger 2023, S. 290.

[726] Begr. RegE, MoMiG, S. 38; *Lieder* in: FS Heidinger 2023, S. 290 f.

[727] *Lieder* in: FS Heidinger 2023, S. 290 f.

[728] *Wiersch*, Der gutgläubige Erwerb von GmbH-Anteilen, 2009, S. 27.

Handelsregister bewegt.[729] Denkbar wäre auch, dass der Geschäftsführer mit der juristischen Prüfung der Rechtslage und der ordnungsgemäßen Führung der Gesellschafterliste schlicht überfordert ist.[730]

Das MoMiG führte zur Gesellschafterliste erstmals eine Hybridform der öffentlichen, aber privaten Registerführung mit dem redlichen Mobiliarerwerb ein.[731] Aufgrund der fehlenden hoheitlichen Instanz, die das Eintragungsverfahren im Handelsregister durch ein amtliches Verfahren institutionalisiert absichern könnte, kann die Gesellschafterliste daher nach *Lieder* nicht die gleiche Richtigkeitsgewähr für sich beanspruchen wie das Grundbuch.[732] Dieses Legitimationsdefizit kann auch nicht durch den Ausschluss des gutgläubigen Erwerbs nach § 16 Abs. 3 S. 2 GmbHG ausgeglichen werden, da er nur für drei Jahre gilt.[733] Der gutgläubige Erwerb ist für einen Zeitraum von drei Jahren ausgeschlossen, wenn die Gesellschafterliste unrichtig ist und diese Unrichtigkeit dem Berechtigten nicht zugerechnet werden kann. Nach Ablauf der drei Jahre seit der Unrichtigkeit gilt das reine Rechtsscheinprinzip, sodass der Berechtigte fortlaufend die Richtigkeit der Gesellschafterliste überprüfen muss, um einen unberechtigten Rechtsverlust zu vermeiden.[734] Eine solche Prüfungsobliegenheit ist bisher einzigartig im deutschen System der künstlichen Rechtsscheinträger.[735]

---

[729] *Bednarz*, BB 2008, S. 1854, 1857; *Omlor*, Verkehrsschutz im Kapitalgesellschaftsrecht, S. 333; *Lieder* in: FS Heidinger 2023, S. 290 f.; *Lieder* fordert deshalb die Reform der Notarszuständigkeit zur Einreichung der Gesellschafterliste in: FS Heidinger 2023, S. 292.

[730] *Lieder* in: FS Heidinger 2023, S. 291; *Bednarz*, BB 2008, S. 1854, 1858.

[731] Hierzu bereits *Lieder*, Die rechtsgeschäftliche Sukzession, S. 481 ff.; zur Hybridform Kryptowertpapier: *Sickinger/Thelen*, AG 2020, S. 862, Rn. 28.

[732] *Lieder* in: FS Heidinger 2023, S. 291; ebenso *Heidinger* in: MüKo GmbHG, 4. Aufl. 2022, § 16. Rn. 380.

[733] *Heidinger* in: MüKo GmbHG, 4. Aufl. 2022, § 16. Rn. 380 a.E.; *Lieder* in: FS Heidinger 2023, S. 293.

[734] Vgl. *Lieder* in: FS Heidinger 2023, S. 291.

[735] Ders.

h) Stellungnahme zum Vergleich zu Grundbuch und Gesellschafterliste

(i) Vergleich zum Grundbuch

(a) Unterschiede in der Registerführung

Die Eintragung im Grundbuch ist nur mit der Bewilligung des Berechtigten möglich, vgl. § 19 GBO. Dazu prüft der Notar die Identität der Vertragsparteien und überprüft die Rechts- und Geschäftsfähigkeit. Vergleichbar dazu ist auch die Eintragung des Inhabers in Einzeleintragung ins Kryptowertpapier nach § 8 Abs. 1 Nr. 2 eWpG nur durch den Berechtigten zulässig. Die registerführende Stelle hat Weisungen nur aufgrund geeigneter Authentifizierung nach § 18 Abs. 1 S. 5 eWpG i.V.m. § 11 Abs. 1, 3, 6 eWpRV auszuführen und muss dazu auch die Identität des Anweisenden überprüfen. Darüber hinaus unterliegen relative Verfügungsbeschränkungen und Rechte Dritter nach § 17 Abs. 2 eWpG dem Eintragungsprinzip sowie auch alle Verfügungen nach § 24 eWpG. Dazu kann die registerführende Stelle auf Weisung hin nach § 17 Abs. 2 S. 3 eWpG Angaben zu sonstigen Verfügungsbeschränkungen sowie zur Geschäftsfähigkeit aufnehmen. Mit den technischen Möglichkeiten der Distributed-Ledger-Technologie, wie z.B. der kryptographischen Signatur, DID[736] und dem Abruf von kryptographisch verschlüsselten Berechtigungsnachweisen steht das Kryptowertpapierregister in seinen Möglichkeiten dem Grundbuch in nichts nach. Der einzige formale Unterschied liegt darin, dass das Grundbuch zentral und hoheitlich, das Kryptowertpapierregister dagegen dezentral und privat geführt wird. Allerdings ist ein dezentrales System wie das der Distributed-Ledger-Technologie sogar weniger anfällig für Hackerangriffe und zentrale Manipulation. Zudem wird, abgesehen von der Kodierung der Blockchain und des *Smart Contracts*, sogar der Faktor des menschlichen Versagens in der Registerführung eliminiert (dabei könnte auch künstliche Intelligenz eine Rolle spielen).[737] Zwar könnte man argumentieren, dass ein privatwirtschaftlich geführtes Register weniger vertrauenswürdig ist als ein hoheitlich geführtes Grundbuch, weil die registerführende Stelle

---

[736] Vgl. https://ethereum.org/de/decentralized-identity/, https://ethereum.org/de/decentralized-identity/#what-are-attestations; https://www.w3.org/TR/vc-data-model/.

[737] FAZ, 24.06.2023, COINBASE UND BINANCE: Krypto-Befürwörter sehen Chancen für Blockchain in Künstlicher Intelligenz, abrufbar unter https://www.faz.net/aktuell/wirtschaft/kryptowaehrungen-kann-blockchain-helfen-die-ki-transparenter-zu-machen-18988073.html.

gerade nicht unabhängig ist, sondern privatwirtschaftliche Interessen verfolgt. Genauso könnte man jedoch argumentieren, dass eine wirtschaftlich abhängige und nach § 7 Abs. 2 S. 2 eWpG haftende registerführende Stelle nicht grundsätzlich weniger zuverlässig ist als ein unabhängiger Rechtspfleger des Grundbuchamts.

(b) Anforderungen an den redlichen Erwerb

Bei einem zentralen Register, das hoheitlich geführt wird, besteht der einzige Sinn im selbsterfüllenden Zweck, ein korrektes Register zu führen, das die Rechtslage zu jeder Zeit richtig wiedergibt. Diese Tatsache der unterschiedlichen Motivation mag das Kryptowertpapier aber zum einen durch die technischen Vorzüge ausgleichen, welche die Distributed-Ledger-Technologie im Hinblick auf die Authentizität und Integrität von Daten bietet. Zum anderen können die privatwirtschaftlichen Motive ein wesentlich stärkerer Motor in der Erzielung bestimmter Vorgaben sein. Darüber hinaus wird das Ziel gerade nicht nur von einer zentralen registerführenden Stelle verfolgt, sondern vom gesamten dezentralen Netzwerk getragen.

Zum Grundbuch wird schließlich auch die gesteigerte Richtigkeitsgewähr angeführt, die sich aus der konstitutiven Eintragung und der damit verbundenen Eintragungsmotivation des Erwerbers ergibt. Daraus resultiert auch ein geringerer Maßstab für die Redlichkeit des Erwerbers, denn es schadet ihm diesbezüglich nur positive Kenntnis.[738] Der im Vergleich zum Grundbuch erhöhte Maßstab der Gutgläubigkeit schützt den wahren Berechtigten in seinem Beharrungsinteresse zusätzlich. Daher ist weder ein hoheitliches Verfahren zur Registerführung noch die Zuständigkeit des Notars zur Wahrung der beiderseitigen Interessen im redlichen Rechtserwerb erforderlich.

(c) Vergleich zu § 894 BGB

Das eWpG sieht keinen Berichtigungs- oder Stornoanspruch des Berechtigten vor, der etwa dem § 894 BGB vergleichbar wäre.[739] Ein solcher Anspruch ist aber auch nicht notwendig. Der Anspruch gegenüber dem (fehlerhaft)

---

[738] *Lieder* in: FS Heidinger 2023, S. 290, 297 f.

[739] Von der Literatur immer wieder aufgegriffen: *Casper* in: Möslein/Omlor, FinTech-Hdb., 2. Aufl. 2021, § 28 Rn. 53; *Möslein/Omlor/Urbach*, ZIP 2020, S. 2149, 2160; *Saive*, ZRP 2020, S. 219, 221; *Lieder*, *Lieder* in: Segna/Möslein/Omlor/von Buttlar, eWpG, § 18 Rn. 7.

eingetragenen Rechtsinhaber ergibt sich entweder bereits aus der Rechtsbeziehung zum Berechtigten (z.B. aus dem Rechtsgeschäft) oder aus §§ 985, 249 Abs. 1, 823 Abs. 1, 812 Abs. 1 BGB.[740] Darüber hinaus ist das Kryptowertpapier nur schwerlich mit dem Grundbuch vergleichbar. Der Umlauf von Wertpapieren ist wesentlich größer und schnelllebiger als der von Grundstücken. Das Grundbuch wird zentral geführt und nimmt eine besondere Richtigkeitsgewähr durch ein hoheitliches Eintragungsverfahren in Anspruch. Dagegen wird das Kryptowertpapier zwar durch eine registerführende Stelle, aber dennoch möglichst dezentral geführt und bezieht seine Integrität und Authentizität aus der dezentralen, fälschungssicheren Technologie. Durch das dezentrale Validierungsverfahren, technische Datenabfragen wie DID oder Berechtigungsnachweise (*Credentials*)[741] sowie das Weisungserfordernis (die Signatur der Transaktion mittels Authentifizierungsverfahren) nach § 18 Abs. 1 S. 1 eWpG sollten Mängel an der Darstellung der tatsächlichen Rechtslage im Kryptowertpapierregister stark begrenzt sein. Darüber hinaus ergibt sich die Berichtigungsmöglichkeit bereits durch die Möglichkeit einer Weisung als Berechtigter aus Gesetz, Rechtsgeschäft oder mittels rechtskräftiger Gerichtsentscheidung aus § 18 Abs. 1 S. 1 Nr. 2 a), c) und d) eWpG. Grundsätzlich ist es denkbar, Rechtsgeschäfte, die sich auf das Kryptowertpapier beziehen, direkt über einen *Smart Contract* auf der Blockchain abzuwickeln und insofern die Rechtssicherheit noch zu erhöhen. Auch könnte die registerführende Stelle (also der *Smart Contract* auf der Blockchain des Kryptowertpapierregisters) Berechtigungsnachweise als *Credentials* von betreffenden Gerichten und öffentlichen Behörden abfragen und unmittelbar umsetzen. Daher bedarf es keines behäbigen Berichtigungsanspruchs im Sinne des § 894 BGB, der per se erst durchgesetzt werden muss. Die Weisungsbefugnis des Berechtigten aus § 18 Abs. 1 S. 1 eWpG in all seinen Varianten reicht dazu aus.

(ii) Vergleich zur Gesellschafterliste

Der Vergleich zur Gesellschafterliste zeigt, dass die gesetzgeberische Lösung des redlichen Rechtserwerbs für das Kryptowertpapier formal eher dem

---

[740] Vgl. *Lieder* in: Segna/Möslein/Omlor/von Buttlar, eWpG, § 18 Rn. 7; *Einsele* in: Omlor/Möslein/Grundmann, Elektronische Wertpapiere, 2021, S. 40, 53.

[741] Vgl. https://ethereum.org/de/decentralized-identity/, https://ethereum.org/de/decentralized-identity/#what-are-attestations; https://www.w3.org/TR/vc-data-model/.

Hybridmodell zur Gesellschafterliste entspricht. Auch die Gesellschafterliste wird privat geführt und ohne Notar, also nicht amtlich, beim Handelsregister eingetragen. Dabei ist die Führung der Gesellschafterliste durch den Geschäftsführer einer GmbH wesentlich fehleranfälliger als ein Kryptowertpapierregister, das den strengen Anforderungen an die Registerführung nach §§ 7 Abs. 1 S. 2, 10, 16 ff., 23 Abs. 1 eWpG i.V.m eWpRV unterliegt. Zwar wird das Handelsregister zentral und amtlich geführt, andererseits unterliegt das Kryptowertpapierregister der Aufsicht der BaFin nach § 11 eWpG. Die registerführende Stelle ist nicht organschaftlich an die Interessen oder Weisungen der Anleger gebunden, sodass diesbezüglich das Risiko eines Interessenkonflikts geringer ist als bei der Gesellschafterliste.

Die Prüffunktion des Notars und die gesetzlichen Anforderungen an Verfügungen nach § 24 eWpG und Rechtsänderungen nach §§ 18, 25, 26 eWpG können größtenteils durch technische Hilfsmittel, wie die kryptographische Signatur, die Identitätsabfrage (DID) und kryptographisch verschlüsselte Berechtigungsnachweise (*Credentials*)[742], erfüllt werden. Insofern besteht bei der registerführenden Stelle weniger die Gefahr, mit der Führung des Registers überfordert zu sein. Es gilt auch keine andauernde Prüfungsobliegenheit für den Berechtigten wie in § 26 Abs. 3 S. 2 GmbHG, da der Registerinhalt schon gar nicht ohne Weisung des Berechtigten nach § 18 Abs. 1 eWpG geändert werden kann. Für das Kryptowertpapierregister gilt nicht das reine Rechtsscheinprinzip, vielmehr kann das Kryptowertpapierregister aufgrund der hohen gesetzlichen und technischen Anforderungen des eWpG eine wesentlich höhere Richtigkeitsgewähr für sich beanspruchen als die Gesellschafterliste nach § 40 GmbHG.

Damit stellt die Gutglaubensvorschrift des § 26 eWpG ein fortentwickeltes und mit höherer Rechtssicherheit auch für den Berechtigten ausgestattetes Hybridmodell aus Registerrecht und redlichem Mobiliarerwerb dar. Deshalb ist auch nicht die Zuständigkeit des Notars notwendig in der Führung des Kryptowertpapierregisters und zum Schutz des Berechtigten.

---

[742] Vgl. https://ethereum.org/de/decentralized-identity/, https://ethereum.org/de/decentralized-identity/#what-are-attestations; https://www.w3.org/TR/vc-data-model/.

i) Stellungnahme zum gutgläubigen Erwerb nach § 26 eWpG

Der gutgläubige Erwerb nach § 26 eWpG soll Rechtssicherheit schaffen und den Erwerber von dem Aufwand entlasten, alle vorausgegangenen Erwerbsvorgänge auf ihre Wirksamkeit zu überprüfen. Dies gelingt der gesetzlichen Regelung. Da sich das Kryptowertpapierregister mit seinem Eintragungsprinzip nach § 24 eWpG in das Realfoliensystem einreiht, stellt es einen tauglichen Rechtsträger für den guten Glauben an die Eigentümerstellung des Veräußerers dar. An § 932 BGB angelehnt, knüpft die Gutgläubigkeit des Erwerbers bereits an die Besitzverschaffungsmacht des Veräußerers an, also die Verfügungsmacht, mittels *Private Key* eine Weisung nach § 18 Abs. 1 S. 1 Nr. 1 eWpG zu autorisieren.

Die Grundsätze zum gutgläubigen Erwerb ließen sich dabei auch bei einem rein buchungsbasierten Wertpapierrechtsmodell umsetzen.[743] Die Meinung *Einseles*, wonach eine Buchung im Rahmen des Effektengiroverkehrs nicht als tauglicher Rechtsscheinträger fungieren kann, weil sie aufgrund des Bankengeheimnisses nicht das Kriterium der allgemeinen Offenkundigkeit erfülle, lässt sich nicht auf ein buchungsbasiertes Wertpapiermodell übertragen.[744] Bei einem an das Genfer Wertpapierübereinkommen angelehnten reinen buchungsbasierten Wertpapiermodell würde das Kryptowertpapierregister auch einen tauglichen Rechtsträger darstellen, wenn sich die Rechtsposition des Inhabers lediglich aus Buchungen und dem Besitz des *Private Keys* ergeben würde. Die Offenkundigkeit muss sich logisch nach dem betroffenen Rechtskreis und damit nach der Ausgestaltung des Distributed-Ledger-Systems richten. Selbst bei zugangsbeschränkten *private* Blockchains können alle Teilnehmer grundsätzlich die Transaktionshistorie und damit die Buchungen transparent jederzeit einsehen. Das ist schließlich Sinn und Zweck der Distributed-Ledger-Technologie.[745] Wird das Kryptowertpapierregister auf der Transaktionsblockchain geführt und erfüllt es die Voraussetzungen des § 7 eWpG i.V.m. den einschlägigen Vorschriften der eWpRV, dürfen die Teilnehmer auf die Integrität und Authentizität der Buchungen im Kryptowertpapierregister vertrauen. Damit würde das Kryptowertpapierregister auch in

743 Ausf. dazu: Kapitel 6: IV. 2. Das Genfer Wertpapierübereinkommen.

744 Vgl. *Einsele* in: Omlor/Möslein/Grundmann, Elektronische Wertpapiere, 2021, S. 47; *Lieder* in: FS Heidinger 2023, S. 289, 292 f.

745 *Nakamoto*, Bitcoin, A Peer to Peer Electronic Cash System, S. 1, 2, 6, https://bitcoin.org/bitcoin.pdf; Begr. RegE, BT-Drucks. 19/26925, S. 66.

einem buchungsbasierten Wertpapiermodell einen tauglichen Rechtsträger für redlichen Erwerb darstellen.

j) Die notarielle Beurkundung

Die notarielle Beurkundung der Eintragung eines Kryptowertpapiers oder einer Rechtsänderung ist nicht notwendig. Eine Identitätsabfrage ist unmittelbar durch DID[746] auf der Blockchain möglich. Eine Aufklärung über das Kryptowertpapierregister und das betreffenden Kryptowertpapier ist durch die Emissionsbedingungen möglich. Darüber hinaus sind die Lebenssachverhalte, die eine notarielle Mitwirkung rechtfertigen, nicht mit dem Kryptowertpapier vergleichbar. Das Kryptowertpapierregister besitzt, anders als z.B. eine GmbH, keine eigene Rechtspersönlichkeit. Die Inhaber eines Kryptowertpapiers erhalten auch keine organschaftlichen Rechte, die Gesellschafter einer Kapitalgesellschaft in der Regel schon. Die Rechte des Inhabers eines Kryptowertpapiers sind klar bestimmt in den Emissionsbedingungen und zumindest pseudonymisiert transparent einsehbar im Kryptowertpapierregister. Das Kryptowertpapierregister tritt selbst nicht im Handelsverkehr auf und wird nicht Vertragspartner der Anleger, besitzt kein eigenes Vermögen und kann auch nicht etwa Darlehensnehmerin sein. Anders als bei Immobilien wird der durchschnittliche Anleger auch nicht einen Großteil seines (Privat-) Vermögens verwenden, wie das bei einem Grundstückskauf üblicherweise der Fall ist, sodass es auch keiner besonderen Warnung und Aufklärung eines Notars bedarf.

Insofern hinkt der Vergleich des Kryptowertpapierregisters mit der Gesellschafterliste. Für ein noch höheres Maß an Kontrolle und Publizität gibt es schlicht keine Notwendigkeit. Der Rechtsverkehr ist durch die hohen Anforderungen an das Kryptowertpapierregister bereits genug geschützt. Der Handel mit Wertpapieren, etwa mit Inhaberschuldverschreibungen in Sammelverwahrung bei einer Wertpapiersammelbank, ist auch nicht der notariellen Beurkundung unterworfen, um dem Umlauf und dem effektiven Rechtsverkehr von Inhaberwertpapieren gerecht zu werden.

---

[746] Ausf. zu nachprüfbaren Berechtigungsnachweisen: https://www.w3.org/TR/vc-data-model/, zuletzt.

k) Liberationswirkung und guter Glaube

Der gute Glaube spielt nicht nur in Bezug auf die Eigentumsübertragung eine Rolle, sondern auch in der Liberationswirkung des Kryptowertpapiers nach § 28 Abs. 1 S. 2 eWpG. Es sind die gleichen Grundsätze wie zu § 793 BGB heranzuziehen, um einen Gleichlauf zu urkundlich verbrieften Wertpapieren herzustellen. Nach dem Wortlaut des § 793 Abs. 1 S. 2 BGB könnte der Aussteller der Urkunde selbst dann schuldbefreiend an den nichtberechtigten Inhaber der Urkunde leisten, wenn er positive Kenntnis von der Nichtberechtigung des Inhabers hat. Die Vorschrift ist daher einzuschränken.[747] Umstritten ist dabei in zweierlei Hinsicht, wie weit die Einschränkung der Vorschrift erfolgen soll. Bezüglich der Reichweite der Gutgläubigkeit könnte man nur positive Kenntnis für schädlich halten[748] oder bereits grob fahrlässige Unkenntnis (analog Art. 40 Abs. 3 WG)[749]. Hinsichtlich des Anknüpfungspunkts des guten Glaubens könnte man diesen lediglich auf die Verfügungsbefugnis beziehen oder auch auf die Vertretungsmacht und Geschäftsfähigkeit des Inhabers.[750] Zu § 793 BGB nimmt die Literatur eine Abwägung vor. Danach sei die Wertung des § 826 BGB, wonach nur positive Kenntnis schadet, zu eng gefasst. Andererseits sei eine Überforderung des Ausstellers durch eine angemessene Konkretisierung der groben Fahrlässigkeit zu vermeiden.[751]

Der Wortlaut des § 26 eWpG spricht ausdrücklich von Kenntnis und grob fahrlässiger Unkenntnis der Berechtigung. Der Maßstab des guten Glaubens ist zudem anhand der Besonderheiten des eWpG und des Kryptowertpapierregisters festzulegen. Der Wortlaut und die herrschende Meinung zur Gutgläubigkeit im Rahmen des § 793 Abs. 1 S. 2 eWpG sprechen dafür, auch grob fahrlässige Unkenntnis bezüglich der fehlenden Berechtigung nach § 28 Abs. 1 S. 2 eWpG zur Zerstörung der Gutgläubigkeit ausreichen zu lassen. Der Fahrlässigkeitsmaßstab ist dabei wiederum anhand der Möglichkeiten

---

[747] Dazu und zum Folgenden: *Habersack* in: MüKo BGB, 9. Aufl. 2020, § 793 Rn. 42.

[748] So die früher h.M.: BGHZ 28, S. 368, 370 = NJW 1959, S. 622 zu § 808 BGB; *Habersack* in: MüKo BGB, 9. Aufl. 2024, § 793 Rn. 42.

[749] *Casper* in: Baumbach/Hefermehl/Casper, WPR, 24. Aufl. 2020, Rn. 46; *Gehrlein* in: BeckOK BGB, § 793 Rn. 14; *Habersack* in: MüKo BGB, 9. Aufl. 2024, § 793 Rn. 42.

[750] So die h.M.: OLG Düsseldorf WM 1971, S. 231 f. zu § 808 BGB; *Casper* in: Baumbach/Hefermehl/Casper, WPR, 24. Aufl. 2020, Rn. 46; *Gehrlein* in: BeckOK BGB, § 793 Rn. 14; ausf. zum Literaturstreit m.w.N. *Habersack* in: MüKo BGB, 9. Aufl. 2024, § 793 Rn. 42, 43.

[751] *Habersack* in: MüKo BGB, 9. Aufl. 2024, § 793 Rn. 43.

des Emittenten im Kryptowertpapierregister zu beurteilen. Im Kryptowertpapierregister wurden durch den Gesetzgeber Informationen zur Vertretungsmacht und zur Geschäftsfähigkeit des Inhabers ausdrücklich nicht in die einzutragenden Registerangaben nach § 27 eWpG aufgenommen. Das spricht dafür, die Gutgläubigkeit, die sich nach § 26 eWpG grundsätzlich nur auf den Registerinhalt erstreckt, nicht auf die Vertretungsmacht und die Geschäftsfähigkeit auszuweiten.

Zwar müssen diese Informationen in verbrieften Urkunden auch nicht eingetragen werden und die Literatur bezieht die Gutgläubigkeit des Ausstellers dennoch auf diese Informationen. Für Kryptowertpapiere sind allerdings – im Gegensatz zu beweglichen Sachen – die Eintragungen im Kryptowertpapierregister ausschlaggebend für alle Rechtsbeziehungen. Im Kryptowertpapierregister ist es für den Emittenten unter Umständen schwer, die Verhältnisse des Kryptowertpapierinhabers außerhalb des Kryptowertpapierregisters nachzuvollziehen. Daher ist zumindest am Sorgfältigkeitsmaßstab anzusetzen. Der Emittent befindet sich daher nur in grob fahrlässiger Unkenntnis, sofern Informationen zur Vertretungsmacht oder Geschäftsfähigkeit gemäß § 17 Abs. 2 S. 3 eWpG eingetragen sind. Ist der Emittent bösgläubig, entfällt damit die Liberationswirkung des § 28 Abs. 1 S. 2 eWpG.

l) Weitere Verfügungshindernisse

In Bezug auf die Weisung nach § 18 Abs. 1 eWpG ist zu beachten, dass diese eine empfangsbedürftige Willenserklärung darstellt.[752] Das bedeutet, dass Willensmängel in der Weisung durchschlagen und einen gutgläubigen Rechtserwerb verhindern. Dieses Risiko trägt der Erwerber, für den diese Problematik schwer erkennbar ist. Denn die Weisung wird in seiner Abwesenheit gegenüber der registerführenden Stelle als Signatur einer Transaktion erteilt. Beim Erwerber gelangt die Gutschrift des Kryptowertpapiers in Tokenform auf sein *Wallet*. Auch die fehlende oder beschränkte Geschäftsfähigkeit kann nicht nach § 26 eWpG gutgläubig überwunden werden. Die Gefahr der unwirksamen dinglichen Einigung wird man über die technischen

---

[752] Vgl. *Meier*, RDi 2021, S. 1, 8; *Müller* in: Müller/Pieper, eWpG 2022, § 25 Rn. 8, § 18 Rn. 11; *Omlor*, RDi 2021, S. 371 Rn. 24; *Lieder* in: FS Heidinger 2023, S. 295; *Casper* in: Möslein/Omlor, FinTech-Hdb., 2. Aufl. 2021, § 28 Rn. 44.

Anforderungen der Transaktionssignatur regeln müssen, um unwirksame Weisungen nach Möglichkeit zu verhindern.

Im Referentenentwurf des Gesetzes sah dies noch anders aus. Danach wurde die beschränkte Geschäftsfähigkeit noch in § 26 Nr. 5 eWpG aufgeführt. Allerdings hätte eine fakultative Eintragung zur fehlenden oder beschränkten Geschäftsfähigkeit den guten Glauben zerstört.[753] Da sich der Entwurf des § 26 Nr. 5 eWpG auch nur auf die sachenrechtliche Ebene beziehen sollte, wäre das schuldrechtliche Verpflichtungsgeschäft gemäß § 108 Abs. 1 BGB (schwebend) unwirksam gewesen und dem beschränkt Geschäftsfähigen hätte ein Anspruch auf Rückübertragung des Kryptowertpapiers nach § 812 Abs. 1 S. 1 Alt. 1 BGB zugestanden. Die Regelung wurde in der Literatur ob der besonderen Schutzwürdigkeit des Minderjährigen kritisiert.[754] Bisher kennt das BGB keinen guten Glauben an die unbeschränkte Geschäftsfähigkeit.[755] Zudem wurde durch die rein sachenrechtliche Wirkung der Regelung und des möglichen Anspruchs aus § 812 BGB die Fungibilität des Kryptowertpapiers nicht erhöht.[756] Eine konsequente Lösung hätte nur ein Durchschlagen des gutgläubigen Erwerbs auf die schuldrechtliche Ebene ergeben. Diese wäre allerdings mit dem deutschen Trennungs- und Abstraktionsprinzip und dem stark ausgeprägten Schutz des beschränkt Geschäftsfähigen oder Geschäftsunfähigen nur schwer vereinbar gewesen.

Relative Verfügungsbeschränkungen und Rechte Dritter müssten nach § 17 Abs. 2 S. 1 eWpG im Kryptowertpapierregister eingetragen sein und sind nach § 26 S. 2 eWpG dem Erwerber gegenüber nur eingetragen wirksam oder wenn dieser Kenntnis über solche Verfügungshindernisse hat. Insofern darf der Erwerber nach § 26 S. 1 eWpG auf die Vollständigkeit und Richtigkeit des Kryptowertpapierregisters vertrauen. Absolute Verfügungshindernisse sind zwar nicht ins Kryptowertpapierregister eintragungsfähig,[757] sie gelten jedoch unabhängig davon und können nicht gutgläubig überwunden werden. Insofern wäre eine Rückabwicklung der Änderung der Kryptowertpapierregistereintragung aus Ansprüchen nach §§ 985, 812 Abs. 1, 1. Alt.

---

[753] Hierzu und zum Folgenden: Sickinger/Thelen, AG 2020, S. 862, Rn. 37.

[754] Sickinger/Thelen, AG 2020, S. 862, Rn. 37.

[755] BGH v. 12.10.1976 – VI ZR 172/75, NJW 1977, 622, 623; *Spickhoff* in: MüKo BGB, 9. Aufl. 2021, § 106 BGB Rn. 17; Sickinger/Thelen, AG 2020, S. 862, Rn. 37.

[756] Vgl. Sickinger/Thelen, AG 2020, S. 862, Rn. 38.

[757] Siehe Kapitel 4: I. 4. a) (iii) Absolute Verfügungsbeschränkungen.

BGB denkbar.[758] Dabei wäre die Kryptowertpapierregistereintragung durch eine weitere „Transaktion“ aufgrund einer Weisung z.B. nach § 18 Abs. 1 S. 1 Nr. 2 b), d) eWpG zu korrigieren.

6. Transportfunktion

Die Transportfunktion des Kryptowertpapiers ergibt sich aus § 25 Abs. 2 eWpG. Danach wird das Recht aus dem Wertpapier mit der Übereignung des elektronischen Wertpapiers nach Abs. 1 übertragen. Damit folgt das Recht aus dem Papier dem Recht am Papier. Diese Feststellung ist entgegengesetzt dem Grundsatz des § 952 Abs. 2 BGB, wonach das Recht am Papier dem Recht aus dem Papier folgt. Dieser Grundsatz gilt allerdings nicht für Kryptowertpapiere, denn die Transportfunktion folgt aus ihrer Natur als Inhaberpapiere.[759] Andernfalls wäre auch der gutgläubige Erwerb nach § 26 eWpG inhaltsleer.[760]

III. Weitere Verfügungen

Andere Verfügungen als die Übereignung fallen nicht unter § 25 eWpG, sind aber unter den Voraussetzungen des § 24 Nr. 2 eWpG möglich. Grundsätzlich setzt jede rechtsgeschäftliche Bestellung von Rechten Dritter am Kryptowertpapier, wie z.B. ein Pfandrecht nach §§ 1205 ff. BGB die Eintragung im Kryptowertpapierregister nach § 24 eWpG voraus.

Für die Bestellung eines Pfandrechts an einem Kryptowertpapier müsste gemäß der Sachfiktion des § 2 Abs. 3 eWpG grundsätzlich der Besitz am Wertpapier auf den Pfandnehmer übertragen werden, vgl. § 1205 Abs. 1 S. 1 eWpG. Die Gesetzesbegründung stellt indes klar, dass die Eintragung des Rechts am Kryptowertpapier die Übergabe der Sache ersetzt.[761] Dafür spricht auch der Wortlaut des § 24 eWpG, in dem neben der Umtragung auch von einer Eintragung ins elektronische Wertpapierregister die Rede ist.[762] Nach

---

758 Vgl. *Lieder* in: Segna/Möslein/Omlor/von Buttlar, eWpG, § 18 Rn. 7; *Einsele* in: Omlor/Möslein/Grundmann, Elektronische Wertpapiere, 2021, S. 40, 53.

759 Begr. RegE, BT-Drucks. 19/26925, S. 67; *Kaulartz/Matzke*, NJW 2018, S. 3278, 3281.

760 Vgl. Begr. RegE, BT-Drucks. 19/26925, S. 67.

761 Begr. RegE, BT-Drucks. 19/26925, S. 66.

762 Dazu und zum Folgenden: *Casper* in: Möslein/Omlor, FinTech-Hdb., 2. Aufl. 2021, § 28 Rn. 55.

Casper spricht für eine Eintragung eines rechtsgeschäftlichen Pfandrechts in das Register im Sinne eines Drittberechtigungsvermerks (*designating entry*), dass der Besitz an elektronischen Schuldverschreibungen nur mehr über § 2 Abs. 3 eWpG fingiert werde und ein solcher fingierter Besitz nicht übertragbar sei. Diese Aussage entspricht nicht ganz den technischen Tatsachen, denn der Besitz an einem Kryptowertpapier ist durch Ausübung der tatsächlichen Sachherrschaft über den *Private Key* durchaus möglich und nicht nur fingiert. Eine Besitzverschaffung wäre daher in tatsächlicher Hinsicht nicht durch Eintragung als Inhaber möglich, sondern durch Übergabe des *Private Keys*.

Stattdessen sieht der Gesetzgeber vor, den Pfandrechtsgläubiger als Inhaber des Pfandrechts am Kryptowertpapier ins Kryptowertpapierregister einzutragen. Die Bezeichnung als Inhaber könnte in diesem Zusammenhang irreführend sein. Gemeint ist der von *Casper* bereits angeführte Drittberechtigungsvermerk, also ein (pseudonymisierter) Vermerk des Rechtsinhabers und des Rechts am Kryptowertpapier.[763]

Ähnliches gilt für den Nießbrauch an einem Kryptowertpapier. Nach § 1081 BGB steht grundsätzlich der Besitz des Inhaberpapiers und des zu dem Papier gehörenden Erneuerungsscheins dem Nießbraucher und dem Eigentümer gemeinschaftlich zu. Der Besitz der zu dem Papier gehörenden Zins-, Renten- oder Gewinnanteilsscheine stehe dem Nießbraucher zu. Durch Eintragung des Nießbrauchs in das Kryptowertpapierregister werden diese Rechtsfolgen jedoch durch einfachen Vermerk des Nießbrauchs bereits abgedeckt.[764]

Aufgrund der Sachfiktion des § 2 Abs. 3 eWpG wäre grundsätzlich auch die Anwendung des § 952 Abs. 2 eWpG denkbar.[765] Für urkundlich verbriefte Inhaberschuldverschreibungen ist die Abtretung der Forderung grundsätzlich möglich.[766] Danach geht das Eigentum an der Urkunde nach § 952 Abs. 2 BGB auf den Zessionar über.[767] Das Recht am Papier folgt in diesem Fall dem Recht aus dem Papier.

---

763 *Casper* in: Möslein/Omlor, FinTech-Hdb., 2. Aufl. 2021, § 28 Rn. 55.

764 *Casper* in: Möslein/Omlor, FinTech-Hdb., 2. Aufl. 2021, § 28 Rn. 56.

765 *Casper* in: Möslein/Omlor, FinTech-Hdb., 2. Aufl. 2021, § 28 Rn. 42.

766 Vgl. *Sickinger/Thelen*, AG 2020, S. 862, Rn. 5, S. 863; BGH v. 14.5.2013 – XI ZR 160/12, WM 2013, S. 1264, 1266 Rn. 17 ff. = NZG 2013, S. 903 = ZIP 2013, S. 1279.

767 Hierzu und zum Folgenden: BGH WM 2013, 1265 Rn. 15 ff.; *Casper* in: Möslein/Omlor, FinTech-Hdb., 2. Aufl. 2021, § 28 Rn. 42.

Die eine Abtretung des Rechts aus dem Kryptowertpapier nach § 398 BGB neben § 24 eWpG verneinenden Stimmen in der Literatur mehren sich allerdings zu Recht.[768] Bereits der Wortlaut des § 24 Nr. 2 eWpG, wonach auch jede Verfügung über ein Recht aus einem elektronischen Wertpapier oder über ein Recht an einem solchen Recht nur durch Eintragung im Kryptowertpapierregister wirksam sein soll, spricht gegen eine unabhängige Abtretung der Forderung aus dem Kryptowertpapier außerhalb des Kryptowertpapierregisters. Diese Ansicht wird gestützt durch die Gesetzesbegründung, wonach § 24 eWpG den Grundsatz aufstellt: „keine Verfügung außerhalb des Registers".[769] In den Materialien wird sogar explizit auf eine Abtretung nach § 398 BGB Bezug genommen. Danach tritt die Eintragung in das Register als Wirksamkeitsvoraussetzung dort hinzu, wo es grundsätzlich auf die Übergabe der Urkunde nicht ankommt, wie bei der Abtretung nach § 398 BGB. Damit hat § 24 eWpG abschließenden Charakter.[770] Eine Abtretung der Forderung nach § 398 BGB ist daneben nicht möglich. Eine solche Abtretung ist allerdings auch nicht notwendig. Die Effizienz der Distributed-Ledger-Technologie und die Formalisierung der rechtsgeschäftlichen Gestaltungsmacht nach § 24 eWpG führen zu einer hohen Fungibilität des Kryptowertpapiers.[771] Das Kryptowertpapier ist damit wesentlich einfacher, effizienter zu übertragen als die urkundliche Inhaberschuldverschreibung und dennoch rechtssicher. Daher würde eine Abtretung in der Praxis wohl eher selten vorkommen.[772]

---

768 Vgl. *Vig*, BKR 2022, S. 442, 445; *Kaulartz/Matzke*, NJW 2018, S. 3278, 3280 f.; *Lieder* in: Segna/Möslein/Omlor/von Buttlar, eWpG, § 17 Rn. 2.

769 Begr. RegE, BT-Drucks. 19/26925, S. 66.

770 So auch *Casper* in: Möslein/Omlor, FinTech-Hdb., 2. Aufl. 2021, § 28 Rn. 42; *Sickinger/Thelen*, AG 2020, S. 862, Rn. 5 (S. 865); *Bialluch-von Allwörden*, RDi 2021, S. 13, 16; *Segna*, WM 2020, S. 2301, 2309; a.A. Meier, RDi 2021, S. 1, 7 f.; kritisch auch *Linardatos*, ZBB 2020, S. 329, 332 f.

771 Begr. RegE, BT-Drucks. 19/26925, S. 66.

772 *Casper* in: Möslein/Omlor, FinTech-Hdb., 2. Aufl. 2021, § 28 Rn. 42.

Konsequenzen aus der Umsetzung des eWpG in der Praxis

Zu den hohen Anforderungen an die Emission von Kryptowertpapieren nach dem eWpG können Pflichten aus weiteren Gesetzen hinzukommen. Das folgende Kapitel soll einen summarischen Überblick für die Praxis bieten. Zu den Einzelheiten der bereits behandelten technischen Anforderungen an die Registerführung wird auf die entsprechenden Kapitel oben verwiesen.

I. Marktregulierung

Kernaussage des Gesetzgebers ist, dass nicht alle mittels Distributed-Ledger-Technologie oder vergleichbarer Technologien begebenen Kryptowerte zwingend auch elektronische Wertpapiere im zivil- und aufsichtsrechtlichen Sinne sind.[773] Es gibt gerade keine gesetzliche Pflicht zur Eintragung von Kryptowerten in ein Kryptowertpapierregister. Der Gesetzgeber hat auf diese Pflicht offenbar bewusst verzichtet, da hohe aufsichtsrechtliche Anforderungen und grundlegende zivilrechtliche Folgen mit der Wertpapiereigenschaft verbunden sind.[774] Diese Pflicht möchte man bewusst nicht allen Emittenten von Kryptowerten aufbürden. Mit dem eWpG wird lediglich ein eng begrenzter Bereich der Wertpapiere reguliert und keine präjudizielle Wirkung für eine allgemeine Regelung von Kryptowerten beabsichtigt.[775] Die Rechtsnatur von Kryptowerten wird nicht festgelegt.

[773] Begr. RegE, BT-Drucks. 19/26925, S. 29 f.
[774] Vgl. Begr. RegE, BT-Drucks. 19/26925, S. 29 f.
[775] Begr. RegE, BT-Drucks. 19/26925, S. 29 f.

Daraus ergibt sich ein Parallelmarkt von Kryptowerten. Es ist ohnehin möglich, dass Kryptotoken weiterhin, schon aufgrund ihrer technischen Ausgestaltung und ihres Inhalts, nach dem deutschen Zivilrecht unreguliert neben Kryptowertpapieren im Sinne des eWpG bestehen. Sie können dennoch als Wertpapiere im aufsichtsrechtlichen Sinne gelten.[776] Es kann aber auch vorkommen, dass Kryptowerte zwar ihrer technischen Gestaltung nach (Distributed-Ledger-Technologie) und ihrem Inhalt entsprechend als Inhaberschuldverschreibung unter das eWpG fallen könnten, sie aber mangels Eintragung in einem Kryptowertpapierregister mit den Anforderungen nach §§ 16 ff. eWpG keine Kryptowertpapiere darstellen. Dem Interesse der Investoren an Rechtssicherheit folgend, eignen sich regulierte Finanzierungsmodelle für Unternehmen weit mehr als unregulierte Kryptotoken.

II. Aufsichts- und Genehmigungspflichten

Das Kryptowertpapier nach § 4 Abs. 3 eWpG fällt neben dem eWpG auch unter den Wertpapierbegriff anderer Gesetze. Damit können weitere gesetzliche Anforderungen im Rahmen der Emission von Kryptowertpapieren und der Kryptowertpapierregisterführung relevant sein.

Das Kryptowertpapier fällt auch unter den Wertpapierbegriff des WpHG nach § 2 Abs. 1 WpHG, da es dafür nicht auf die Verbriefung von Wertpapieren ankommt. Damit gelten z.B. die Wohlverhaltenspflichten gemäß §§ 63 ff. WpHG.

Das Kryptowertpapier unterfällt als elektronische Schuldverschreibung auch der Prospekt-VO (VO (EU) 20171/1129)[777] und dem ergänzenden WpPG.[778] Nach Art. 2 a) VO (EU) 2017/1129 i.V.m. Art. 4 Abs. 1 Nr. 44 RL 2014/65/EU kommt es für den Anwendungsbereich allein darauf an, dass die Wertpapiere übertragbar sind und damit auf dem Kapitalmarkt gehandelt werden können. Bei einem Emissionsvolumen von mehr als 8 Mio. Euro pro Kalenderjahr muss der Emittent daher einen Wertpapierprospekt erstellen, vgl. Art. 3 Abs. 2 b)

---

776 Begr. RegE, BT-Drucks. 19/26925, S. 29 f., 38 ff.; BaFin, Zweites Merkblatt zur Ausgabe von Krypto-Token, S. 6.

777 Verordnung (EU) 20171/1129 vom 14.06.2017, https://eur-lex.europa.eu/legal-content/DE/TXT/?uri=celex%3A32017R1129.

778 So auch *Sickinger/Thelen*, AG 2020, S. 862, 868; *Preuße/Wöckener/Gillenkirchen*, BKR 2020, S. 551, 557 f.; kritisch aber: *Bialluch-von Allwörden*, RDi 2021, S. 13, 17 ff. m.w.N.

VO (EU) 2017/1129 i.V.m. § 3 WpPG. Nach § 4 WpPG ist allerdings bereits ab einem Emissionsvolumen von 100.000 Euro ein kürzeres Wertpapierinformationsblatt zu erstellen. Dieses umfasst gemäß § 4 Abs. 3a WpPG Angaben zur technischen Ausgestaltung des Wertpapiers und der zugrundeliegenden Technologien sowie zu ihrer Übertragbarkeit und Handelbarkeit.[779] Sofern diese Pflicht des Emittenten besteht, lassen sich die Informationen möglicherweise mit der Veröffentlichung eines *White Papers* verbinden. Insofern bleibt abzuwarten, welche Umsetzung sich in der Praxis durchsetzen wird.

Zu beachten ist für den Emittenten von Kryptowertpapieren, dass die Führung des Kryptowertpapierregisters eine neue Finanzdienstleistung darstellt, nach § 1 Abs. 1a S. 2 Nr. 8 KWG, sodass die registerführende Stelle gemäß § 32 Abs. 1 KWG einer Banklizenz bedarf.[780] Auch das Kryptoverwahrgeschäft, also die Verwahrung, die Verwaltung und die Sicherung von Kryptowerten oder privaten kryptographischen Schlüsseln, die dazu dienen, Kryptowerte für andere zu halten, zu speichern oder darüber zu verfügen, sowie die Sicherung von privaten kryptographischen Schlüsseln, die dazu dienen, Kryptowertpapiere für andere nach § 4 Abs. 3 des eWpG zu halten, zu speichern oder darüber zu verfügen, sind nach § 1 Abs. 1a S. 2 Nr. 6 KWG erlaubnispflichtig. Dies ist je nach Ausgestaltung des Kryptowertpapierregisters vor allem für registerführende Stellen relevant, die als Verwahrer fungieren (*Custodial Wallets*).

Außerdem ist laut Gesetzesbegründung in Einzelfällen nicht auszuschließen, dass die registerführende Stelle, als Zentralverwahrer nach Art. 2 Abs. 1 Nr. 1 CSDR, eine Zulassung nach Art. 16 Abs. 1 CSDR benötigt. Dies ist insbesondere bedeutend, wenn die registerführende Stelle auch das dem Kryptowertpapierregister zugrunde liegende dezentrale Aufzeichnungssystem betreibt oder verantwortet.[781] Immerhin sind für Unternehmen, die neben der Kryptowertpapierregisterführung keine weitere Finanzdienstleistung anbieten, Ausnahmen von einigen strengen KWG-Vorschriften nach § 2 Abs. 7b KWG vorgesehen. Danach sind Finanzdienstleistungsinstitute, die ausschließlich die Kryptoregisterführung oder Kryptoverwahrgeschäfte anbieten, von

---

779 Vgl. auch *Casper* in: Möslein/Omlor, FinTech-HdB, 2. Aufl. 2021, § 28 Rn. 70.

780 *Sickinger/Thelen*, AG 2020, S. 862, 863; *Casper* in: Möslein/Omlor, FinTech-HdB, 2. Aufl. 2021, § 28 Rn. 71; *Vig*, BKR 2022, S. 442, 444.

781 Begr. RegE, BT-Drucks. 19/26925, S. 60.

zahlreichen Vorschriften des KWG ausgenommen (§§ 10, 10c-18, 24 Abs. 1 Nr. 14–14b, 24a, 25a Abs. 5, 26a und 45 KWG sowie Art. 39, 41, 50–403, 41–455 CRR)[782]. Allerdings ist zu beachten, dass die Erleichterungen des § 2 Abs. 7b KWG nur anwendbar sind, wenn neben der Registerführung und dem Kryptoverwahrgeschäft gemäß § 1 Abs. 1a S. 2 Nr. 6 KWG keine weiteren Finanzdienstleistungen angeboten werden. Wer allerdings Kryptowertpapiere verwahrt, betreibt grundsätzlich ein nach § 1 Abs. 1 Nr. 5 KWG erlaubnispflichtiges Depotgeschäft.[783] Damit sind nur Verwahrer privilegiert, die den *Private Key* oder andere Kryptoschlüssel verwahren, nicht die Kryptowertpapiere.[784]

Nach § 65 2 KWG gilt die Erlaubnis der BaFin für die Kryptowertpapierregisterführung vorläufig als erteilt, sofern die Registerführung innerhalb von sechs Monaten nach Inkrafttreten des eWpG aufgenommen wird, der vollständige Erlaubnisantrag nach § 32 Abs. 1 S. 1 und S. 2 KWG bei der BaFin innerhalb von sechs Monaten nach Aufnahme der Tätigkeit gestellt wird und die registerführende Stelle der BaFin zwei Monate vor Aufnahme der Kryptowertpapierregisterführung ihre Absicht dazu mitteilt. Im Sinne der Transparenz erscheinen diese Voraussetzungen sinnvoll. Letztlich handelt es sich jedoch nicht um eine echte Privilegierung der aufsichtlichen Anforderungen an kryptowertpapierregisterführende Stellen, sondern um eine reine Zeitersparnis. Auf Kryptowertpapiere ist grundsätzlich auch die Marktmissbrauchsverordnung in Art. 12 und 15 MAR anwendbar.[785]

III. Technische Anforderungen an die Registerführung

Die technischen Anforderungen an die Emission von Kryptowertpapieren, speziell an die Führung des Kryptowertpapierregisters sind erheblich. Die Reichweite der gesetzgeberischen Entscheidung, am klassischen

---

782 *Casper* in: Möslein/Omlor, FinTech-HdB, 2. Aufl. 2021, § 28 Rn. 73.

783 Vgl. *Casper* in: Möslein/Omlor, FinTech-HdB, 2. Aufl. 2021, § 28 Rn. 74.

784 *Segna*, WM 2020, S. 2301, 2303; *Rennig*, BKR 2020, S. 23, 27; *Casper* in: Möslein/Omlor, FinTech-HdB, 2. Aufl. 2021, § 28 Rn. 74.

785 Verordnung (EU) Nr. 596/2014 des Europäischen Parlaments und des Rates vom 16. April 2014 über Marktmissbrauch (Marktmissbrauchsverordnung) und zur Aufhebung der Richtlinie 2003/6/EG des Europäischen Parlaments und des Rates und der Richtlinie 2003/124/EG, 2003/125/EG und 2004/72/EG der Kommission (MAR), https://eur-lex.europa.eu/legal-content/DE/TXT/?uri=celex%3A32014R0596.

Wertpapiersystem festzuhalten, wird in den Spezifikationen der Verordnung über Anforderungen an elektronische Wertpapierregister sichtbar. Viele der Verfahrensvorschriften dienen nur der einfachen Aufbereitung von Informationen zum Kryptowertpapier und Kryptowertpapierregister für die BaFin, die auf der Blockchain transparent einsehbar und nachvollziehbar wären (unter Zuhilfenahme des *White Papers*). Gleichzeitig sind diese Vorschriften notwendig, wenn kein eigenes „Blockchain-Gesetz" geschaffen werden soll, sondern das eWpG technikoffen für alle möglichen Technologien anwendbar sein soll. Zudem sind diese komplexen Vorschriften der Preis, den man für staatliche Regulierung und Aufsicht zahlen muss. Im Gegenzug erhält der Rechtsverkehr Rechtssicherheit und ein rechtsstaatliches Durchsetzungsmonopol.

1. Registerführung

Die registerführende Stelle muss als zentral verantwortliche Instanz nach § 7 eWpG die dezentrale Natur der Distributed-Ledger-Technologie einschränken, sofern sie sich ihrer zur Führung des Kryptowertpapierregisters bedienen will. Dazu muss sie nach § 5 S. 3 eWpRV einen Regelprozess der Entwicklung, des Testens, der Freigabe und der Implementierung in die Produktionsprozesse etablieren. Dabei ist nach dem aktuellen Stand der Technik zu verfahren, wobei auf den IT-Grundschutz des Bundesamtes für Sicherheit in der Informationstechnik (BSI), den ISO/IEC-270XX-Standard sowie auf die aktuellen Empfehlungen aus der TR-02102, der TR-03125 und aus der „Leitlinie für digitale Signatur-, Siegel- und Zeitstempelformate" des BSI verwiesen wird.[786] Die derzeit gängigen *Token* und *Smart Contracts* sind bereits standardisiert.[787]

---

[786] Siehe zum empfohlenen kryptographischen Standard des BSI: https://www.bsi.bund.de/DE/Themen/Unternehmen-und-Organisationen/Standards-und-Zertifizierung/Technische-Richtlinien/TR-nach-Thema-sortiert/tr02102/tr02102_node.html#:~:text=Diese%20Richtlinie%20gibt%20Empfehlungen%20f%C3%BCr,%C3%BCbertragenen%20Informationen%20gesch%C3%BCtzt%20werden%20k%C3%B6nnen.

[787] Siehe zu verschiedenen Tokenstandards: https://docs.openzeppelin.com/contracts/4.x/api/utils.

a) Haftung der registerführenden Stelle

Die registerführende Stelle ist für den Inhalt des Kryptowertpapierregisters und dessen Führung nach § 7 eWpG verantwortlich und haftet für die erforderlichen technischen und organisatorischen Maßnahmen zur Vermeidung von Datenverlust oder Datenveränderung, § 7 Abs. 3 eWpG. Dabei kommt eine natürliche oder juristische Person als zentral verantwortliche Stelle in Betracht. Denkbar wäre jedoch auch, das Haftungsrisiko auf das Netzwerk insgesamt zu übertragen, auch wenn die Verantwortlichkeit gesetzlich eindeutig bei der registerführenden Stelle verbleibt. Im Wege der Privatautonomie sind jedoch vielfältige Gestaltungsmöglichkeiten des Informationssystems denkbar. Die Validierungsmethode *proof of stake* nimmt dabei bereits die validierenden *Miner/Staker* in die Verantwortung, indem diese für ihre korrekte Validierung Sicherheiten hinterlegen.[788]

b) Einsatz des Smart Contracts

Durch den Einsatz von *Smart Contracts* kann sich die registerführende Stelle möglicherweise die Umsetzung der gesetzlichen Anforderungen an die Registerführung erleichtern. Dabei ist zu beachten, dass programmierte Regeln automatisiert umgesetzt werden und somit Tatsachen geschaffen werden, die auf analogem Wege zunächst den gesamten Zivilrechtsweg bestreiten müssten. Wegweisend für die Anerkennung der Entscheidungen von Programmcodes von deutschen Zivilgerichten dürfte die Entscheidung des BGH[789] (zur Vorinstanz des OLG Düsseldorf) sein. Streitgegenstand war eine ABG-Klausel der Renault Bank als Vermieterin von E-Auto-Batterien. Nach dieser betreffenden Klausel hatte die Renault Bank das Recht, nach erfolgter außerordentlicher Kündigung des Mietvertrages die Wiederaufladung der E-Batterie automatisch zu sperren. Der BGH hat im betreffenden Urteil *Smart Contracts* nicht per se die Anerkennung verweigert, sondern sie anhand des Einzelfalls einer rechtlichen Prüfung unterworfen.[790] In diesem Fall kam der Senat zu dem Schluss, dass die AGB-Klausel unwirksam

---

[788] Zur *proof of stake*-Methode von Ethereum: https://ethereum.org/en/developers/docs/consensus-mechanisms/pos/.

[789] BGH, Urteil vom 26.10.2022 (XII ZR 89/21).

[790] Siehe auch die Urteilsbesprechungen: *Streissle*, 07.12.2022: https://paytechlaw.com/smart-contracts-bgh-urteil/; zur OLG-Entscheidung: *Krück*, IT Finanzmagazin, 09.12.2021: https://www.it-finanzmagazin.de/smart-contracts-pruefstand-131299/.

sei und dies dazu führe, dass auch der *Smart Contract* (als automatisierter Realakt der Besitzstörung) rechtswidrig sei. Folglich wurde mittels *Smart Contract* verbotene Eigenmacht geübt. Damit wird deutlich, dass *Smart Contracts* nicht per se rechtswidrig sind oder rechtlich nicht berücksichtigt werden können, sondern dass sie, wie alle anderen Verträge oder Realakte, am bestehenden Recht und Gesetz zu messen sind. Diese Entscheidung ist wenig überraschend und dennoch richtungsweisend und wichtig. Damit ist die Sorge, *Smart Contracts* könnten grundsätzlich von Gerichten nicht anerkannt werden, unbegründet. Allerdings müssen diese logischerweise in ihrer algorithmischen Grundlage rechtmäßig sein und dürfen somit nur rechtmäßige Rechtsfolgen und Zustände herbeiführen. Sie unterliegen der vollen zivilgerichtlichen Kontrolle.[791]

2. Dokumentationspflichten

Die registerführende Stelle trifft weitreichende Dokumentationspflichten nach § 3 Abs. 1 eWpRV über (1) die Einzelheiten der Einrichtung und Führung des Registers nach § 7 eWpG, (2) die Einzelheiten der Verfahrensanforderungen zur Übermittlung und Vollziehung einer Weisung oder einer Übermittlung einer Zustimmung nach §§ 14 Abs. 1–4, 18 Abs. 1–4 eWpG sowie (3) den angemessenen Zeitraum für Umtragungen und Anforderungen an deren Gültigkeit nach §§ 14 Abs. 4, 18 Abs. 4 eWpG. Nach § 3 Abs. 2 eWpRV ist diese Dokumentation der BaFin nach deren Anforderung zur Verfügung zu stellen. Die Dokumentation ist für zehn Jahre nach Beendigung des Registers aufzubewahren, § 3 Abs. 4 eWpRV.

Für das Kryptowertpapierregister sind nach § 13 Abs. 1 eWpRV zusätzlich (1) die Einzelheiten des Verfahrens und der Eintragung der Kryptowertpapiere nach § 4 Abs. 4 eWpG, (2) die Einzelheiten der Berichtigung des Registers bei fehlender Zustimmung oder Weisung nach § 18 Abs. 5 eWpG, (3) die Einzelheiten des Verfahrens für den Registerwechsel nach § 22 i.V.m. § 21 Abs. 2 eWpG einschließlich des Datentransfers sowie (4) die Kriterien für die Teilnahme am Kryptowertpapierregister und (5) Art, Format und Inhalt des Registerauszugs nach § 19 eWpG zu dokumentieren. Auch für diese Informationen gilt die Vorlagepflicht zur BaFin beziehungsweise ihr Anordnungsrecht, § 13 Abs. 2 eWpRV. Die Beschwerdebefugnis im Teilnahmeverfahren und das

[791] Vgl. *Möslein/Kaulartz*, RDi 2021, S. 517, 523.

daraus resultierende Beschwerdeverfahren nach § 18 eWpRV erhöhen den Bürokratieaufwand für die registerführende Stelle deutlich und beschränken die Privatautonomie aus Art. 2 Abs. 1 GG.

Auf Verlangen hat die registerführende Stelle der BaFin den Quellcode und die Beschreibung des Aufzeichnungssystems zur Verfügung zu stellen, § 14 eWpRV. Zur Führung der öffentlichen Liste nach § 20 Abs. 3 eWpG müssen die Informationen nach § 17 Abs. 1 eWpRV an die BaFin übermittelt werden. Die gängigen Standards für Kommunikationsverfahren und für den Datenaustausch sind zu verwenden, § 19 Abs. 1 eWpRV. Das Aufzeichnungssystem nach § 4 Abs. 9 eWpG muss mindestens über eine Schnittstelle zum Export der Eintragungen in einem gängigen Datenformat sowie über eine Schnittstelle zum Abruf von Daten verfügen.

Für die Teilnehmer des Kryptowertpapierregisters sind Teilnahmekriterien durch die registerführende Stelle nach § 18 Abs. 1 eWpRV festzulegen und gemäß § 18 Abs. 1 S. 4 eWpRV im Internet abrufbar zur Verfügung zu stellen. Der Emittent hat vor der Begebung von Kryptowertpapieren die Emissionsbedingungen nach § 5 Abs. 1 eWpG niederzulegen. Beides ist im Rahmen eines *White Papers* denkbar.

Während der Führung des Kryptowertpapierregisters hat die registerführende Stelle den Inhalt des Kryptowertpapiers beziehungsweise die Anlagebedingungen nach § 7 eWpRV zugänglich zu machen, gegebenenfalls über Bezugnahme auf die Emissionsbedingungen, außerdem für Weisungen nach § 18 eWpG geeignete Authentifizierungsinstrumente nach § 11 eWpRV zu verwenden und die Weisungen sowie Änderungen im Kryptowertpapier nach § 18 Abs. 1 S. 4, Abs. 3 S. 2 eWpG mit einem Zeitstempel zu versehen. Sie hat darüber hinaus bei der Emission von Kryptowertpapieren diesen bei der Eintragung nach § 7 Abs. 3 eWpRV eine ISIN zuzuordnen und alle allgemeinen und besonderen Angaben zum Kryptowertpapier im Register nach § 17 eWpG einzutragen.

Auch die Vorkehrungen und Verfahren für die Übertragung des Wertpapierregisters nach § 21 Abs. 2, 22 eWpG sind von der registerführenden Stelle im Vorfeld zu dokumentieren und der BaFin vorzulegen, § 20 Abs. 2 und 3 eWpRV.

Daneben sind auch Maßnahmen zur Geldwäscheprävention erforderlich. Personenbezogene Daten darf die registerführende Stelle nach § 11 Abs. 1 S. 2 eWpRV speichern, sofern dies zur Erfüllung ihrer Aufgaben nach § 11 eWpRV notwendig ist. Darüber hinaus hat die registerführende Stelle nach § 11 Abs. 3 S. 1 eWpRV die Angaben anhand geeigneter Nachweise zu überprüfen.[792] Die Überprüfung erfolgt dabei nach § 11 Abs. 4 S. 1 eWpRV i.V.m. § 13 GwG, also grundsätzlich durch angemessene Prüfung des vor Ort vorgelegten Dokuments oder mittels eines gleichwertigen, zur geldwäscherechtlichen Überprüfung der Identität geeigneten Verfahrens. Dabei müssen die erhobenen Daten mit den in dem verwendeten Dokument abgebildeten Daten abgeglichen werden.[793] Bei einer Überprüfung anhand einer qualifizierten elektronischen Signatur nach § 12 Abs. 1 S. 1 Nr. 3 GwG ist die Validierung der Signatur nach Art. 32 Abs. 1 der Verordnung (EU) Nr. 910/2014 (eIDAS-VO)[794] zu beachten, § 12 Abs. 1 S. 2 GwG i.V.m. § 11 Abs. 4 S. 2 eWpRV. Darüber hinaus können sich laut Gesetzesbegründung zivilrechtliche Sorgfaltsanforderungen ergeben.[795] Um welche zivilrechtlichen Sorgfaltspflichten es sich konkret handelt und welcher Sorgfaltsmaßstab anzuwenden ist, bleibt in der Gesetzesbegründung unklar. Daher ist anzunehmen, dass die registerführende Stelle grundsätzlich in ihrer Pflichterfüllung aus § 7 eWpG i.V.m. § 276 Abs. 1 S. 1 BGB Vorsatz und Fahrlässigkeit zu vertreten hat. Dabei handelt nach § 276 Abs. 2 BGB vorsätzlich, wer die im Verkehr erforderliche Sorgfalt außer Acht lässt. Aufgrund der neuen Möglichkeit, als registerführende Stelle ein Kryptowertpapierregister zu führen, gibt es in der Praxis noch keinen gängigen zivilrechtlichen Sorgfaltsmaßstab, der auf die registerführende Stelle ohne Weiteres anzuwenden wäre. Ein solcher Sorgfaltsmaßstab wird sich wohl mit der Zeit und im Zusammenspiel mit den speziellen Anforderungen aus § 7 eWpG, der eWpRV und des GwG bilden. Auch Verkehrssicherungspflichten aus § 823 Abs. 1 BGB sind denkbar, wenn die registerführende Stelle etwa einen fehlerhaften Code verwendet

---

792 Das Ethereum-Netzwerk bietet inzwischen eine Vielzahl von technischen Lösungen zur dezentralen Identität, u.a. zum KYC-Prozess in der Geldwäscheprävention. Ausf. zur *Public Key Infrastructure (PKI)* und zu weiteren Authentifizierungsmöglichkeiten: https://ethereum.org/de/decentralized-identity/.

793 Dazu näher *Frey* in: BeckOK GwG, § 12 Rn. 11; *Figura* in: BeckOK GwG, § 12 Rn. 2; *Lieder* in: Segna/Möslein/Omlor/von Buttlar, eWpG, § 18 Rn. 22.

794 Verordnung (EU) Nr. 910/2014 des Europäischen Parlaments und des Rates vom 23.07.2014 über elektronische Identifizierung und Vertrauensdienste für elektronische Transaktionen im Binnenmarkt und zur Aufhebung der Richtlinie 1999/93/EG, ABl. L 257 v. 28.08.2014, 73.

795 Begr. eWpRV, S. 7.

und dadurch eine Gefahr für die in § 823 Abs. 1 BGB absolut geschützten Rechtsgüter schafft.[796]

Zusätzlich muss die registerführende Stelle sicherstellen, dass eine Transaktion unmittelbar von einem Zahlungskonto erfolgt, das die Voraussetzungen nach § 12 Abs. 1 S. 3 GwG i.V.m. § 11 Abs. 4 S. 2 eWpRV erfüllt. Dabei sind in § 11 eWpRV lediglich aufsichtsrechtliche Mindeststandards normiert.[797] Sofern die registerführende Stelle zugleich ein Finanzdienstleistungsinstitut darstellt – und das wird nach § 1 Abs. 1a KWG zumeist der Fall sein –, sind auch die allgemeinen Regeln und Grundsätze des Geldwäscherechts anzuwenden, § 2 Abs. 1 Nr. 2 GwG.[798]

3. Kooperation mit BaFin und Behörden

Die BaFin ist nach § 11 eWpG gesetzliche Aufsichtsbehörde und überwacht die Führung des Kryptowertpapierregisters. Die Erlaubnispflicht nach anderen Gesetzen wie dem KWG unterliegt letztlich der Beurteilung der jeweiligen *Token* durch die BaFin. Die auf das eWpG i.V.m. der eWpRV bezogenen Kooperationspflichten des Emittenten und der registerführenden Stelle sind nun erstmals konkret und abschließend normiert.

4. Publizitätspflichten

Neben der oben erwähnten Niederlegung der Emissionsbedingungen steht den Teilnehmern des Kryptowertpapierregisters ein Einsichtsrecht nach § 10 Abs. 1 und 2 eWpG zu. Dazu kommen ein möglicher Auskunftsanspruch nach § 10 Abs. 3 eWpG sowie die Protokollführung aller Einsichts- u. Auskunftsverlangen nach § 10 Abs. 5 eWpG. Auf Verlangen des Inhabers nach § 19 Abs. 1 eWpG sowie jährlich beziehungsweise anlassbezogen nach § 19 Abs. 2 eWpG muss die registerführende Stelle einen Registerauszug zur Verfügung stellen. Dabei hat die registerführende Stelle keinen Aufwendungsersatzanspruch wie nach § 6 Abs. 2 DepotG. Dazu kommt die Veröffentlichung der wesentlichen Informationen und ihrer Änderungen im Bundesanzeiger nach

---

[796] *Wagner* in: MüKo BGB, 9. Aufl. 2024, § 823, Rn. 508; vgl. *Einsele* in: Omlor/Möslein/Grundmann, Elektronische Wertpapiere, 2021, S. 40, 53.

[797] Begr. eWpRV, S. 7.

[798] Begr. eWpRV, S. 7; *Lieder* in: Segna/Möslein/Omlor/von Buttlar, eWpG, § 18 Rn. 22.

§ 20 eWpG, über deren Inhalt die BaFin die oben genannte öffentliche Liste im Internet führt nach § 20 Abs. 3 S. 1 eWpG.

IV. Das eWpG als Brückenlösung

Es ist umstritten, ob sich Deutschland als Wirtschaftsstandort mit dem Festhalten am Grundsatz der sachenrechtlichen Verkörperung von Wertpapieren einen Gefallen getan hat.[799] Die Sachfiktion erfordert einige Rechtskonstrukte, die nur wenig die technische Realität abbilden. In den Gesetzesmaterialien wird ausdrücklich erwähnt, dass die Diskussion um eine umfassende Reform hin zu einem rein buchungsbasierten Wertpapierrechtsmodell noch nicht beendet sei, eine solche allerdings eine umfassende Reform des deutschen Wertpapier- und Depotrechts inklusive Synchronisierung der Buchungsabläufe des derzeit geltenden Verwahrsystems notwendig wäre.[800]

1. Das Genfer Wertpapierübereinkommen

Das Genfer Wertpapierübereinkommen (GWpÜ) vom 9. Oktober 2009 ist ein UNIDROIT-Übereinkommen über materiellrechtliche Regelungen für intermediärverwahrte Wertpapiere.[801] Es widmet sich dem ambitionierten Ziel der Harmonisierung des Depotrechts und bietet dazu einen Regelungsrahmen, der jedoch die konkrete Umsetzung den jeweiligen nationalen Gesetzgebern überlässt.[802] Schwierigkeiten bei einer solchen Rechtsharmonisierung bereitet die Tatsache, dass die Rechtsordnungen der beteiligten Märkte höchst unterschiedlich ausgestaltet sind.[803] Während manche Rechtsordnungen dem Anleger eigentumsähnliche Ansprüche gegen den kontoführenden Intermediär zusprechen, gewähren andere ein Eigentumsrecht an den zugrundeliegenden Effekten. Kryptowertpapiere in Einzeleintragung werden zwar gerade nicht depotrechtlich von einer Wertpapiersammelbank und damit nicht intermediärverwahrt. Allerdings lohnt sich ein Blick auf das GWpÜ,

---

799 *Casper* in: Möslein/Omlor, FinTech-Hdb., 2. Aufl. 2021, § 28 Rn. 14–18.

800 Begr. RegE, BT-Drucks. 19/26925, S. 40.

801 *Segna*, Bucheffekten, 2018, S. 541; Genfer Wertpapierübereinkommen vom 09.10.2009, https://www.unidroit.org/instruments/capital-markets/geneva-convention/.

802 *Casper* in: Möslein/Omlor, FinTech-Hdb., 2. Aufl. 2021, § 28 Rn. 14; *Segna*, Bucheffekten, 2018, S. 541, 546.

803 Dazu und zum Folgenden: *Segna*, Bucheffekten, 2018, S. 544.

um einen Ausblick auf eine mögliche Reform des Wertpapierrechts hin zu einem buchungsbasierten System zu geben.

a) Grundlagen des GWpÜ

Aufgrund der sehr unterschiedlichen Ausgestaltungen des Depotrechts und verschiedener Rechtskonstruktionen von dinglichen Rechtspositionen und schuldrechtlichen Ansprüchen in verschiedenen Ländern schafft das Übereinkommen lediglich ein architektonisches Leitprinzip.[804] Daher vermeidet das GWpÜ bewusst (deutsch-) zivilrechtliche Kategorien wie „Schuldrecht" und „Sachenrecht" und auch Begriffe wie *Property* und *Ownership* wurden bewusst vermieden.[805] Dafür wurden zur Definition des Anwendungsbereichs des GWpÜ die Begriffe *Intermediated Securities*, *Securities Account*[806] und *Intermediary*[807] geschaffen. *Intermediated Securities* sind nach Art. 1(b) GWpÜ „securities credited to a securities account or rights or interests in securities resulting from a credit of securities account". Dadurch ist neben unmittelbarer auch nur eine mittelbare Berechtigung an den in das Verwahrsystem eingebrachten Wertpapieren denkbar.[808] Die Definition umfasst neben Vollrechten auch beschränkte (dingliche) Rechte an den darunterliegenden oder davon abgeleiteten Rechtspositionen, sofern die Rechte in Form einer Depotgutschrift begründet oder dokumentiert werden.[809] Das Kryptowertpapier in Einzeleintragung wird gerade nicht von einem Intermediär zentralverwahrt. Allerdings wäre es möglich, im Rahmen einer umfassenden Depotrechtsreform auch dem elektronischen Wertpapier eine Rechtsform sui generis zu geben, welche die Sachfiktion aufgibt. Stattdessen könnte sich die Rechtsposition des Inhabers eines einzeleingetragenen Kryptowertpapiers aus der Gutschrift zum *Wallet* und der Verfügungsmacht mittels *Private Key* ergeben. Das einzelne Kryptowertpapier ist nicht in physischer Form für den Inhaber

---

[804] *Segna*, Bucheffekten, 2018, S. 546.

[805] *Segna*, Bucheffekten, 2018, S. 546.

[806] Siehe Art. 1(c) GWpÜ: „an account maintained by an intermediary to which securities may be credited or debited".

[807] Siehe Art. 2(d) GWpÜ: „a person (including a central securities depository) who in the course of a business or other regular activity maintains securities accounts for others or both for others and for its own account and is acting in that capacity".

[808] *Segna*, Bucheffekten, 2018, S. 547.

[809] *Segna*, Bucheffekten, 2018, S. 547.

verfügbar, sondern unbeweglich als Block im Distributed-Ledger-System verankert. Dennoch wird das Kryptowertpapier in Einzeleintragung durch einen Transaktionsblock dem Konto, also *Wallet*, des Inhabers zugeschrieben, ähnlich einem Bankguthaben. Zwar ist die registerführende Stelle zentral verantwortlich für die Führung des Kryptowertpapierregisters, was ein gewisses Spannungsverhältnis zur dezentralen Natur der Distributed-Ledger-Technologie darstellt. Anders als bei einem Bank- oder Depotguthaben hat der Inhaber allerdings nicht nur einen schuldrechtlichen Anspruch auf Auszahlung oder Umbuchung gegen das Kryptowertpapierregister oder den Emittenten. Vielmehr besitzt er über den physischen Besitz des *Private Keys* unmittelbare Verfügungsmacht über das Kryptowertpapier und kann durch eine Weisung Änderungen am Kryptowertpapier vornehmen. Die Weisung nach Art. 18 Abs. 1 S. 1 eWpG ist dabei auch nicht nur die Geltendmachung eines schuldrechtlichen Anspruchs gegenüber der Bank und nicht mit dem Zahlungsauftrag nach § 675n BGB vergleichbar. Zwar muss die registerführende Stelle die Weisung des Inhabers nach Art. 18 Abs. 1 S. 1 eWpG erst verarbeiten und ist insoweit zwischengeschaltet. Die konkrete Ausgestaltung der registerführenden Stelle ist jedoch offen und kann somit auch im gesamten Blockchain-Netzwerk liegen, das die Weisung automatisiert aufgrund eines *Smart Contracts* und mittels Konsensmechanismus verifiziert.[810] Darüber hinaus hat die registerführende Stelle im Distributed-Ledger-System keine zentrale Eingriffsmöglichkeit auf das Kryptowertpapier ohne den *Private Key*.[811] Das stellt sicherlich den größten Unterschied zur Bank als zentraler Institution dar. Gerade zu diesem Zweck wurde die Distributed-Ledger-Technologie entwickelt.[812]

Ein Kontoinhaber, der die *Intermediated Securities* nicht als Intermediär, sondern für sich selbst hält, bekommt nach Art. 9 Abs. 1 GWpÜ ein ganzes Bündel an Rechten, nämlich (i) das Recht, alle sich aus den Wertpapieren ergebenden Rechte zu erhalten und auszuüben, einschließlich Dividenden, anderer Ausschüttungen und Stimmrechte, (ii) das Recht, eine Verfügung vorzunehmen oder ein (Sicherungs-) Recht einzuräumen, (iii) das Recht,

---

[810] Begr. RegE, BT-Drucks. 19/26925, S. 59 f.

[811] Ethereum zu verschiedenen *Keys*, https://ethereum.org/en/developers/docs/accounts/.

[812] Vgl. *Nakamoto*, Bitcoin, A Peer to Peer Electronic Cash System, S. 2, https://bitcoin.org/bitcoin.pdf; *Lieder* in: Segna/Möslein/Omlor/von Buttlar, eWpG, § 16 Rn. 11; *Schrey/Thalhofer*, NJW 2017, S. 1431.

mittels einer Weisung an den kontoführenden Intermediär zu veranlassen, dass die Wertpapiere auf andere Weise als durch Verbuchung auf einem Konto gehalten werden, soweit dies nach dem anwendbaren Recht, der Kontovereinbarung oder den Regeln des Abwicklungssystems zulässig ist, sowie (iv) alle sonstigen vom nationalen Recht gewährten Rechte.[813] Ein solches Bündel an Rechten wäre auch für das Kryptowertpapier als Kryptowert sui generis denkbar. Diese Rechte sollen freilich auch gegenüber Dritten wirksam sein, vgl. Art. 9 Abs. 2(a) GWpÜ. Zur Übertragung des Wertpapiers sieht das GWpÜ die Buchung in Art. 11 GWpÜ vor. Auch für ein buchungsbasiertes Kryptowertpapier wäre die Umbuchung und Eintragung im Kryptowertpapier sinnvoll, wie sie jetzt auch in §§ 24, 25 eWpG vorgesehen ist. In Art. 18 des GWpÜ ist nicht etwa die Rede von gutgläubigem Erwerb (*good faith acquisition*), sondern vom Erwerb einer redlichen Person (*acquisition by an innocent person*). Damit soll der gutgläubige Erwerb grundsätzlich auch für Wertpapiere nach dem GWpÜ möglich sein.

b) Stellungnahme zum buchungsbasierten Wertpapierrecht

Würde man die Sachfiktion des Kryptowertpapiers aufgeben und diesem eine eigene Rechtsform sui generis zusprechen, wären rein buchungsbasierte Rechtsübertragungen am Kryptowertpapier mit dem gleichen Maß an Rechtsschutz möglich. Das Eintragungsprinzip aus § 24 eWpG müsste erhalten bleiben, um dem Kryptowertpapierregister die Eigenschaft des Rechtsscheinträgers zu verleihen. Damit bliebe auch das besondere Vertrauen erhalten, welches das Kryptowertpapierregister durch seine dezentrale und automatisierte Natur im Realfoliensystem sowie durch die Pflichten aus § 7 eWpG i.V.m. der eWpRV schafft. Der Rechtsverkehr könnte auf die Authentizität und Integrität der Eintragungen vertrauen und der Inhaber aufgrund der hohen Anforderungen an die registerführende Stelle aus § 7 eWpG sowie die Authentifizierungspflicht aus § 18 Abs. 1 S. 5 eWpG auf den Schutz seiner Rechtsposition vertrauen. Eine Rechtsbündelung des Inhabers wäre an die Buchung auf sein *Wallet*, also ausschließlich an die Transaktion, gebunden. Diese wiederum ist abhängig von der Authentifizierungsmacht mittels *Private Key* und möglicherweise zusätzlich von einer weiteren Identitätsabfrage

[813] *Segna*, Bucheffekten, 2018, S. 549.

nach Art. 18 Abs. 1 S. 5 eWpG.[814] Der Inhaber des Kryptowertpapiers wäre direkter Rechtsträger[815] dieses Rechtsbündels. Dabei wäre es vorteilhaft, wenn der Gesetzgeber bei der Schaffung eines Kryptowertpapiers sui generis auf schuldrechtliche und sachenrechtliche Kategorien verzichten würde und stattdessen den Inhaber als Rechtsinhaber der Rechte aus und an dem Kryptowertpapier definieren würde. Das Rechtsbündel würde Rechte aus dem Kryptowertpapier gegenüber dem Emittenten beinhalten sowie eigentumsähnliche, aber buchungsbasierte Rechte gegenüber dem Emittenten, der registerführenden Stelle und Dritten (z.B. Ausschlussrechte, vgl. § 903 BGB). Schuldrechtliche Beziehungen können sich zusätzlich zwischen allen Teilnehmern der Blockchain und insbesondere im Verhältnis zur registerführenden Stelle ergeben, etwa aus § 241 BGB.

Grundsätzlich ließen sich alle Grundsätze des eWpG zum gutgläubigen Erwerb in ihrem Kern anwenden. Verfügungsbeschränkungen sollten je nach Art, absolut oder relativ, zur Unwirksamkeit der Buchung und damit zur Unwirksamkeit des Rechtserwerbs des Erwerbers führen. Erwerber wäre dabei, an das GWpÜ angelehnt, derjenige, dessen *Wallet* das Kryptowertpapier auf der Blockchain zugeordnet wird.[816] Der gute Glaube müsste sich dabei in Anlehnung an die Besitzverschaffungsmacht[817] an die Verfügungsgewalt knüpfen, mittels *Private Key* eine Transaktion per Weisung autorisieren zu können. Hat der Erwerber dagegen positive Kenntnis oder grob fahrlässige Unkenntnis von der fehlenden Autorisierungsberechtigung des Anweisenden, müsste die Buchung unwirksam sein. Dem Berechtigten müsste dann ein Recht auf Rückbuchung gegenüber dem bösgläubigen Erwerber eingeräumt werden, vergleichbar mit § 894 BGB, denn § 985 BGB wäre nicht mehr anwendbar. Der alleinige Verweis des Berechtigten auf bereicherungsrechtliche Ansprüche ist nicht ausreichend, da auch der unwirksamen Transaktion auf der Blockchain regelmäßig ein wirksamer Vertrag (mittels *Smart Contract*) zugrunde liegen wird.

---

814 Siehe Kapitel 4: I. 9. Technische Anforderungen an Identifizierung und Autorisierung.
815 *Segna*, Bucheffekten, 2018, S. 550.
816 *Segna*, Bucheffekten, 2018, S. 562.
817 *Oechsler* in: MüKo BGB, 9. Aufl. 2023, § 932, Rn. 6.

2. Unionsrechtliche Bestrebungen

Als Reaktion auf das Genfer Wertpapierübereinkommen hatte die EU von 2009 bis 2011 für eine mögliche Rechtsangleichung in diesem Bereich erste Überlegungen zu einer EU-Wertpapierrechts-Richtlinie angestellt.[818] Im Gegensatz zum GWpÜ sollte eine solche Richtlinie anstatt der Verweise ins nationale Recht der Mitgliedsstaaten auch das materielle Wertpapierrecht europarechtlich einheitlich regeln.[819] Das Europäische Parlament hat nun am 20. April 2023 die Verordnung (EU) 2023/1114 über Märkte für Kryptowerte (Markets in Crypto-Assets Regulation – MiCAR)[820] beschlossen. In Kraft getreten ist sie am 29. Juni 2023. Allerdings ist der Anwendungsbereich der MiCAR nicht für Kryptowertpapiere im Sinne des eWpG eröffnet, da diese als *Security Token* Finanzinstrumente im Sinne des MiFID II (Markets in Financial Instruments Directive II) darstellen, vgl. Art. 2 Abs. 4a MiCAR.[821] Die MiCAR soll einen harmonisierten europäischen Regulierungsrahmen für Kryptowerte schaffen, um Innovationen und die Nutzung des Potenzials von Kryptowerten zu fördern.[822] Gleichzeitig sollen Finanzstabilität und Anlegerschutz gewährleistet werden. Die EU-Wertpapieraufsichtsbehörde (European Securities and Markets Authority – ESMA) und die EU-Bankenaufsichtsbehörde (European Banking Authority – EBA) erarbeiten parallel zu dieser Verordnung technische Regulierungsstandards, Implementierungsstandards und Leitlinien, welche die MiCAR konkretisieren, vergleichbar zur eWpRV. Damit unternimmt die EU einen ersten Schritt in Richtung unionsweiter Rechtsangleichung bezüglich vermögenswertreferenzierter Kryptowerter (*Asset Referenced* – ART) und E-Geld-Token (*E-Money Token* – EMT)[823], im Hinblick auf Wertpapiere wird die Regelung weiterhin nationalem Recht überlassen.

---

[818] *Mülbert*, ZBB 2010, S. 445, 455 ff.; *Segna*, Bucheffekten, 2018, S. 588 ff.; *Beckmann*, Reformbedarf und Reformperspektiven im Recht der girosammelverwahrten Wertpapiere, 2013, S. 123 f.

[819] *Casper* in: Möslein/Omlor, FinTech-Hdb., 2. Aufl. 2021, § 28 Rn. 15.

[820] Verordnung (EU) 2023/1114 vom 31.05.2023, https://eur-lex.europa.eu/legal-content/DE/TXT/?uri=CELEX%3A32023R1114.

[821] Vgl. *Vig*, BKR 2022, S. 442, 444; vgl. auch BaFin Journal, 17.05.2023, https://www.bafin.de/SharedDocs/Veroeffentlichungen/DE/Fachartikel/2023/fa_bj_2305_Mica.html.

[822] Dazu und zum Folgenden: BaFin, Hinweisschreiben zu MiCAR, 24.07.2023, https://www.bafin.de/DE/Aufsicht/MiCAR/MiCAR_node.html#ID_20199934.

[823] Bafin Journal, 17.05.2023, abrufbar unter https://www.bafin.de/SharedDocs/Veroeffentlichungen/DE/Fachartikel/2023/fa_bj_2305_Mica.html.

3. Die deutsche Umsetzung

Im Zuge einer Wertpapierrechtsreform wäre eine einheitliche Regelung aller Wertpapiere im Wertpapier- und Depotrecht sinnvoll.[824] Reformvorschläge gab es in Deutschland im Vorfeld zum eWpG zur Genüge.[825] Allerdings beschränkte sich die deutsche gesetzgeberische Initiative auf ein unveröffentlichtes Eckpunktepapier des BMJV zur Reform des Depotrechts vom 29. August 2008, das eine an das Schweizer Recht angelehnte Lösung sui generis vorgeschlagen hatte.[826] Dieser Vorschlag wurde scheinbar aus Mangel an personellen Ressourcen im BMJV nicht weiterverfolgt.[827]

Trotz der zersplitterten Regelung der Vorschriften über Wertpapiere im deutschen Recht stellt das deutsche Wertpapierrecht ein abgeschlossenes und bisher praktisch funktionierendes Rechtssystem dar. Alternativ wäre ein vollständig buchungsbasiertes Wertpapierrechtsmodell, z.B. nach dem Vorbild des Genfer Wertpapierübereinkommens, denkbar. Problematisch ist hierbei, dass anderen Ländern die Unterscheidung zwischen schuldrechtlichem (Begebungs-) Vertrag und sachenrechtlichem Verfügungsvertrag nicht bekannt ist. In angelsächsischen Rechtsordnungen etwa ist das Depotrecht rein schuldrechtlich ausgestaltet.[828] Daher stellt sich die Frage, ob die Theorien zur Entstehung des Wertpapiers auch mit Blick auf eine Rechtsangleichung auf europäischer Ebene zeitgemäß sind. Die Kryptotechnologie böte mit der Tokenisierung von Rechten und schuldrechtlichen Verpflichtungen die Möglichkeit, die Unterscheidung zwischen schuldrechtlichem und dinglichem Vertrag aufzugeben oder zumindest (im Sinne der veralteten Kreationstheorie) beide zusammenzufassen. Im Sinne einer Normierung von reinen Wertrechten als Recht „sui generis" müssten dennoch die gleichen Eigentumsrechte wie bisher im Wertpapierrecht garantiert werden, um den gleichen Anlegerschutz zu erzielen.

---

824 So auch die Überlegung des Gesetzgebers, Begr. RegE, BT-Drucks. 19/26925, S. 40.

825 So etwa *Lehmann*, Finanzinstrumente, 2009; *Beckmann*, Reformbedarf und Reformperspektiven im Recht der girosammelverwahrten Wertpapiere, 2013, passim; *Segna*, Bucheffekten, 2018, passim; *Casper* in: Baumbach/Hefermehl/Casper, WPR, 24. Aufl. 2020, Rn. 109 ff.

826 *Casper* in: Möslein/Omlor, FinTech-Hdb., 2. Aufl. 2021, § 28 Rn. 15.

827 *Casper* in: Möslein/Omlor, FinTech-Hdb., 2. Aufl. 2021, § 28 Rn. 15; kritisierend *Casper*, BKR 2019, S. 209, 214 ff.

828 *Casper* in: Möslein/Omlor, FinTech-Hdb., 2. Aufl. 2021, § 28 Rn. 14.

Zu der Frage, ob es sich beim eWpG lediglich um eine Brückenlösung handelt, wollte sich der Gesetzgeber nicht eindeutig positionieren.[829] Im Hinblick auf die Einführung der elektronischen Aktie durch das ZuFinG scheint der Gesetzgeber allerdings zumindest mittelfristig die Spur nicht wechseln zu wollen. Über die Motive dazu lässt sich nur spekulieren. Es hat jedoch den Anschein, als sehe sich der Gesetzgeber nicht zu einer umfassenden Reform des deutschen Wertpapierrechts im Stande. Damit sind auch die Aussichten für eine europäische Rechtsangleichung zur *Security-Token*-Regulierung in absehbarer Zukunft gering. Diese Entwicklung ist bedauerlich, denn eine Reform zu einem buchungsbasierten Wertpapierrechtsmodell wäre rechtlich und vor allem technisch ohne weiteres möglich und mit dem Ziel der Wettbewerbsfähigkeit des deutschen Wirtschaftsstandortes vor Augen sehr zu begrüßen.

[829] Begr. RegE, BT-Drucks. 19/26925, S. 40.

Fazit

Das Gesetz über elektronische Wertpapiere ist ein erster kleiner Innovationsschritt in Richtung Digitalisierung des Rechts. Ein Festhalten am herkömmlichen Wertpapierrecht gegenüber einer Reform des deutschen Wertpapierrechts erfordert allerdings einige behelfsmäßige Rechtskrücken. Obwohl das Kryptowertpapier mangels körperlicher Eigenschaften keine Sache ist, ist es wie eine Sache zu behandeln. Ein Gleichlauf zum Wertpapierrecht der urkundlich verbrieften Inhaberschuldverschreibungen kann nur durch eine Sachfiktion und die Anwendung der dinglichen Rechtswirkungen des Sachenrechts gewährleistet werden. Dadurch und durch die Möglichkeit eines gutgläubigen Erwerbs nach § 26 eWpG erhöhen sich Rechtssicherheit und Fungibilität der Kryptowertpapiere. Allerdings erweist sich die Konstruktion einer dinglichen Einigung bereits als diffizil und auch die sachenrechtlichen Grundsätze der Berechtigung und etwaiger Verfügungsbeschränkungen sind nur mit Mühe in Einklang zu bringen mit der technischen Realität des Eingetragenen und des Besitzers eines *Private Keys.*

Aufgrund des Aufwands der registerführenden Stelle zur Überprüfung der Voraussetzungen für eine Korrektur des Kryptowertpapierregisters sollte die Gefahr der unwirksamen dinglichen Einigung über die technischen Anforderungen der Transaktionssignatur geregelt werden, um unwirksame Weisungen nach Möglichkeit zu verhindern. Neben der Autorisierung durch den *Private Key* sollte zu jeder Weisung eine Identitätsabfrage[830] stattfinden, um unzulässige Transaktionen nach einem Diebstahl des *Private Keys* etwa

830 https://ethereum.org/de/decentralized-identity/#what-are-attestations.

zu verhindern. Dabei ist die dezentrale Identitätsabfrage auch automatisiert und ohne großen Mehraufwand möglich. Die hohen Anforderungen an die Kryptowertpapierregisterführung einerseits und die großen technischen Möglichkeiten andererseits erlauben auch eine Abkehr von der Sachfiktion des Kryptowertpapiers hin zu einem Wertrecht sui generis, das nur noch buchungsbasiert geregelt ist. Trotz der Hybridform des Kryptowertpapiers als „digital verkörperte" Sache mit ihrer Abbildung und ihrer Publizitätsfunktion im Kryptowertpapierregister ist ein Vergleich zum Grundbuch oder zur Gesellschafterliste mit Vorsicht zu betrachten. Alle drei Register erfüllen ein anderes Telos und beinhalten Rechte, die nicht miteinander vergleichbar sind.

Das Kryptowertpapierregister spielt die zentrale Rolle im Recht des Kryptowertpapiers und ermöglicht einen zuverlässigen Rechtsscheinträger. Das Eintragungsprinzip des Kryptowertpapiers, eingebettet im Realfoliensystem, stärkt das Vertrauen in den Rechtsscheinträger und senkt die Anforderungen an den redlichen Erwerber des Kryptowertpapiers. Die Möglichkeit des gutgläubigen Rechtserwerbs ist unumgänglich, möchte man den Rechtsverkehr schützen und gleichzeitig die Fungibilität des Kryptowertpapiers erhalten. Die Fälschungssicherheit und Transparenz der Distributed-Ledger-Technologie sowie die Möglichkeit, Bedingungen und Identitätsabfragen mittels verbundenen *Smart Contracts* automatisiert umzusetzen, erhöhen sowohl den Schutz des Rechtsinhabers als auch den Schutz des Rechtsverkehrs im Vertrauen auf das Kryptowertpapierregister als Rechtsscheinträger. Diese technischen Vorzüge der Distributed-Ledger-Technologie stellen einen Vorteil gegenüber dem zentral und amtlich geführten Grundbuch und der Gesellschafterliste dar. Gleichzeitig ist kein notarielles Verfahren notwendig. Darüber hinaus ermöglicht die Technologie auch die Umsetzung einer Wertpapierrechtsreform hin zu einem rein buchungsbasierten Wertrecht sui generis. Dabei wäre eine Bündelung der Rechte des Inhabers zu begrüßen, losgelöst von der Unterscheidung zwischen dinglichen und schuldrechtlichen Elementen. Ohne ein Sachfiktion des Kryptowertpapiers müsste dem berechtigten Inhaber ein Berichtigungsanspruch in Bezug auf das Kryptowertpapierregister eingerichtet werden, vergleichbar zu § 894 BGB.

Das eWpG beinhaltet hohe Anforderungen an die Registerführung. Diese sind einerseits notwendig, um einen ausreichenden Anlegerschutz zu gewährleisten, und dürften technisch ohne weiteres umsetzbar sein. Andererseits stellen die zahlreichen Dokumentations- und Publizitätspflichten sowie die

Anforderungen aus der Geldwäscheprävention, die umfassenden Prüfungspflichten bezüglich der Teilnehmer und des technischen Informationssystems sowie die korrigierende Einflussnahme der registerführenden Stelle auf das Kryptowertpapierregister eine hohe Hemmschwelle für Start-ups und kleinere Innovationstreiber dar. Genauso verhält es sich mit der Aufsicht durch die BaFin. Grundsätzlich ist ihre zentrale Aufsicht zu begrüßen, denn sie schafft Vertrauen der Investoren und Anleger in die Nutzung der Kryptotechnologie. Gleichzeitig sind die Dokumentationspflichten der registerführenden Stelle gegenüber der BaFin sehr umfassend und bürokratisch ausgestaltet. Diese ließen sich sicher noch schlanker und automatisierter gestalten, etwa indem der BaFin schlicht Zugang zum Informationssystem gewährt wird. Ziel des eWpG ebenso wie des ZuFinG ist es, den deutschen Finanzstandort durch Innovationsförderung zu stärken und die Eintrittsbedingungen sowie die Eigenkapitalaufnahme für Start-ups, Wachstumsunternehmen sowie kleine und mittlere Unternehmen (KMU) als Innovationstreiber zu erleichtern. Dieses Ziel wird das eWpG nicht erreichen. Die meisten Start-ups werden die hohen Anforderungen des eWpG ohne die entsprechenden Ressourcen, über die große Unternehmen wie etwa Siemens verfügen, nicht umsetzen können und wollen. Im Vergleich dazu stellen Wandeldarlehen immer noch die einfachere und kostengünstigere Alternative dar. Daher verfehlt das eWpG sein Ziel, attraktive und moderne Finanzierungsmittel für kleine und mittlere Unternehmen bieten zu können.

Durch das eWpG soll kein spezifisches Blockchain-Recht geschaffen werden. Dennoch wurde das Gesetz mit Blick auf die Blockchain-Technologie geschaffen. Die Kryptotechnologie ist technisch grundsätzlich im Stande, die gesetzlichen Anforderungen umzusetzen. Dazu können auch *Smart Contracts* und die Möglichkeiten der *Decentralized Identification* sowie *Zero Knowledge Proofs* genutzt werden, solange sie die Anforderungen des Rechts erfüllen. Die Technologie muss dabei uneingeschränkt dem Recht und damit der vollumfänglichen gerichtlichen Kontrolle unterliegen. Dort, wo die Technologie einen rechtswidrigen Zustand herbeiführt, besteht das Bedürfnis der Korrektur. Die Einführung eines Berichtigungsanspruchs, vergleichbar mit § 894 BGB, ist aktuell nicht notwendig. In der aktuellen Fassung des eWpG vom 3. Juni 2021 erfüllt die Weisungsbefugnis zu einer korrigierenden Änderung nach § 18 Abs. 1 S. 1 Nr. 2 eWpG i.V.m. der Pflicht der registerführenden Stelle zur Wiedergabe der richtigen Rechtslage nach § 7 Abs. 2 S. 1 eWpG diese Funktion. Das Erfordernis der zentralen registerführenden Stelle beschränkt die ursprünglich dezentrale Idee der Blockchain erheblich und lässt sie dennoch im Kern bestehen. Voraussetzung für eine weiterhin dezentrale Funktionsweise der Blockchain sind ein Gleichlauf des Kryptowertpapierregisters mit der zugrundeliegenden Informationstechnologie (Distributed-Ledger-Technologie/Blockchain) sowie die vorgelagerte Kodierung der rechtlichen Voraussetzungen. Die zentrale Verantwortung für die Registerführung kann vorverlagert werden auf die Konstruktion der Blockchain und zu einem gewissen Grad auf das Netzwerk, also die Teilnehmer bzw. die Authentifizierungs- und Weisungsmechanismen, übertragen werden. Eine zentrale Korrektur und Kontrolle des dezentralen Informationssystems durch die registerführende Stelle ist dann nicht mehr notwendig.

Die Entmaterialisierung des Wertpapierrechts zeichnet sich bereits seit über achtzig Jahren ab. Die Kryptotechnologie aber entwickelt sich in einer Geschwindigkeit fort, sodass das Recht um Jahrzehnte hinterherhinken wird, wenn es sich nicht grundlegend auf die neuen Technologien einstellt und sich agil anpasst. In diesem Sinne ist die technologieoffene Formulierung der Normen im eWpG sowie im eWpRV zu begrüßen. Allerdings wäre ein rein buchungsbasiertes Wertpapiermodell der Sachfiktion vorzuziehen. Danach wäre die Vertragstheorie zur Entstehung des Wertpapiers obsolet und es bedürfte keiner herausfordernden Rechtskonstruktion einer dinglichen Einigung.

Dabei ist es im Sinne der Rechtsangleichung sinnvoll, soweit nach dem deutschen Recht möglich, sich am Genfer Wertpapierübereinkommen oder an der Genfer Securities Convention (GSC) der UNIDROIT zu orientieren. Dadurch bestünde die Chance der sukzessiven Rechtsangleichung im europäischen Raum. Gleichzeitig ist es sinnvoll, das Verständnis bezüglich der Kryptotechnologie und die Definitionen der EU aus der Verordnung (EU) 2023/1114 über Märkte für Kryptowerte (Markets in Crypto-Assets Regulation – MiCAR) vom 20. April 2023 zu berücksichtigen. Schließlich soll sie einen harmonisierten europäischen Regulierungsrahmen für Kryptowerte schaffen, auch wenn sich die Rechtsangleichung bisher auf Kryptowährungen (*E-Money Token / Stable Coins*) beschränkt und die Regelung im Hinblick auf Wertpapiere weiterhin nationalem Recht überlassen wird.

Angesichts der dynamischen Entwicklung der Kryptotechnologie und der Schwierigkeiten bei der praktischen Umsetzung der Sachfiktion des eWpG bleibt zu hoffen, dass es sich bei dem eWpG um eine „Brückenlösung“ handelt, bis der Gesetzgeber den Mut zu einer umfassenden Reform des deutschen Wertpapierrechts fasst.

Thesen dieser Untersuchung

1. Die Inhaberschuldverschreibung kann als Kryptowertpapier in Form eines *Security Tokens* auf einer Blockchain begeben werden.
2. Das Kryptowertpapier besitzt keine eigene Rechtsform sui generis.
3. Nicht alle *Security Token*, die eine Inhaberschuldverschreibung beinhalten, fallen grundsätzlich in den Anwendungsbereich des eWpG. Entscheidend für die Anwendbarkeit ist die Eintragung in das Kryptowertpapierregister.
4. Es besteht grundsätzlich keine Pflicht zur Eintragung von *Security Token* in ein Kryptowertpapierregister. Insofern kann ein unregulierter Parallelmarkt bestehen.
5. Die Fiktion des Kryptowertpapiers als Sache gewährt umfassende Eigentumsgarantien und Anlegerschutz.
6. Die Sachfiktion des eWpG erfordert allerdings rechtlich starre Konstruktionen, wie eine dingliche Einigung, im Zusammenhang mit einer Blockchain-Transaktion.
7. Kryptowertpapiere stellen in Bezug auf die Begebungs- und Übertragungsvoraussetzungen eine Mischform zwischen beweglichen und unbeweglichen Sachen sowie Forderungen dar.
8. Aufgrund ihrer speziellen Eigenschaften zwischen beweglichen und unbeweglichen Sachen sowie Forderungen, würde sich eine Regelung von (Krypto-) Wertrechten sui generis anbieten.

9. Das Kryptowertpapierregister spielt die zentrale Rolle im Rahmen der Sachfiktion, der Publizität und des Rechtsschutzerfordernisses des Kryptowertpapiers sowie der Gewährleistung des gutgläubigen Erwerbs.
10. Das Eintragungsprinzip im Kryptowertpapierregister als Realfoliensystem ermöglicht grundsätzlich den Gleichlauf von materieller Berechtigung und formeller Inhaberschaft.
11. Der gutgläubige Erwerb ist als Ergänzung zum Eintragungsprinzip notwendig, um Rechtssicherheit zu schaffen und die Fungibilität von Kryptowertpapieren zu gewährleisten.
12. Auch bei einem rein buchungsbasierten Wertpapierrechtsmodell, in dem das Kryptowertpapier eine Rechtsform sui generis erhielte, wäre der gutgläubige Rechtserwerb notwendig, zur Stärkung der Fungibilität der Kryptowertpapiere.
13. Das Erfordernis der zentralen registerführenden Stelle schränkt die ursprünglich dezentrale Idee der Blockchain erheblich ein. Dennoch ist es möglich, die registerführende Stelle mittels dezentraler Distributed-Ledger-Technologie umzusetzen.
14. Die registerführende Stelle kann im Netzwerk der Distributed-Ledger-Technologie selbst bestehen und somit die Dezentralität der Technologie erhalten. Voraussetzung dafür ist, dass das Netzwerk als Gesamtheit die Voraussetzungen des § 7 eWpG i.V.m. der eWpRV erfüllt.
15. Voraussetzung für eine weiterhin dezentrale Funktionsweise der Blockchain sind ein Gleichlauf des Kryptowertpapierregisters mit der zugrundeliegenden Informationstechnologie (Distributed-Ledger-Technologie/Blockchain) sowie die vorgelagerte Kodierung der rechtlichen Voraussetzungen.
16. Eine unionsweite Rechtsangleichung und Regelung von Kryptowerten als Wertrechte ist angesichts der rasanten Entwicklung der Kryptotechnologie erstrebenswert.

Literaturverzeichnis

Bartlitz, David: Die Begebung elektronischer Wertpapiere, Neue Juristische Wochenschrift 2022, Verlag C.H.Beck München, S. 1981–1986

Bauer, Hans-Joachim/Schaub, Bernhard (Hrsg.): Grundbuchordnung, Kommentar, 5. Auflage 2023, Verlag Franz Vahlen GmbH München, zitiert: *Verfasser* in: Bauer/Schaub GBO, 5. Aufl. 2023

Baumbach, Adolf/Hefermehl, Wolfgang/Casper, Matthias (Hrsg.): Wechselgesetz, Scheckgesetz, Recht des Zahlungsverkehrs mit AGB-Banken/Scheckbedingungen und Einführung in das Wertpapierrecht, Beck'scher Kurzkommentar, Band 26, 24. Auflage 2020, Verlag C.H.Beck München, zitiert: *Verfasser* in: Baumbach/Hefermehl/Casper WPR, 24. Aufl. 2020

Beckmann, Fabian: Reformbedarf und Reformperspektiven im Recht der girosammelverwahrten Wertpapiere, veröffentlicht in: Bachmann, Gregor/Casper, Matthias/Schäfer, Carsten/Veil, Rüdiger (Hrsg.): Schriften zum Gesellschafts-, Bank- und Kapitalmarktrecht, Band 44, Verlag Nomos 2013

Bednarz, Liane: Die Gesellschafterliste als Rechtsscheinträger für einen gutgläubigen Erwerb von GmbH-Geschäftsanteilen, Betriebs Berater 2008, Verlag dfv Mediengruppe, S. 1854–1862

Bialluch-von Allwörden/Stephanie M.: Zivil- und prospektrechtliche Aspekte des eWpG-E, Recht Digital 2021, Verlag C.H.Beck München, S. 13–19

Böhme, Rainer/Pesch, Paulina: Technische Grundlagen und datenschutzrechtliche Fragen der Blockchain-Technologie, Datenschutz und Datensicherheit 2017, Verlag Springer, S. 473–481

Borowski, Sascha: Schuldverschreibungsgesetz, Nomos Bundesrecht Erläuterungen, Kommentar, 1. Online-Auflage 2019, Verlag Nomos, zitiert: *Borowski*, SchVG 2019

Bundesministerium der Justiz und für Verbraucherschutz und das Bundesministerium der Finanzen: Begründung der Verordnung über Anforderungen an elektronische Wertpapierregister vom 24.10.2022, Bundesgesetzblatt I, S. 1882; zitiert: Begr. eWpRV

Bundesregierung: Begründung zum Entwurf eines Gesetzes zur Einführung von elektronischen Wertpapieren, BT-Drucks. 19/26925; zitiert: Begr. RegE, BT-Drucks. 19/26925

Bundesregierung: Begründung zum Gesetz zur Modernisierung des GmbH-Rechts und zur Bekämpfung von Missbräuchen (MoMiG) vom 23.10.2008, BT-Drucks. 16/6140, zitiert: Begr. RegE, MoMiG

Bundesregierung: Blockchain-Strategie, Wir stellen die Weichen für die Token-Ökonomie, 19.09.2019, BT-Drs. 19/13433; zitiert: Blockchain-Strategie der Bundesregierung, BT-Drs. 19/13433

Casper, Matthias: Elektronische Schuldverschreibung: es ist Zeit für einen grundlegenden gesetzlichen Neustart, Anmerkungen zum Eckpunktepapier des BMJV und des BMF, Zeitschrift für Bank- und Kapitalmarktrecht, 2019, Verlag C.H.Beck München, S. 209–217

Denga, Michael: Die Regulierung der Blockchain-Infrastruktur, Juristen Zeitung 2021, Verlag Mohr Siebeck Tübingen, S. 227–236

Diedrich, Henning: ethereum, 1. Auflage 2016, Verlag Wildfire Publishing

Döding, Karl/Wentz, Kilian L.: Der Referentenentwurf zur Einführung in elektronischen Wertpapieren und Kryptowertpapieren, Zeitschrift für Wirtschafts- und Bankenrecht 2020, Verlag Dr. Otto Schmidt Köln, S. 2312–2321

Dubovitskaya, Elena: Gesetzentwurf zur Einführung von elektronischen Wertpapieren: ein zaghafter Schritt nach vorn, Zeitschrift für Wirtschaftsrecht, 2020, Verlag Dr. Otto Schmidt Köln, S. 2551–2561

Engelhardt, Christian/Sascha, Klein: Bitcoins – Geschäfte mit Geld, das keines ist – Technische Grundlagen und zivilrechtliche Betrachtung, Multimedia und Recht 2014, Verlag C.H.Beck München, S. 355–360

Fest, Timo: Anleihebedingungen, Rechtssicherheit trotz Inhaltskontrolle, Jus Privatum, Beiträge zum Privatrecht, Band 205, Verlag Mohr Siebeck Tübingen 2022

Finanzausschuss des Deutschen Bundestages: Beschlussempfehlung und Bericht des 7. Ausschusses, vom 05.05.2021, BT-Drucks. 19/29372, zitiert: Finanzausschuss, BT-Drucks. 19/29372

Finck, Michèle, Blockchains: Regulating the Unknown, German Law Journal 19, 2018, Cambridge University Press online, S. 665–691

Fleischer, Holger/Goette, Wulf (Hrsg.): Münchener Kommentar zum GmbHG, Band 1, 4. Auflage 2022, Verlag C.H.Beck München, zitiert: *Verfasser* in: MüKo GmbHG, 4. Aufl. 2022

Fleischer, Holger: Ein erstes Rechtskleid für die Decentralized Autonomous Organization: Die Wyoming DAO LLC – Vorbild auch für Deutschland?, Zeitschrift für Wirtschaftsrecht 2021, Verlag Dr. Otto Schmidt Köln, S. 2205–2214

Frey, Tobias/*Pelz, Christian* (Hrsg.): Beck'scher Online-Kommentar zum Geldwäschegesetz, 14. Edition, Stand: 01.06.2023, Verlag C.H.Beck München, zitiert: *Verfasser* in: BeckOK GwG

Fries, Martin/Paal, P. Boris (Hrsg.): Smart Contracts, 1. Auflage 2019, Verlag Mohr Siebeck Tübingen, zitiert: *Verfasser* in: Fries/Paal, Smart Contracts, 2019

Gsell, Beate/Krüger, Wolfgang/Lorenz, Stephan/Reymann, Christoph (Hrsg.): beck-online.GROSSKOMMENTAR, 01.07.2023, Verlag C.H.Beck München, zitiert: *Verfasser* in: BeckOGK BGB

Guntermann, Lisa Marleen: Non fungible Token als Herausforderung für das Sachenrecht, Recht Digital 2022, Verlag C.H.Beck München, S. 200–208

Hager, Johannes: Verkehrsschutz durch redlichen Erwerb, veröffentlicht in: Heldrich, Andreas/Lerche, Peter/Roxin, Claus, Münchener Universitätsschriften, Reihe der Juristischen Fakultät, Band 77, Verlag C.H.Beck München 1990

Hau, Wolfgang/Poseck, Roman (Hrsg.): Beck'scher Online-Kommentar BGB, 66. Edition, Stand: 01.05.2023, Verlag C.H.Beck München, zitiert: *Verfasser* in: BeckOK BGB

Hauschild, M.C.J. Achim/Kallrath, Jürgen/Wachter, Thomas (Hrsg.): Notarhandbuch, 3. Auflage 2022, Verlag C.H.Beck München, zitiert: *Verfasser* in: Hauschild/Kallrath/Wachter, Notar-HdB, 3. Aufl. 2022

Heckschen, Heribert/Limmer, Peter/Blath, Simon/Forschner, Julius/ Heidinger, Andreas (Hrsg.): Gesellschaftsrecht zwischen Wissenschaft und Notarpraxis, Festschrift für Andreas Heidinger zum 65. Geburtstag, Verlag C.H.Beck München 2023, zitiert: *Lieder* in: FS Heidinger 2023

Heine, Robert/Stang, Felix: Weiterverkauf digitaler Werke mittels Non-Fungible-Token aus urheberrechtlicher Sicht, Multimedia und Recht 2021, Verlag C.H.Beck München, S. 755–760

Henssler, Martin/Strohn, Lutz (Hrsg.): Gesellschaftsrecht, Beck'scher Kurzkommentar, Band 62, 5. Auflage 2021, Verlag C.H.Beck München, zitiert: *Verfasser* in: Henssler/Strohn Gesellschaftsrecht, 5. Aufl. 2021

Herzog, Felix/Achtelik, Olaf (Hrsg.): Geldwäschegesetz (GwG), 5. Auflage 2023, Verlag C.H.Beck München, zitiert: *Verfasser* in: Herzog/Achtelik GwG, 2023

Hildebrandt, Heinz: Wertpapierrecht, Allgemeiner Teil: eine systematische Darstellung, De Gruyter Verlag Berlin 1957, reprint 2018 (2019)

Hildner, Alicia/Danzmann Max: Blockchain-Anwendungen für die Unternehmensfinanzierung, Corporate Finance 2017, Verlag Fachmedien Otto Schmidt, S. 385–390

Hügel, Stefan: Beck'scher Online-Kommentar GBO, 49. Edition, Stand: 28.04.2023, Verlag C.H.Beck München, zitiert: *Verfasser* in: BeckOK GBO

Kannengießer, Niklas/Lins, Sebastian/Dehling, Tobias/Sunyaev, Ali: What Does Not Fit Can be Made to Fit! Trade-Offs in Distributed Ledger Technology Designs, 2019, Verlag University of Hawaii at Manoa, Hamilton Library, ScholarSpace

Karner, Ernst: Gutgläubiger Mobiliarerwerb, zum Spannungsverhältnis von Bestandsschutz und Verkehrsinteressen, Verlag Springer Wien 2006

Kaulartz Markus/Robin Matzke: Die Tokenisierung des Rechts, Neue Juristische Wochenschrift 2018, Verlag C.H.Beck München, S. 3278–3283

Kaulartz, Markus/Heckmann, Jörn: Smart Contracts – Anwendungen der Blockchain-Technologie, Computer und Recht 2016, Verlag Dr. Otto Schmidt Köln, S. 618–624

Kaulartz, Markus: Die Blockchain-Technologie, Computer und Recht 2016, Verlag Dr. Otto Schmidt Köln, S. 474–480

Kleinert, Ursula/Mayer, Volker: Der deutsche Weg zum elektronischen Wertpapier, Der Referentenentwurf für das eWpG, Europäische Zeitschrift für Wirtschaftsrecht 2019, Verlag C.H.Beck München, S. 1059–1064

Kleinert, Ursula/Volker Mayer: Elektronische Wertpapiere und Kryptotoken – Aktuelle Rechtslage und die Blockchain-Strategie der Bundesregierung vom 18.9.2019, Europäische Zeitschrift für Wirtschaftsrecht 2019, Verlag C.H.Beck München, S. 857–863

Kronke, Herbert: Das Genfer UNIDROIT-Übereinkommen über materiellrechtliche Normen für intermediär-verwahrte Wertpapiere und die Reform des deutschen Depotrechts, Zeitschrift für Wirtschafts- und Bankrecht, Verlag Dr. Otto Schmidt Köln, S. 1625–1635

Kuntze, Johannes Emil: Die Lehre von den Inhaberpapieren oder Obligationen Au Porteur, 1857, Kessinger Publishing 2010

Lehmann, Matthias: Das Gesetz zur Einführung von elektronischen Wertpapieren, Neue Juristische Wochenschrift 2021, Verlag C.H.Beck München, S. 2318–2323

Lehmann, Matthias: Der Referentenentwurf für ein Gesetz über elektronische Wertpapiere (eWpG), Zeitschrift für Bank- und Kapitalmarktrecht 2020, Verlag C.H.Beck München, S. 431–438

Lehmann, Matthias: Finanzinstrumente: vom Wertpapier- und Sachenrecht zum Recht der unkörperlichen Vermögensgegenstände, 1. Auflage 2009, Verlag Mohr Siebeck Tübingen

Lenz, Susanne/Joachimsthaler, Markus: Das Gesetz über elektronische Wertpapiere – Beginnt jetzt die Zukunft?, Der Betrieb 2021, Verlag Dr. Otto Schmidt Köln, S. 1384–1389

Lieder, Jan/Berneith, Daniel: Echte und unechte Ausnahmen vom Abstraktionsprinzip, Juristische Schulung 2016, Verlag C.H.Beck München, S: 673–678

Lieder, Jan/Hilser, Raphael: Die Reform des Personengesellschaftsrechts, Implikationen für Dogmatik und notarielle Praxis, Zeitschrift für notarielle Beratungs- und Beurkundungspraxis 2021, Verlag Dr. Otto Schmidt Köln

Lieder, Jan: Die rechtsgeschäftliche Sukzession, eine methodenpluralistische Grundlagenuntersuchung zum deutschen Zivilrecht und Zivilprozessrecht sowie zum Internationalen und Europäischen Privatrecht, 1. Auflage 2015, Verlag Mohr Siebeck Tübingen

Linardatos, Dimitrios: Elektronische Schuldverschreibungen auf den Inhaber – des Wertpapiers neue Kleider, Zeitschrift für Bankrecht und Bankwirtschaft 2020, Verlag RWS Köln, S. 329–347

Litten, Rüdiger: Das eWPG im Kontext der Digitalisierung der Kapitalmärkte, Betriebsberater 2021, Deutscher Fachverlag, S. 1223–1227

Magnus, Robert: Subjektive Grenzen der Sperrwirkung des Eigentümer-Besitzer-Verhältnisses, Neue Juristische Wochenschrift 2017, Verlag C.H.Beck München, S. 1201–1206

Mann, Maximilian: Die Decentralized Autonomous Organization – ein neuer Gesellschaftstyp?, Gesellschaftsrechtliche und kollisionsrechtliche Implikationen, Neue Zeitschrift für Gesellschaftsrecht 2017, Verlag C.H.Beck München

Maume, Philipp: Die Kryptoaktie im Zukunftsfinanzierungsgesetz, Zeitschrift für Bank- und Kapitalmarktrecht, 2019, Verlag C.H.Beck München, S. 282–286

Meier, Johannes: Übertragung von elektronischen Wertpapieren nach dem eWpG-E, Recht Digital 2021, Verlag C.H.Beck München, S. 1–12

Mittwoch, Anne-Christin: Der Entwurf eines Gesetzes zur Einführung elektronischer Wertpapiere – ein Quantensprung für das Zivil- und Finanzmarktrecht?, Zeitschrift für Wirtschafts- und Bankenrecht 2021, Verlag Dr. Otto Schmidt Köln, S. 375–383

Möslein, Florian/Kaulartz, Markus: Decentralized Finance (DeFi), Recht Digital 2021, Verlag C.H.Beck München, S. 517–528

Möslein, Florian/Omlor, Sebastian (Hrsg.): FinTech-Handbuch, Digitalisierung, Recht, Finanzen, 2. Auflage. 2021, Verlag C.H.Beck München, zitiert: *Verfasser*, in: Möslein/Omlor, FinTech-Hdb., 2. Aufl. 2021

Möslein, Florian/Omlor, Sebastian/Urbach, Nils: Grundfragen eines Blockchain-Kapitalgesellschaftsrechts, Zeitschrift für Wirtschaftsrecht 2020, Verlag Dr. Otto Schmidt Köln, S. 2149–2164

Mülbert, Peter O.: Vom Ende allen sachenrechtlichen Denkens im Depotrecht durch UNIDROIT und die EU, Zeitschrift für Bankrecht und Bankwirtschaftsrecht 2010, Verlag RWS Köln, S. 445–459

Müller, Michael F.: Das Wertpapier – Ein unbekanntes Wesen? – Teil II, Juristische Arbeitsblätter 2017, Verlag C.H.Beck München, S. 401–407

Müller, Michael/Pieper, Christian (Hrsg.): Gesetz über elektronische Wertpapiere (eWpG), Kommentar, Verlag C.H.Beck München 2022, zitiert: *Verfasser* in: Müller/Pieper, eWpG 2022

Müller-Eising, Felix: Blockchain im Registerrecht, Dissertation 2023, Arnd Arnold/Dorothee Einsele/Jan Lieder/Hartmut Oetker (Hrsg.), Zivilrechtliche Schriften, Beiträge zum Wirtschafts-, Bank-, und Arbeitsrecht, Band 84, Verlag Peter Lang, zitiert: *Müller-Eising*, Blockchain im Registerrecht, Dissertation 2023

Musielak, Hans-Joachim/Voit, Wolfgang (Hrsg.): Zivilprozessordnung mit Gerichtsverfassungsgesetz, Kommentar, 20. Auflage 2023, Verlag Franz Vahlen München, zitiert: *Verfasser* in: Musielak/Voit ZPO, 20. Aufl. 2023

Omlor, Sebastian/Möslein, Florian/Grundmann, Stefan (Hrsg.): Elektronische Wertpapiere, Schriften zum Recht der Digitalisierung, 1. Auflage 2021, Verlag Mohr Siebeck Tübingen, zitiert: *Verfasser* in: Omlor/Möslein/Grundmann, Elektronische Wertpapiere, 2021

Omlor, Sebastian: Elektronische Wertpapiere nach dem eWpG, Recht Digital 2021, Verlag C.H.Beck München, S. 371–377

Omlor, Sebastian: Verkehrsschutz im Kapitalgesellschaftsrecht: ein Beitrag de lege lata et ferenda zum System des gutgläubigen Erwerbs von GmbH-Geschäftsanteilen, Verlag Duncker & Humblot Berlin 2010

Opitz, Georg: Fünfzig Depotrechtliche Abhandlungen, Sammelband, Verlag De Gruyter 1954, 01.04.1954, Reprint 2019

Peters, Frank: Der Entzug des Eigentums an beweglichen Sachen durch gutgläubigen Erwerb, Verlag Mohr Siebeck Tübingen 1991

Preuße, Thomas/Wöckener, Karsten/Gillenkirch, Daniel: Das Gesetz zur Einführung elektronischer Wertpapiere, Eine erste Bewertung aus Sicht der Praxis, Zeitschrift für Bank- und Kapitalmarktrecht, 2021, Verlag C.H.Beck München, S. 460–465

Preuße, Thomas/Wöckener, Karsten/Gillenkirch, Daniel: Der Gesetzesentwurf zur Einführung elektronischer Wertpapiere, Überblick und Bewertung der zukünftigen Rechtslage mit Blick auf die Rechtsordnungen in Frankreich und Luxemburg, Zeitschrift für Bank- und Kapitalmarktrecht, 2020, Verlag C.H.Beck München, S. 551–559

Randow, Philipp v.: Anleihebedingungen und Anwendbarkeit des AGB-Gesetzes, Zeitschrift für Bankrecht und Bankwirtschaft 1994, Verlag RWS Köln, S. 23–32

Rauscher, Thomas/Wax, Peter/Wenzel, Joachim (Hrsg.): Münchener Kommentar zur Zivilprozessordnung, Band 2, 6. Auflage 2020, Verlag C.H.Beck München, zitiert: *Verfasser* in: MüKo ZPO, 6. Aufl. 2020

Redeker, Helmut: Wer ist Eigentümer von Goethes Werther?, Neue Juristische Wochenschrift 1992, Verlag C.H.Beck München, S. 1739–1740

Rennig, Christopher: KWG goes Krypto, Die Aufnahme von Kryptowerten und des Kryptoverwahrgeschäfts in das KWG, Zeitschrift für Bank- und Kapitalmarktrecht, 2020, Verlag C.H.Beck München, S. 23–29

Säcker, Franz Jürgen/Rixecker, Roland/Oetker, Hartmut/Limperg, Bettina (Hrsg.): Münchener Kommentar zum Bürgerlichen Gesetzbuch, Band 7, 9. Auflage 2024, Verlag C.H.Beck München, zitiert: *Verfasser* in: MüKo BGB, 9. Aufl. 2024

Säcker, Franz Jürgen/Rixecker, Roland/Oetker, Hartmut/Limperg, Bettina (Hrsg.): Münchener Kommentar zum Bürgerlichen Gesetzbuch, Band 1, 9. Auflage 2021, Verlag C.H.Beck München, zitiert: *Verfasser* in: MüKo BGB, 9. Aufl. 2021

Säcker, Franz Jürgen/Rixecker, Roland/Oetker, Hartmut/Limperg, Bettina (Hrsg.): Münchener Kommentar zum Bürgerlichen Gesetzbuch, Band 8, 9. Auflage 2023, Verlag C.H.Beck München, zitiert: *Verfasser* in: MüKo BGB, 9. Aufl. 2023

Säcker, Franz Jürgen/Rixecker, Roland/Oetker, Hartmut/Limperg, Bettina (Hrsg.): Münchener Kommentar zum Bürgerlichen Gesetzbuch, Band 11, 9. Auflage 2022, Verlag C.H.Beck München, zitiert: *Verfasser* in: MüKo BGB, 9. Aufl. 2022

Saive, David: Einführung elektronischer Wertpapiere, Zeitschrift für Rechtspolitik, Verlag C.H.Beck München, S. 219–222

Saive, David: Haftungsprivilegierung von Blockchain-Dienstleistern gem. §§ 7 ff. TMG, Blockchain-Teilnehmer: Homo homini oder Host Provider?, Computer und Recht 2018, Verlag Dr. Otto Schmidt Köln, S. 186–193

Sandner, Philipp/Welpe, Isabell/Tumasjan, Andranik: Der Blockchain-Faktor, Wie die Blockchain unsere Gesellschaft verändern wird, 2019, Verlag Books on Demand

Scherer, Peter: Blockchain im Wertpapierbereich: Rechtsfragen der Nutzung von Distributed Ledger Technology (DLT) bei Wertpapieren, ihrem Handel, ihrer Abwicklung und ihrer Verwahrung, Verlag Mohr Siebeck Tübingen 2020

Schrey, Joachim/Thalhofer, Thomas: Rechtliche Aspekte der Blockchain, Neue Juristische Wochenschrift 2017, Verlag C.H.Beck München, S. 1431–1436

Segna, Ulrich/Möslein, Florian/Omlor, Sebastian/von Buttlar, Julia (Hrsg.): Gesetz über elektronische Wertpapiere – eWpG, Kommentar, 1. Auflage 2024, Verlag C.H.Beck München; zitiert: *Verfasser* in: Segna/Möslein/Omlor/von Buttlar, eWpG

Segna, Ulrich: Bucheffekten: ein rechtsvergleichender Beitrag zur Reform des deutschen Depotrechts, Verlag Mohr Siebeck Tübingen 2018

Segna, Ulrich: Elektronische Wertpapiere im zentralen Register, Anmerkungen zum BMF-/ BMJV-Referentenentwurf vom 10.08.2020 aus wertpapier- und depotrechtlicher Sicht, Zeitschrift für Wirtschafts- und Bankenrecht 2020, Verlag Dr. Otto Schmidt Köln, S. 2301–2311

Siadat, Alireza: Verordnung über Anforderungen an elektronische Wertpapierregister (eWpRV), Recht Digital 2021, Verlag C.H.Beck München, S. 466–472

Sickinger, Mirko/Thelen, Martin Konstantin: Anleihen und Genussscheine auf der Blockchain, Der Referentenentwurf eines Gesetzes zur Einführung von elektronischen Wertpapieren, Die Aktiengesellschaft 2020, Verlag Dr. Otto Schmidt Köln, S. 862–870

Sillaber, Christian/Waltl Bernhard: Life Cycle of Smart Contracts in Blockchain Ecosystems, Datenschutz und Datensicherheit 2017, Verlag Springer, S. 497–500

Stadler, Astrid: Gestaltungsfreiheit und Verkehrsschutz durch Abstraktion, Eine rechtsvergleichende Studie zur abstrakten und kausalen Gestaltung rechtsgeschäftlicher Zuwendungen anhand des deutschen, schweizerischen, österreichischen, französischen und US-amerikanischen Rechts, Jus Privatum, Beiträge zum Privatrecht, Band 15, Verlag Mohr Siebeck Tübingen 1995, unveränderte eBook-Ausgabe 2019

Staudinger, Julius von (Hrsg.): Kommentar zum Bürgerlichen Gesetzbuch: Staudinger BGB – Buch 3: Sachenrecht, 2020, Verlag Dr. Otto Schmidt Köln/De Gruyter, zitiert: *Verfasser* in: Staudinger BGB, Buch 3, 2020

Thomale, Chris/Schüßler, Marc: Das innere System des Rechtsscheins, Zeitschrift für die gesamte Privatrechtswissenschaft 2015, Verlag C.H.Beck München, S. 454–488

Ulmer, Eugen: Das Recht der Wertpapiere, Verlag Kohlhammer Stuttgart 1938

Vig, Zsofia: Inhaberschuldverschreibungen auf der Blockchain, Zeitschrift für Bank- und Kapitalmarktrecht 2022, Verlag C.H.Beck München, S. 442–449

Wadle, Elmar: Die Übergabe auf Geheiß und der rechtsgeschäftliche Erwerb des Mobiliareigentums, Juristen Zeitung 1974, Verlag Mohr Siebeck Tübingen 1974, S. 689–696

Westermann, Harm Peter/Gursky, Karl-Heinz/Eickmann, Dieter/Westermann, Harry: Sachenrecht, 8. Auflage 2011, Verlag Müller Heidelberg

Wienecke, LaurenzJens H. Kunz: Das Gesetz zur Einführung von elektronischen Wertpapieren – Der Regierungsentwurf, Neue Zeitschrift für Gesellschaftsrecht 2021, Verlag C.H.Beck München, S. 316–323

Wiersch, Rachid René: Der gutgläubige Erwerb von GmbH-Anteilen, Verlag Lang Frankfurt am Main 2009

Wilhelm, Jan: Sachenrecht, 4. Auflage 2010, Verlag De Gruyter

Zeranski, Dirk: Prinzipien und Systematik des gutgläubigen Erwerbs beweglicher Sachen, Juristische Schulung 2002, Verlag C.H.Beck München, S. 340–348

Zickgraf, Peter: Initial Coin Offerings – Ein Fall für das Kapitalmarktrecht?, Die Aktiengesellschaft 2018, Verlag Dr. Otto Schmidt Köln, S. 293–308

Onlinequellenverzeichnis

BaFin: Glossar, https://www.bafin.de/DE/Aufsicht/FinTech/InnovativeFinanztechnologien/DLT_Blockchain/Glossar/glossar_node.html, zuletzt abgerufen am: 13.04.2024

BaFin: Auslegungs- und Anwendungshinweise zum Geldwäschegesetz, Oktober 2021, https://www.bafin.de/SharedDocs/Downloads/DE/Auslegungsentscheidung/dl_ae_auas_gw.pdf?__blob=publicationFile&v=17, zuletzt abgerufen am: 13.04.2024

BaFin: Hinweisschreiben zu MiCAR, 24.07.2023, https://www.bafin.de/DE/Aufsicht/MiCAR/MiCAR_node.html#ID_20199934, zuletzt abgerufen am: 13.04.2024

BaFin: Informationsbroschüre online, Kryptotoken, geändert am 01.09.2022, https://www.bafin.de/DE/Aufsicht/FinTech/Geschaeftsmodelle/DLT_Blockchain_Krypto/Kryptotoken/Kryptotoken_node.html, zuletzt abgerufen am: 13.04.2024, zitiert: BaFin, Kryptotoken

BaFin: Journal, Europäische MiCA-Verordnung: Regel-Fundament für Kryptowerte, 17.05.2023, https://www.bafin.de/SharedDocs/Veroeffentlichungen/DE/Fachartikel/2023/fa_bj_2305_Mica.html, zuletzt abgerufen am: 13.04.2024

BaFin: Marktbefragung zu Derivaten mit Krypto-Assets als Basiswert, GZ: VBS 7-Wp 5465–2019/0002, November 2019, file:///Users/sophia/Downloads/dl_kon_11_19_Marktbefragung_zu_Derivaten_mit_Kryptoassets_als_Basiswert.pdf, zuletzt abgerufen am: 13.04.2024

BaFin: Merkblatt, Zweites Hinweisschreiben zu Prospekt- und Erlaubnispflichten im Zusammenhang mit der Ausgabe sogenannter

KryptoToken, GZ: WA 51-Wp 7100–2019/0011 und IF 1-AZB 1505–2019/0003; zuletzt abgerufen am: 13.04.2024, zitiert: BaFin, Zweites Merkblatt zur Ausgabe von Krypto-Token

BaFin: Rundschreiben 10/2017 (BA) - Bankaufsichtliche Anforderungen an die IT (BAIT), https://www.bafin.de/SharedDocs/Downloads/DE/Rundschreiben/dl_rs_1710_ba_BAIT.html;jsessionid=3C89357C8AAD0361506D34AFF0CDB79A.1_cid503?nn=9021442, zuletzt abgerufen am: 13.04.2024

BaFin: Rundschreiben der BaFin zur Ausgestaltung des Risikomanagements der Institute auf Grundlage des § 25 Abs. KWG, https://www.bafin.de/SharedDocs/Veroeffentlichungen/DE/Rundschreiben/2021/rs_1021_MaRisk_BA.html, zuletzt abgerufen am: 13.04.2024

Bergmann: Die Genese der DAO, Bitcoin-Blog 10.05.2016, https://bitcoinblog.de/2016/05/10/das-erwachen-der-dao/, zuletzt abgerufen am: 13.04.2024

Blocktrainer.de: https://www.blocktrainer.de/bitcoin-nodes-unterschiede/, zuletzt abgerufen am: 13.04.2024

Bundesamt für Sicherheit und Informationstechnik: https://www.bsi.bund.de/DE/Themen/Unternehmen-und-Organisationen/Standards-und-Zertifizierung/IT-Grundschutz/BSI-Standards/bsi-standards_node.html, zuletzt abgerufen am: 13.04.2024

Bundesamt für Sicherheit und Informationstechnik: https://www.bsi.bund.de/EN/Themen/Unternehmen-und-Organisationen/Standards-und-Zertifizierung/Technische-Richtlinien/TR-nach-Thema-sortiert/tr02102/tr02102_node.html, zuletzt abgerufen am: 13.04.2024

Bundesamt für Sicherheit und Informationstechnik: https://www.bsi.bund.de/DE/Themen/Unternehmen-und-Organisationen/Standards-und-Zertifizierung/Technische-Richtlinien/TR-nach-Thema-sortiert/tr02102/tr02102_node.html#:~:text=Diese%20Richtlinie%20gibt%20Empfehlungen%20f%C3%BCr,%C3%BCbertragenen%20Informationen%20gesch%C3%BCtzt%20werden%20k%C3%B6nnen, zuletzt abgerufen am: 13.04.2024

Bundesamt für Sicherheit und Informationstechnik: Leitlinie für digitale Signatur-, Siegel-, und Zeitstempelformate sowie technische Beweisdaten

(Evidence Record) vom 26.03.2020, https://www.bsi.bund.de/SharedDocs/Downloads/DE/BSI/Publikationen/TechnischeRichtlinien/TR03125/BSI_TR_03125_Leitlinie_fuer_digitale_Signatur-Siegel-Zeitstempelformate.pdf?__blob=publicationFile&v=1, zuletzt abgerufen am: 13.04.2024

Bundesministerium der Finanzen: Monatsbericht Juni 2019, https://www.bundesfinanzministerium.de/Content/DE/Downloads/Monatsberichte/2019/06.pdf?__blob=publicationFile&v=4, zuletzt abgerufen am: 13.04.2024

Bundesministerium der Justiz und für Verbraucherschutz und das Bundesministerium der Finanzen: Begründung zum Referentenentwurf zum Gesetz zur Einführung von elektronischen Wertpapieren, https://www.bmj.de/SharedDocs/Gesetzgebungsverfahren/Dokumente/RefE_Einfuehrung_elektr_Wertpapiere.pdf?__blob=publicationFile&v=1; zitiert: Begr. eWpG-RefEm, zuletzt abgerufen am: 13.04.2024

Bundesregierung: Begründung des Entwurfs eines Gesetzes zur Finanzierung von zukunftssicheren Investitionen (Zukunftsfinanzierungsgesetz – Zu FinG), https://www.bundesfinanzministerium.de/Content/DE/Gesetzestexte/Gesetze_Gesetzesvorhaben/Abteilungen/Abteilung_VII/20_Legislaturperiode/2023–04–12-ZuFinG/2-Regierungsentwurf.pdf?__blob=publicationFile&v=2; zuletzt abgerufen am: 13.04.2024, zitiert: Begr. RegE – ZuFinG

Buterin, Vitalik: Ethereum_ A Next-Generation Smart Contract and Decentralized Application Platform, White Paper 2014, https://ethereum.org/669c9e2e2027310b6b3cdce6e1c52962/Ethereum_Whitepaper_-_Buterin_2014.pdf, zuletzt abgerufen am: 13.04.2024

Crypto.com: https://crypto.com/university/custodial-vs-non-custodial-wallets#:~:text=As%20its%20name%20suggests%2C%20a,protecting%20the%20user's%20crypto%20assets, zuletzt abgerufen am: 13.04.2024

Deutsche Börse Group: Börsenlexikon, https://deutsche-boerse.com/dbg-de/unternehmen/wissen/boersenlexikon/boersenlexikon-article/Over-the-Counter-Markt-OTC-Markt--249874, zuletzt abgerufen am: 13.04.2024

Deutsche ISIN: https://www.isin.net/deutsche-isin/, zuletzt abgerufen am: 13.04.2024

Deutsches Reichsgesetzblatt Teil I: 1867–1945, https://www.koeblergerhard.de/Fontes/Aktiengesetz1937.pdf, zuletzt abgerufen am: 13.04.2024

Ethereum:

https://ethereum.org/de/decentralized-identity/;

https://ethereum.org/de/decentralized-identity/#what-are-attestations;

https://ethereum.org/en/developers/docs/accounts/;

https://ethereum.org/en/developers/docs/consensus-mechanisms/pos/;

https://ethereum.org/en/energy-consumption/; https://ethereum.org/en/developers/docs/accounts/;

https://ethereum.org/en/zero-knowledge-proofs/, alle zuletzt abgerufen am: 13.04.2024

EU-Kommission: European Blockchain Regulatory Sandbox, https://ec.europa.eu/digital-building-blocks/wikis/display/EBSI/Sandbox+Project, zuletzt abgerufen am: 13.04.2024

EU-Kommission: Pressemitteilung vom 14.02.2023, https://digital-strategy.ec.europa.eu/en/news/launch-european-blockchain-regulatory-sandbox, zuletzt abgerufen am: 13.04.2024

EU-Verordnung 20171/1129 vom 14.06.2017, https://eur-lex.europa.eu/legal-content/DE/TXT/?uri=celex%3A32017R1129, zuletzt abgerufen am: 13.04.2024

EU-Verordnung Nr. 596/2014 des Europäischen Parlaments und des Rates vom 16.04.2014 über Marktmissbrauch (Marktmissbrauchsverordnung) und zur Aufhebung der Richtlinie 2003/6/EG des Europäischen Parlaments und des Rates und der Richtlinie 2003/124/EG, 2003/125/EG und 2004/72/EG der Kommission (MAR), https://eur-lex.europa.eu/legal-content/DE/TXT/?uri=celex%3A32014R0596, zuletzt abgerufen am: 13.04.2024

EU-Verordnung über eine Pilotregelung für auf Distributed-Ledger-Technologie basierende Marktinfrastrukturen und zur Änderung der Verordnungen (EU) Nr. 600/2014 und (EU) Nr. 909/2014 sowie der Richtlinie 2014/65/EU vom 30.05.2022, https://eur-lex.europa.eu/legal-content/DE/TXT/PDF/?uri=CELEX:32022R0858, zuletzt abgerufen am: 13.04.2024

EU-Verordnung 2023/114 vom 31.05.2023 über Märkte für Kryptowerte und zur Änderung der Verordnungen (EU) Nr. 1093/2010 und (EU) Nr. 1095/2010 sowie der Richtlinien 2013/36/EU und (EU) 2019/1937, https://eur-lex.europa.eu/legal-content/DE/TXT/?uri=CELEX%3A32023R1114, zuletzt abgerufen am: 13.04.2024

Europäische Zentralbank: Occasional Paper Series, Crypto-Assets: Implications for financial stability, monetary policy, and payments and market infrastructure, No 223/ May 2019, https://www.ecb.europa.eu/pub/pdf/scpops/ecb.op223~3ce14e986c.en.pdf, zuletzt abgerufen am: 13.04.2024

European Investment Bank: Pressemitteilung der EIB vom 28.04.2021, https://www.eib.org/de/press/all/2021–141-european-investment-bank-eib-issues-its-first-ever-digital-bond-on-a-public-blockchain, zuletzt abgerufen am: 13.04.2024

European Securities and Markets Authority (ESMA): Advice, Initial Coin Offerings and Crypto-Assets, 09.01.2019, ESMA50–157–1391, https://www.esma.europa.eu/sites/default/files/library/esma50–157–1391_crypto_advice.pdf, zuletzt abgerufen am: 13.04.2024, zitiert: ESMA, Initial Coin Offerings and Crypto-Assets, 09.01.2019

Frankfurter Allgemeine Zeitung (FAZ): COINCASE UND BINANCE: Krypto-Befürwörter sehen Chancen für Blockchain in Künstlicher Intelligenz, vom 24.06.2023, unter https://www.faz.net/aktuell/wirtschaft/kryptowaehrungen-kann-blockchain-helfen-die-ki-transparenter-zu-machen-18988073.html, zuletzt abgerufen am: 13.04.2024

Genfer Wertpapierübereinkommen: UNIDROIT Convention on Substantive Rules For Intermediated Securities vom 09.10.2009, https://www.unidroit.org/instruments/capital-markets/geneva-convention/, zuletzt abgerufen am: 13.04.2024

Gesetz zur Finanzierung von zukunftssichernden Investitionen (Zukunftsfinanzierungsgesetz – ZuFinG) vom 11.12.2023, BGBl. 2023 I Nr. 354, https://www.recht.bund.de/bgbl/1/2023/354/VO.html, zuletzt abgerufen am: 13.04.2024

Hacken.io: https://hacken.io/discover/double-spending/#:~:text=An%20attacker%20stole%20over%20%241.6,also%20happen%20to%20regular%20users, zuletzt abgerufen am: 13.04.2024

Hassenstein/Gerhard, Laube/Anett: Societybyte.swiss, https://www.societybyte.swiss/2021/12/16/ersetzen-kuenftig-verifiable-credentials-x-509-zertifikate/, zuletzt abgerufen am: 13.04.2024

Imöhl, Sören/Frohn, Pilipp: Merge ist vorbei: was man zur Ethereum-Reform wissen muss, WirtschaftsWoche, 15.09.2022, https://www.wiwo.de/finanzen/geldanlage/

ethereum-merge-2022-merge-ist-vorbei-was-man-zur-ethereum-reform-wissen-muss/28600900.html, zuletzt abgerufen am: 13.04.2024

Jentzsch, Christoph: Decentralized Autonomous Organization to Automate Governance, White Paper 2016, https://lawofthelevel.lexblogplatformthree.com/wp-content/uploads/sites/187/2017/07/WhitePaper-1.pdf; zuletzt abgerufen am: 13.04.2024, zitiert: *Jentzsch*, DAO White Paper 2016

Krück, Christoph: „Smart Contracts" auf dem Prüfstand: Urteil zu Remote-Sperren – automatisierte Vertragsabwicklung wackelt, IT Finanzmagazin, 09.12.2021: https://www.it-finanzmagazin.de/smart-contracts-pruefstand-131299/, zuletzt abgerufen am: 13.04.2024

LeMahieu, Colin: Nano: A Feeless Distributed Cryptocurrency Network, https://www.exodus.com/assets/docs/nano-whitepaper.pdf, zuletzt abgerufen am: 13.04.2024

Luber, Stefan/Schmitz, Peter: Was ist passwortbasierte Verschlüsselung, Security Insider, 07.05.2021, https://www.security-insider.de/was-ist-passwortbasierte-verschluesselung-a-1044273/#:~:text=Passwortbasierte%20Verschl%C3%BCsselung%20ist%20ein%20Verfahren,zur%20Ver%2D%20oder%20Entschl%C3%BCsselung%20einsetzbar, zuletzt abgerufen am: 13.04.2024

rpcfast.com: https://rpcfast.com/mempool-data-stream#:~:text=What%20Is%20Ethereum%20Mempool%3F,gas%20price%2C%20and%20gas%20limit.; https://www.geeksforgeeks.org/what-is-ethereum-mempool/, zuletzt abgerufen am: 13.04.2024

Metamask: https://support.metamask.io/hc/en-us/articles/360059952212-MetaMask-is-a-self-custodial-wallet, zuletzt abgerufen am: 13.04.2024

Mugdan, Benno: Die gesamten Materialien zum Bürgerlichen Gesetzbuch für das Deutsche Reich (Reichsjustizamt), Band 3, https://www.rewi.uni-jena.de/fakultaet/lehrstuehle-und-dozenten-innen/zivilrechtliche-lehrstuehle/professor-dr-christian-fischer/mugdan, zuletzt abgerufen am: 13.04.2024

Nakamoto, Satoshi: Bitcoin, A Peer to Peer Electronic Cash System, https://bitcoin.org/bitcoin.pdf, zuletzt abgerufen am: 13.04.2024

Olatunji: Make use of Beitrag vom 24.02.2023, https://www.makeuseof.com/what-is-crypto-slashing/, zuletzt abgerufen am: 13.04.2024

Opensea.io: https://opensea.io/learn/what-is-minting-nft, zuletzt abgerufen am: 13.04.2024

Openzeppelin.com: https://docs.openzeppelin.com/contracts/4.x/api/utils, zuletzt abgerufen am: 13.04.2024

Oxford English Dictionary: https://www.oxfordlearnersdictionaries.com/definition/english/token_1?q=token, v, zuletzt abgerufen am: 13.04.2024

Pahlow, Louis: „Wertpapierrecht", in: Enzyklopädie der Neuzeit Online, Jaeger, Friedrich/Eckert, Georg/Ludwig, Ulrike/Steiner, Benjamin/Wesche, Jörg/Metzler, J.B. (Hrsg.), erstmals online veröffentlicht: 2019, Verlag Springer, https://referenceworks.brillonline.com/entries/enzyklopaedie-der-neuzeit/wertpapierrecht-COM_380925#a4758000_000_04, zuletzt abgerufen am: 13.04.2024

Read, Oliver/Gräslund, Karin: EU-Regulierung von Bitcoin und anderen virtuellen Währungen, erste Schritte, Wirtschaftsdienst 2018, S. 505–511, https://www.wirtschaftsdienst.eu/inhalt/jahr/2018/heft/7/beitrag/eu-regulierung-von-bitcoin-und-anderen-virtuellen-waehrungen-erste-schritte.html, zuletzt abgerufen am: 13.04.2024

Schwartz, David/Youngs, Noah/Britto, Arthur: The Ripple Protocol Consensus Algorithm, Ripple Consensus White Paper, https://ripple.com/files/ripple_consensus_whitepaper.pdf, zuletzt abgerufen am: 13.04.2024

Siemens, Pressemitteilung vom 14.02.2023, https://press.siemens.com/global/de/pressemitteilung/siemens-begibt-erstes-elektronisches-wertpapier-auf-der-blockchain, zuletzt abgerufen am: 13.04.2024

Streissle, Jörg: Smart Contracts – ein juristischer Bettvorleger, der als Tiger gestartet ist?, Anmerkungen zu BGH, Urteil vom 26.10.2022 (XII ZR 89/21), PAYMENT. TECHNOLOGY. LAW. 07.12.2022: https://paytechlaw.com/smart-contracts-bgh-urteil/, zuletzt abgerufen am: 13.04.2024

Süddeutsche Zeitung: SZ vom 21.06.2016, https://www.sueddeutsche.de/digital/the-dao-53-millionen-dollar-raub-spaltet-verfechter-von-kryptowaehrung-1.3044097–2, zuletzt abgerufen am: 13.04.2024

w3.org: https://www.w3.org/TR/vc-data-model/, zuletzt abgerufen am: 13.04.2024

Whalesheaven.com:

https://articles.whalesheaven.com/how-to-set-up-a-multisig-wallet/

https://articles.whalesheaven.com/whats-the-best-multisig-ethereum-wallet/, zuletzt abgerufen am: 13.04.2024

Wood, Gavin: Ethereum: a Secure Decentralised Generalised Transaction Ledger, 24.10.2022, https://ethereum.github.io/yellowpaper/paper.pdf, zuletzt abgerufen am: 13.04.2024

www.ingramcontent.com/pod-product-compliance
Ingram Content Group UK Ltd.
Pitfield, Milton Keynes, MK11 3LW, UK
UKHW021848290926
8980IPUK00005B/711

9 783631 93721